베드로전서를 읽읍시다

오덕호 지음

쿰란출판사

머리말

　우리에게 믿음보다 더 중요한 것은 없습니다. 믿음이 없으면 하나님을 기쁘시게 해드릴 수도 없고, 우리가 구원을 받을 수도 없습니다. 우리는 무엇보다 먼저 믿음을 가져야 합니다. 인간이 타락하기 전에는 하나님 뜻대로 세상을 잘 관리하는 소명이 가장 중요했습니다. 이때는 인간에게 믿음이 있었기 때문입니다. 그러나 인간이 타락하여 믿음을 잃은 후에는 믿음이 가장 중요한 것이 되었습니다.

　그런데 이렇게 중요한 믿음의 내용이 무엇입니까? 믿음의 내용은 소망입니다. 생각해 보십시오. 믿음은 하나님을 믿는 것입니다. 그렇다고 하나님이 계신 것만 믿으면 믿음입니까? 아닙니다. 믿음은 하나님이 계신 것뿐 아니라 하나님이 나를 구원해 주시는 것까지 믿어야 합니다.

　우리의 믿음은 하나님이 우리를 위해 보내주신 예수님을 믿으면 구원을 얻는다고 믿는 것입니다. 믿음은 세상의 주인이신 하나님이 나를 사랑하시는 것, 나를 자녀로 삼아주시는 것, 나를 돌봐주시는 것, 나에게 영생을 주시는 것을 믿는 것입니다. 그런데 이 모든 것이 소망 아닙니까? 그래서 믿음은 소망을 믿는 것입니다. 절망을 믿으면 믿음이 아닙니다. 아무리 확신을 가지고 믿어도 절망을 믿는 것은 믿음이라고 하지 않습니다.

만일 무엇이든지 굳게 믿는 것을 믿음이라고 한다면 세상에서 가장 믿음이 강한 사람이 누구일까요? 무신론자입니다. 왜 그럴까요? 사람은 본능적으로 신이 있다는 것을 믿게 되어 있습니다. 그래서 누구나 위기를 만나면 신을 찾습니다. 어느 민족을 봐도 다 종교를 가지고 있습니다. 이렇게 사람은 본능적으로 신을 믿습니다. 그런데 무신론자는 신이 없다고 믿는 사람입니다. 자기의 본성을 거슬러서 신이 없다고 믿는 것입니다. 그러니 무신론자의 믿음이 얼마나 강합니까? 그러나 아무도 무신론자가 믿음이 있다고 말하지는 않습니다. 왜냐하면 소망을 믿는 게 아니기 때문입니다. 신이 없는데 무슨 소망이 있습니까? 인간의 능력을 초월하는 신의 도움이 없다고 믿으니 오히려 절망을 믿는 것입니다. 그래서 무신론자는 아무리 신이 없다고 굳게 믿어도 믿음이 없는 사람인 것입니다.

소망이 이렇게 중요합니다. 소망은 믿음의 내용입니다. 소망이 없는 믿음은 믿음이 아닙니다. 더욱이 소망은 믿음을 지켜 줍니다. 하나님이 나를 돌봐 주신다는 소망이 있으면 아무것도 두려워하지 않고 믿음을 지킬 수 있습니다. 천국의 소망이 있으면 순교를 당하면서도 믿음을 지킬 수 있는 것입니다.

소망은 사랑도 지켜 줍니다. 하나님이 나를 돌봐 주신다는 소망이 확실하면 아무것도 염려하지 않고 이웃에게 사랑을 베풀어 줄 수 있습니다. 천국의 소망을 바라보면 이 세상에서는 얼마든지 양보하고 희생할 수 있습니다. 그래서 헌신적으로 이웃을 사랑할 수 있는 것입니다. 소망은 믿음을 지켜 주는 힘이고 사랑을 베풀 수 있게 해주는 힘입니다. 우리의 신앙생활에서 소망이 얼마나 중요한지 모릅니다.

베드로전서는 소망을 가르쳐 주는 책입니다. 물론 베드로전서가 소망만 가르쳐 주는 것은 아닙니다. 믿음과 사랑도 가르쳐 줍니다. 그런데 베드로전서는 소망에서 힘을 얻어 믿음과 사랑을 할 수 있도록 가르쳐 줍니다. 그래서 베드로전서는 우리의 신앙생활에 얼마나 큰 힘을 주는 책인지 모릅니다.

우리는 그동안 믿음을 강조하는 로마서나 갈라디아서, 혹은 사랑의 삶을 강조하는 야고보서나 산상설교, 혹은 교회에 대해 가르쳐 주는 에베소서 등에는 주목을 했지만 베드로전서에는 상대적으로 주목을 덜 했던 것 같습니다. 그러나 베드로전서는 소망을 강력하게 가르쳐 주면서 믿음과 사랑도 균형 있게 잘 가르쳐 줍니다. 그래서 우리가 균형 잡힌 신앙으로 힘차게 신앙생활을 할 수 있도록 돕는 책입니다. 많은 성도들이 베드로전서를 가까이하여 바르고 힘 있는 신앙인으로 살아갈 수 있기를 바랍니다.

부족한 사람과 함께 베드로전서를 배우며 은혜를 나눈 광주서

석교회의 모든 성도님들과 이 책의 출판을 위해 많은 수고를 해주신 여러분께 감사를 드립니다. 특히 교정을 위해 수고해 주신 서은정 목사님과 좋은 책으로 만들어 주신 쿰란출판사의 이형규 장로님과 모든 직원들께 깊은 감사를 드립니다.

2015년 9월
오덕호 목사

목차

머리말 ⋯ 2

I. 우리는 산 소망을 얻었습니다

1. 택하심을 입은 나그네(벧전 1:1-2) ⋯ **10**
2. 이미 사랑하고 계셨습니다(벧전 1:1-2) ⋯ **21**
3. 살아 있는 소망, 살려 주는 소망(벧전 1:3-5) ⋯ **34**
4. 근심은 잠깐입니다(벧전 1:6-9) ⋯ **43**
5. 얼마나 귀한 구원을 받았는지 아십니까?(벧전 1:10-12) ⋯ **53**

II. 산 소망을 향해 가야 합니다

1. 마음의 허리를 동이십시오(벧전 1:13-22) ⋯ **66**
2. 하나님은 외모를 보시지 않습니다(벧전 1:13-22) ⋯ **79**
3. 그리스도의 보혈로 구속되었습니다(벧전 1:18-25) ⋯ **91**
4. 악한 습관을 버려야 합니다(벧전 2:1-3) ⋯ **103**
5. 모든 성도는 왕 같은 제사장입니다(벧전 2:4-10) ⋯ **117**

III. 산 소망을 이루려면 거룩하게 살아야 합니다

1. 비난을 이기는 비결(벧전 2:11-12) ⋯ **132**
2. 준법이 신앙의 척도입니다(벧전 2:13-17) ⋯ **145**
3. 직장생활도 신앙의 척도입니다(벧전 2:18-25) ⋯ **158**
4. 행복한 가정을 이루는 비결(벧전 3:1-7) ⋯ **171**
5. 가정생활을 잘못하면 기도가 막힙니다(벧전 3:1-7) ⋯ **185**
6. 복을 유업으로 받는 길(벧전 3:8-12) ⋯ **198**

IV. 산 소망을 이루려면 고난을 이겨내야 합니다

1. 어두움 속에서 더욱 빛나는 신앙생활(벧전 3:13-16) ⋯ **210**
2. 신자는 선한 양심으로 삽니다(벧전 3:17-22) ⋯ **223**
3. 죄의 천적은 고난입니다(벧전 4:1-6) ⋯ **236**
4. 내일 종말이 온다면 어떻게 하시겠습니까?(벧전 4:7-11) ⋯ **250**
5. 부끄러운 일과 자랑스러운 일(벧전 4:12-19) ⋯ **263**
6. 서로 겸손으로 허리를 동이십시오(벧전 5:1-6) ⋯ **277**
7. 잠시 고난 후에 영원한 영광이 있습니다(벧전 5:7-14) ⋯ **290**

I. 우리는 산 소망을 얻었습니다

1. 택하심을 입은 나그네(벧전 1:1-2)
2. 이미 사랑하고 계셨습니다(벧전 1:1-2)
3. 살아 있는 소망, 살려 주는 소망(벧전 1:3-5)
4. 근심은 잠깐입니다(벧전 1:6-9)
5. 얼마나 귀한 구원을 받았는지 아십니까?(벧전 1:10-12)

1. 택하심을 입은 나그네(벧전 1:1-2)

"예수 그리스도의 사도 베드로는 본도, 갈라디아, 갑바도기아, 아시아와 비두니아에 흩어진 나그네 곧 하나님 아버지의 미리 아심을 따라 성령이 거룩하게 하심으로 순종함과 예수 그리스도의 피 뿌림을 얻기 위하여 택하심을 받은 자들에게 편지하노니 은혜와 평강이 너희에게 더욱 많을지어다."

• 사랑할 수 있게 해주는 힘

　세상에서 가장 아름다운 말은 "사랑한다"는 말입니다. 우리는 누구나 사랑한다는 말을 듣고 싶어합니다. 세상에서 가장 좋은 교훈은 "사랑하라"는 말입니다. 우리는 사랑이 얼마나 좋은 것인지 압니다. 우리가 서로 사랑하면 세상이 아름답고 행복해질 것입니다. 그래서 사랑하라는 말은 정말 좋은 교훈입니다.
　그러나 세상에서 가장 부담되는 말도 "사랑하라"는 말입니다. 왜냐하면 우리에게 사랑할 수 있는 힘이 없기 때문입니다. 사랑할 힘이 없는 사람에게 사랑할 수 있는 힘은 주지 않고 그냥 사랑하라고 가르치기만 하는 것은 정말 잔인한 일입니다. 그것은 마치 돈이 없어 영양실조에 걸린 사람에게 돈은 주지 않고 전복죽을 먹으라고 가르쳐 주는 것과 같습니다. 사랑하라는 교훈을 주려면 사랑할 수 있는 힘도 함께 줘야 합니다. 이것이 올바른 교훈입니다.

그렇다면 사랑할 수 있는 힘이 어디서 나올까요? 소망에서 나옵니다. 예수님은 마태복음 7장 7-12절에서 이것을 잘 가르쳐 주고 계십니다.

"구하라 그리하면 너희에게 주실 것이요 찾으라 그리하면 찾아낼 것이요 문을 두드리라 그리하면 너희에게 열릴 것이니 구하는 이마다 받을 것이요 찾는 이는 찾아낼 것이요 두드리는 이에게는 열릴 것이니라 너희 중에 누가 아들이 떡을 달라 하는데 돌을 주며 생선을 달라 하는데 뱀을 줄 사람이 있겠느냐 너희가 악한 자라도 좋은 것으로 자식에게 줄 줄 알거든 하물며 하늘에 계신 너희 아버지께서 구하는 자에게 좋은 것으로 주시지 않겠느냐"(마 7:7-11).

여기서 예수님은 하나님이 우리의 기도를 들어주신다고 하십니다. 그래서 우리는 기도를 통해 항상 하나님으로부터 좋은 것을 받을 수 있다고 가르쳐 주십니다. 그리고 12절에서는 이웃을 대접해 주라고 명령하십니다.

"그러므로 무엇이든지 남에게 대접을 받고자 하는 대로 너희도 남을 대접하라 이것이 율법이요 선지자니라"(마 7:12).

예수님은 '그러므로' 너희가 남을 대접해 줘야 한다고 말씀하십니다. 여기서 '그러므로'라는 말씀은 '하나님이 너희의 기도를 들어주시므로'라는 뜻입니다. 즉 예수님의 말씀은 이런 뜻입니다. '너희는 하나님께 기도하여 얼마든지 받을 수 있으니까 남을 먼저 대접해 줘라.'

예수님은 우리에게 그냥 남을 먼저 대접해 주라고 명령하시는 것이 아닙니다. 하나님이 우리의 기도를 들어주신다는 소망을 확실히 보여주시고 그 소망을 근거로 명령하시는 것입니다. 왜 소망을 먼저 보여주십니까? 소망이 사랑할 수 있는 힘을 주기 때문입니다.

생각해 보십시오. 내 가족이 먹고살 돈도 없는데 고아를 돌볼 수 있겠습니까? 그러나 정부가 고아를 돌보는 사람에게는 그 경비와 수고비를 주겠다고 약속하면 고아를 돌볼 수 있는 것입니다. 소망이 사랑할 수 있는 힘을 주는 것입니다.

소망이 크고 확실할수록 더 큰 힘을 줍니다. 만일 어떤 사람이 나에게 "오늘 밤 2시에 우리 집에 오면 100원을 주겠습니다"라고 한다면 가겠습니까? 안 갑니다. 100원은 너무 작은 소망이기 때문입니다. 그러나 100억 원을 준다고 하면 어떨까요? 반드시 갑니다. 100억 원은 정말 큰 소망이기 때문입니다. 단 그 말을 믿지 않으면 가지 않습니다. 믿지 않는 소망은 소망이 아니기 때문입니다. 이렇게 크고 믿을 만한 소망은 움직일 수 있는 힘을 줍니다. 사랑할 수 있는 힘도 줍니다. 우리가 정말 크고 믿을 만한 소망을 가지게 되면 놀라운 사랑을 할 수 있는 것입니다.

그렇다면 세상에서 가장 큰 소망이 무엇일까요? 하나님이 나를 사랑해 주시고 도와주신다는 소망입니다. 온 세상의 창조주이시며 주인이신 하나님이 나를 사랑해 주시고 도와주신다는 것보다 더 큰 소망이 어디 있겠습니까? 더욱이 하나님은 완전히 믿을 수 있는 분이십니다. 그러니까 하나님이 주신 소망은 가장 크고 가장 믿을 만한 소망입니다. 그래서 이 소망은 우리에게 놀라운 힘을 줍니다. 사람이 도저히 할 수 없는 사랑까지 할 수 있게 해주는 것입니다.

더욱이 하나님이 나를 사랑해 주시고 도와주신다는 것을 알면 하나님을 사랑하게 됩니다. 나에게 가장 큰 소망을 주신 하나님을 어떻게 사랑하지 않겠습니까? 이렇게 하나님을 사랑하면 하나님의 뜻대로 살 수 있는 힘이 생깁니다. 이것은 사랑 때문에 생기는 힘입니다.

그러니까 우리가 하나님이 주신 소망을 얻으면 두 가지 힘이 생깁니다. 하나는 소망 때문에 생기는 힘이고, 다른 하나는 하나님을 사랑해서 생기는 힘입니다. 우리는 이 힘으로 하나님의 뜻대로 살며 이웃을 사랑하게 되는 것입니다. 이렇게 볼 때 하나님이 주신 소망을 깨닫고 그 소망을 품는 것이 우리 신앙생활에 얼마나 중요한지 모릅니다.

이런 소망은 성경 전체가 가르쳐 주지만 특별히 베드로전서가 잘 가르쳐 줍니다. 그래서 우리가 베드로전서를 읽고 소망을 얻게 되면 우리는 사랑할 수 있는 힘을 얻어 정말 성도다운 삶을 살게 될 것입니다.

• 사도의 사역

본문은 인사 말씀입니다. 이 짧은 말씀 속에 올바른 신앙에 대한 귀한 교훈이 많이 들어 있습니다. 먼저, 베드로는 자신을 예수 그리스도의 사도라고 합니다. 여기서 사도라는 말은 '보냄을 받은 사람'이라는 뜻입니다. 베드로는 자기를 예수 그리스도로부터 보냄을 받은 사람이라고 부르는 것입니다.

이것은 평범한 표현이지만 아주 중요한 의미를 담고 있습니다. 특히 이 표현은 교회 지도자들에게 귀한 교훈을 줍니다. 베드로는 자신이 교회를 섬기는 것은 예수님의 사도이기 때문이라고 믿고 있습니다. 베드로가 이 편지를 쓸 때는 복음이 여러 지역에 전파되어 있었습니다. 베드로전서의 독자도 여러 지역에 흩어진 성도들 아닙니까? 이것은 교회가 널리 퍼지고 부흥되었다는 것을 의미합니다. 이때 베드로는 교회에서 어떤 위치에 있었을까요? 교회의 최고 지도자 위치에 있었습니다.

그런데 베드로는 여러 곳에 흩어져 있는 교우들에게 글을 보내면서 자기의 경력이나 지위를 말하지 않고 오직 그리스도의 사도라고 말합니다. 베드로는 지금 하나님의 말씀을 전하는 데는 사도라는 직분이 가장 중요하다고 믿고 있는 것입니다.

오늘의 우리는 어떻습니까? 그냥 예를 들어보는 것이므로 불편하게 생각하지 마시고 생각해 보십시오. 설교를 할 때 '총회장'이라는 이름으로 말씀을 전하면 더 권위가 있는 것으로 생각하는 사람은 없을까요? '박사'라는 이름으로 전하면 말씀이 더 권위 있는 것으로 생각하는 사람은 없을까요? 이것은 전하는 사람만이 아니라 듣는 사람도 마찬가지입니다. 우리 중에는 목사라는 직분 외에 다른 직분이나 지위로 하나님의 말씀을 전하면 더 권위가 있는 것으로 생각하는 사람이 있는 것 같습니다.

이것은 잘못된 생각입니다. 하나님의 말씀을 전하는 권위는 오직 사도에게 있습니다. 총회장이나 박사에게 있는 것이 아닙니다. 여러 해 전에 서울의 큰 교회 목사님이 설교할 때 가운을 입었는데 박사 표시가 있는 가운을 입었습니다. 그럴 수도 있습니다. 그것 자체는 교인들에게 자기가 말씀을 전하기 위해 많이 공부했다는 것을 알려주는 것으로 굳이 나쁘다고 할 수 없습니다.

그러나 그것이 설교자의 권위를 더 높여 줄 것이라고 생각하여 그렇게 한 것이라면 큰 잘못입니다. 하나님의 말씀을 전하는 권위는 하나님이 보내신 자이기 때문에 있는 것이지, 박사나 총회장이기 때문에 있는 것이 아닙니다. 마침 그 교회에는 그런 것을 싫어하는 교인이 있어서 그 문제로 목사님을 비난했습니다. 그 비난 문서가 신학교에까지 나돌 정도로 시끄러웠습니다. 요즈음은 박사 가운을 입는 게 보편화되어서 목사님이 그런 가운을 입는다고 문제를 삼지는 않는 것 같습니다. 박사 가운을 입어도 괜찮습니다. 다만 설교자나 교인이나 박사학위 때문에 말씀에 더 권위가 생긴다고 생각해서는 절대 안 됩니다. 말씀을 전하는 권위는 오직 하나님이 보내신 자이기 때문에 있는 것입니다.

그리고 사도의 권위는 심부름의 사명을 받은 일에만 있습니다. 심부름의 사명을 받지 않은 일에는 아무 권위도 없습니다. 베드로는 하나님의 말씀을 전하도록 보냄을 받았습니다. 그래서 그는 하나님의 말씀을 전할 권위가 있습니다. 이 권위는 하나님이 주신 것입니다. 아무도 이 권위를 부정하면 안 됩니다.

그러나 아무리 베드로라고 해도 하나님이 주시지 않은 말을 할 때는 사도의 권위가 없는 것입니다. 그런 말은 베드로의 개인적인 견해일 뿐입니다. 우리가 교회에서 올바른 사역자가 되려면 이것을 알아야 합니다. 우리 자신은 아무 권위도 없습니다. 하나님의 말씀을 전할 지식도 없고 능력도 없습니다. 우리 모습만으로는 하나님의 말씀을 전할 권위가 전혀 없습니다. 다만 우리가 하나님의 보내심을 받았기 때문에 하나님의 말씀을 전하는 것입니다. 이것은 주로 목회자에게 해당되는 모습입니다.

장로님, 권사님, 집사님도 마찬가지입니다. 내가 교회에서 중직을 맡았기 때문에 다른 성도보다 높은 것이 아닙니다. 내가 장로가 되면 교회에서 발언권이 더 커지고 내 마음대로 행동할 수 있는 것이 아닙니다. 항존직분자가 되면 성도들로부터 대접을 받아야 하는 것이 아닙니다. 나는 하나님이 맡겨 주신 사역과 직분에 대해서만 하나님이 주신 권위로 일할 뿐입니다.

반면에 하나님이 나에게 교회의 직분을 주셨다면 내가 아무리 부족해도 그 일에 대해서는 하나님이 주신 권위를 가지고 있습니다. 내가 무식해도 상관없습니다. 세상에서 별다른 권세가 없어도 상관없습니다. 오직 하나님이 주신 권위로 하나님이 맡겨 주신 사명을 감당할 뿐입니다. 아울러 교회 직분의 권위는 그 일을 할 때만 쓰이는 것입니다. 그 직분으로 세상에서 인정을 받으려고 하는 것은 옳지 않습니다.

• 나그네 인생

베드로는 하나님의 말씀을 누구에게 전한다고 합니까? 여러 지역에 흩어진 나그네에게 전한다고 합니다. 여기서 말하는 지역은 다 지금의 소아시아 지역입니다. 본문에서 '아시아'라고 하는 곳은 지금의 아시아 대륙이 아니라 당시 소아시아 지역에 있던 로마의 한 주입니다. '본도'는 소아시아의 북동쪽 흑해 연안의 지역입니다.

본문에서 지역의 위치보다 더 중요한 것은 베드로가 성도들을 흩어진 나그네라고 부른다는 것입니다. 나그네는 남의 땅에 가서 살고 있는 사람입니다. 이것은 성도들의 지위를 아주 잘 보여줍니다. 우리 성도들은 이 세상에서 나그네로 살고 있습니다. 이 세상은 우리의 본향이 아닙니다. 영원히 살 곳도 아닙니다. 우리는 여기서 나그네로 살아가고 있는 것입니다.

나그네는 어떻게 살아갑니까? 고향을 그리워하며 살아갑니다. 고향에 돌아갈 준비를 하며 살아갑니다. 타지에서 잘살기 위해 고향에 돌아갈 것을 포기하지 않습니다. 이 말씀을 오해하지 마십시오. 우리가 이 땅에서는 고향을 포기할 수 있습니다. 한국 사람이 미국에서 나그네 생활을 하다가 귀화하여 미국 시민이 될 수 있습니다. 이것은 괜찮습니다. 왜냐하면 한국에서 살든지 미국에서 살든지 다 몇십 년 살다가 죽는 인생이기 때문입니다. 한국이나 미국이나 다 이생의 나그네 길이지 진정한 본향은 아니기 때문입니다.

그러나 이생의 나그네 생활과 천국의 본향 생활은 전혀 다릅니다. 이생은 몇십 년입니다. 그러나 천국의 본향은 영원합니다. 그래서 이생과 천국은 절대 바꿀 수 없는 것입니다.

당신에게 다음과 같은 선택의 기회가 생긴다면 어느 것을 선택하시겠습니까? "오늘 라면 먹으면 남은 인생 한정식을 먹어야 하

1. 택하심을 입은 나그네　**17**

고, 오늘 한정식을 먹으면 남은 인생 라면을 먹어야 한다." 그러면 누가 오늘 한정식을 먹겠습니까? 오늘 하루는 라면을 먹고 남은 인생 수십 년은 한정식을 먹겠지요.

만일 우리가 오늘 한정식을 먹겠다고 한다면 우리는 에서 같은 사람이 됩니다. 에서는 지금 당장 죽 한 그릇을 먹기 위해 남은 인생에서 누릴 장자의 축복을 버렸습니다. 이것이 정상입니까? 정말 어리석은 일입니다. 그래서 성경은 에서를 망령된 사람이라고 합니다. 우리가 에서 같은 사람이 되어서야 되겠습니까?

세상에 정신 나간 사람이 아니라면 이생에서 몇십 년 좋은 것을 누리고 영원히 지옥의 고통을 당하겠다고 할 사람이 어디 있겠습니까? 그런데 왜 수많은 성도들이 꼭 그런 사람처럼 살까요? 왜 이 세상에서 돈 얼마 더 벌어 보겠다고 하나님의 뜻을 저버리며 살까요? 그것은 우리 인생이 나그네 삶이라는 것을 몰라서 그런 것입니다. 신앙생활에서 우리 인생이 나그네와 같다는 것을 아는 것보다 더 중요한 일은 별로 없을 것입니다.

우리가 세상에서 나그네로 산다면 우리 인생이 괴로운 겁니까? 꼭 그렇지는 않습니다. 물론 세상에서 나그네로 사는 것은 고생스럽습니다. 왜 그렇습니까? 두 가지 이유 때문입니다. 첫째, 관습이 다른 곳에서 살기 때문입니다. 그래서 나그네는 남들의 구경거리가 되기도 하고 구박을 받기도 합니다. 둘째, 시민권이 없어서 충분히 보호받을 수 없기 때문입니다. 예를 들어, 한국 사람이 일본에 가서 살면 말도 통하지 않고 시민으로서의 권리를 누릴 수도 없습니다. 그래서 나그네는 고달픕니다.

그러나 이것은 어느 나라 국민이냐에 따라 많이 다릅니다. 약소국의 국민은 다른 나라에 가서 무시당하기 쉽습니다. 잘 보호받지도 못합니다. 그러나 강대국의 국민은 쉽게 무시당하지 않습니다. 보호도 잘 받습니다. 왜냐하면 자기 나라의 세력이 거기까지 미치기 때문입니다. 그래서 우리나라에 온 미국 사람들은 대체로 겁 없이 행동합니다. 심지어 오만한 사람도 있습니다. 그러나 약소국 사람들은 쉽게 무시당하는 것입니다.

그렇다면 우리가 천국 시민인데 이 세상에서 나그네 생활을 하는 것이 괴롭기만 하겠습니까? 그렇지 않습니다. 물론 관습이 달라서 고생할 수는 있습니다. 다른 사람들은 거짓말을 하는데 우리만 정직하게 살면 고달플 때가 있습니다. 그러나 하나님의 보호를 받기 때문에 쉽게 무시당하거나 해를 당하지 않습니다. 하나님 나라의 세력이 이 세상까지 뻗쳐 있기 때문입니다.

그래서 우리가 나그네라는 사실은 고생만 의미하는 것이 아닙니다. 오히려 하나님의 백성으로서 하나님의 보호를 받는 것도 의미합니다. 물론 더 좋은 것은 천국의 영생이 보장된다는 것입니다. 우리는 천국의 시민권을 가지고 이 세상에서 나그네 생활을 합니다. 천국의 세력을 입고 있기 때문에 무서울 게 없습니다. 그리고 반드시 나중에 영원한 천국으로 돌아가게 됩니다. 그래서 지금 이 세상에서 잠깐 불편하다고 절대 천국 시민권을 포기할 수는 없는 것입니다.

우리는 하나님의 백성이지만 이 세상에서는 나그네로 지낸다는 것을 확실히 알아야 합니다. 그래서 이 세상의 박해를 두려워하지 않고, 또 금방 없어질 세상 쾌락의 유혹에 넘어가지 않고 항상 당당하게 하나님 나라의 백성답게 살아야 합니다.

베드로전서는 하나님의 사랑과 그리스도의 은혜를 보여주며 우리에게 산 소망을 주는 성경입니다. 우리는 이 소망을 통해 믿음을 지킬 수 있고 사랑할 수 있는 힘을 얻을 수 있습니다. 우리 모두가 베드로전서를 잘 읽고 신앙생활에 큰 유익을 얻게 되기를 바랍니다.

2. 이미 사랑하고 계셨습니다(벧전 1:1-2)

"예수 그리스도의 사도 베드로는 본도, 갈라디아, 갑바도기아, 아시아와 비두니아에 흩어진 나그네 곧 하나님 아버지의 미리 아심을 따라 성령이 거룩하게 하심으로 순종함과 예수 그리스도의 피 뿌림을 얻기 위하여 택하심을 받은 자들에게 편지하노니 은혜와 평강이 너희에게 더욱 많을지어다."

• 삼위일체 하나님의 사랑

베드로는 이 서신을 쓰면서 자신의 위치와 이 글을 읽는 사람들의 위치를 보여줍니다. 그는 자신은 사도이고, 독자는 나그네라고 합니다. 이렇게 해서 그는 교회 지도자의 올바른 자세와 성도들의 올바른 자세를 가르쳐 줍니다. 교회 지도자는 오직 하나님의 종으로 일할 때에만 진정한 권위를 가지고 참된 사역을 할 수 있습니다. 성도들은 이 세상에서 나그네로 살아갈 때에만 참된 신자의 삶을 살 수 있습니다.

나그네는 자기의 시민권이 있는 곳에서 살지 않고 남의 땅에서 살고 있는 사람입니다. 그래서 일반적으로 나그네는 고달픕니다.

그러나 우리는 이 땅에서 나그네로 살지만 결코 고달프지 않습니다. 왜냐하면 천국의 세력이 이 땅까지 뻗쳐 있어 천국 시민인 우리를 보호해 주기 때문입니다. 더욱이 이 짧은 인생이 끝나면 곧 영원하고 영광스러운 천국에 들어갈 것입니다. 그래서 우리의 나그네 인생은 결코 고달프지 않습니다.

그런데 베드로는 신자들의 위치를 알려 주기 위해 단순히 나그네라는 표현만 사용하는 것이 아닙니다. 그보다 훨씬 더 구체적인 표현도 사용합니다. 하나님 아버지, 성자 예수님, 그리고 성령님이 성도들에게 어떻게 해주시는지를 자세히 알려 주는 것입니다.

우리가 삼위일체 하나님을 믿지만 성경에 성부, 성자, 성령의 이름이 한 곳에 다 나오는 본문은 흔하지 않습니다. 그런데 베드로전서는 인사말에서 성부, 성자, 성령의 역사를 다 언급하며 신자들이 어떤 존재인지를 알려 줍니다. 성도는 어떤 존재입니까? 삼위일체 하나님의 극진한 사랑과 은혜를 입은 사람입니다.

• 성부 하나님의 사랑

먼저 신자는 성부 하나님의 미리 아심을 받아 선택된 사람입니다. 여기서 미리 아심을 받아 선택되었다는 것은 무슨 뜻일까요? 어떤 사람은 이것을 '예지예정'이라고 부르며 이렇게 설명합니다. "이것은 하나님께서 우리가 앞으로 예수님을 믿고 선하게 살 것을 미리 아시고 우리를 선택해 주신 것이다."

이것은 잘못된 해석입니다. 만일 하나님이 우리가 세상에 태어나 예수님을 믿고 선하게 살 것을 아시고 선택해 주셨다면 그것이 무슨 은혜입니까? 신앙생활을 잘할 것을 미리 아시고 선택해 주셨다는 것은 우리가 훌륭하기 때문에 선택해 주셨다는 뜻입니다. 이것은 은혜가 아닙니다. 우리가 훌륭하기 때문에 받은 보상입니다. 은혜는 아무 자격도 없는 사람이 공짜로 받는 축복입니다. 자격이 있는 사람이 받는 것은 은혜가 아니라 보상입니다.

우리나라 역사를 보면 처음에는 바보 같았으나 나중에 크게 출세한 사람으로 한명회와 온달 장군이 있습니다. 한명회는 머리통이 크고 못생겨서 사람들로부터 괄시를 많이 받았습니다. 그는 칠삭둥이로 불리기도 하고 대갈장군으로 불리기도 했습니다. 그러나 그의 장인이 된 민대생은 그가 큰 인물이 될 것을 예견하고 그를 사위로 삼았습니다. 결국 한명회는 놀라운 권모술수로 큰 권력을 잡게 됩니다.

그러나 온달 장군은 다릅니다. 《삼국사기》에 나오는 설화에 의하면 고구려 평강왕 때에 온달이라는 청년이 있었습니다. 그는 거지인 데다 용모도 괴상한 사람이었습니다. 그러나 마음은 착해서 홀어머니를 걸식으로 봉양하며 살고 있었습니다. 그때 왕에게는 평강공주라는 딸이 있었는데 어려서 많이 울었습니다. 그래서 왕은 공주에게 자꾸 울면 온달에게 시집 보내겠다는 농담을 하곤 했습니다.

공주가 시집갈 나이가 되자 왕은 귀족인 상부 고씨 집에 시집 보내려고 했습니다. 그러나 뜻밖에도 공주는 평소 부왕이 하던 말대로 온달에게 시집을 가겠다고 우겼습니다. 왕은 화를 내며 공주를 궁궐에서 내쫓았습니다. 공주는 그 길로 온달을 찾아가 결혼을 했습니다. 공주는 자기가 궁궐에서 가지고 나온 패물을 팔아 끼니를 때우며 온달에게 무예와 학문을 닦게 했습니다. 그래서 결국 온달은 명장으로 성장하게 됩니다.

이 두 사람에게는 어떤 차이가 있습니까? 민대생이 한명회를 선택한 것은 나중에 훌륭하게 될 것이라고 믿었기 때문입니다. 한명회는 재능이 있었기 때문에 선택된 것입니다. 한명회는 민대생이 선택하지 않았어도 출세했을 것입니다. 한명회가 민대생의 사위가 된 것은 은혜가 아니라 보상입니다. 그러나 평강공주가 온달을 선택한 것은 약속이라고 생각했기 때문입니다. 온달은 아무것도 없었지만 평강공주의 선택을 받은 것입니다. 온달은 평강공주가 선택하지 않았다면 평생 거지로 살았을 것입니다. 온달이 평강공주의 남편이 된 것은 진짜 은혜입니다.

하나님이 우리를 미리 알고 선택하신 것은 우리가 좋은 사람이 될 것을 알고 선택하신 것이 아닙니다. 하나님이 우리를 미리 아셨다는 것은 우리를 일찍부터 알아주셨다는 뜻입니다. 우리가 아직 태어나기도 전에, 무엇을 하기도 전에, 아직 아무것도 아닐 때 이미 하나님은 우리를 알아주고 사랑해 주셨다는 뜻입니다.

하나님이 예레미야에게 하신 말씀이 기억나십니까?

"내가 너를 모태에 짓기 전에 너를 알았고 네가 배에서 나오기 전에 너를 성별하였고 너를 여러 나라의 선지자로 세웠노라 하시기로" (렘 1:5).

무슨 뜻입니까? 예레미야가 선지자가 될 것을 미리 알고 선지자로 세워 주셨다는 뜻입니까? 아닙니다. 그가 사람이 되기도 전에 이미 하나님이 그를 알고 계셨다는 뜻입니다. 이 말씀은 예레미야가 태어나기 전부터 하나님은 예레미야와 가까운 관계를 가져 주셨다는 뜻입니다. 달리 말하면, 예레미야를 미리 사랑하고 계셨다는 뜻입니다.

이것은 온달이 생각도 하지 못하고 있을 때 평강공주가 온달을 알아주고 결혼하기로 마음먹었던 것과 비슷합니다. 하나님은 우리를 미리 알고 사랑해 주셨습니다. 그래서 선택해 주신 것입니다. 하나님은 우리가 선한 일을 한 다음에 사랑하시는 것이 아닙니다. 우리가 태어나기도 전부터 사랑하고 계신 것입니다. 그래서 우리가 죄인이었을 때 예수님을 보내 우리를 구원해 주신 것입니다. 이것은 성부 하나님의 사랑을 보여줍니다. 하나님의 사랑은 우리가 어떤 꼴을 하고 있을지라도 사랑하시는 것입니다.

• 성자 예수님의 은혜

우리를 사랑하시는 하나님이 우리를 선택하신 목적이 무엇입니까? 하나님이 우리를 선택하신 목적은 우리가 예수님께 순종하고 예수 그리스도의 피 뿌림을 얻도록 하기 위해서입니다. 이 두 가지는 다 예수님과 관련되어 있습니다. 원문을 보면 순종하는 것도 예수님께 순종하는 것이고, 피 뿌림을 얻는 것도 예수님의 피 뿌림을 얻는 것입니다. 참고로 본문 2절을 표준새번역으로 읽어 보겠습니다.

"하나님 아버지께서 당신의 미리 아심을 따라 여러분을 택하여 주시고, 성령으로 거룩하게 해주셨으므로, 여러분은 예수 그리스도께 순종하게 되었으며, 그의 피로 정결함을 얻게 되었습니다. 여러분에게 은혜와 평화가 가득하기를 빕니다"(벧전 1:2, 표준새번역).

먼저 피 뿌림을 얻는 것을 생각해 봅시다. 하나님이 우리를 선택하신 것은 예수님의 보혈로 죄를 용서받고 구원을 얻게 하기 위해서입니다. 하나님은 우리를 사랑하셔서 선택하셨습니다. 그렇다면 우리에게 좋은 것을 주실 것 아닙니까? 우리에게 가장 좋은 것이 무엇입니까? 죄를 용서받고 구원받는 것입니다. 그래서 하나님은 우리를 선택하셔서 예수님을 믿고 보혈의 공로로 모든 죄를 용서받고 구원받게 해주신 것입니다.

이것은 성자 예수님의 은혜를 보여줍니다. 하나님이 우리를 선택하신 뜻을 이루어 드리기 위해 예수님은 우리를 위해 피 흘려 죽으셨습니다. 우리를 위해 당신의 목숨을 버리신 것입니다. 이것이 예수님의 십자가 은혜입니다. 예수님은 우리를 사랑하십니다. 이 사랑의 죽으심 덕분에 우리는 죄를 용서받게 된 것입니다.

예수님의 사랑은 가장 뜨겁고 헌신적인 모습을 보여줍니다. 하나님의 사랑은 우리가 아무리 부족해도 변치 않는 모습을 보여줍니다. 우리를 미리부터 사랑하고 계셨으니까요. 이에 비하면 예수님의 사랑은 열정적이고 헌신적인 사랑을 보여줍니다. "나는 너를 위해 죽겠다. 내게 있는 모든 것을 내놓고서라도 너를 구원하고야 말겠다." 예수님의 사랑은 이렇게 뜨겁고 헌신적인 사랑입니다.

이 말은 하나님 아버지는 이런 사랑을 하시고 예수님은 저런 사랑을 하신다는 뜻이 아닙니다. 두 분 다 같은 사랑을 하십니다. 다만 나타난 사랑의 모습에서 서로 다른 특징이 강조된 것뿐입니다. 예수님의 사랑이 이렇게 나타났기 때문에 우리가 예수님의 십자가 보혈을 생각할 때 뜨거운 사랑을 느끼고 우리의 마음도 뜨거워지는 것입니다.

하나님이 우리를 선택하신 두 번째 목적은 예수님께 순종하게 하기 위해서입니다. 단순히 피 뿌림만 받게 하기 위해서가 아니라 순종하게 하기 위해 선택하신 것입니다. 우리는 절대 이것을 소홀히 하면 안 됩니다.

'하나님이 우리를 이전부터 사랑해 주셨으니 무슨 짓을 해도 사랑하실 것이고, 우리는 이미 예수님께 죄 용서의 은혜를 입었으니 무슨 짓을 한들 상관이 있겠느냐?' 이렇게 생각하는 것은 사탄의 무서운 유혹입니다. 사탄의 유혹은 예수님을 안 믿게 하는 것만이 아닙니다. 사탄은 믿는 사람에게 이제는 믿어서 구원을 받았으니 아무렇게나 살아도 괜찮다고 유혹하기도 합니다. 이것이 성공하면 믿는 사람도 다시 지옥으로 끌고 갈 수 있기 때문입니다.

교회 역사상 가장 무서운 이단이 영지주의입니다. 그런데 영지주의가 하는 말이 바로 이것입니다. "영이 깨끗해졌으니 육은 죄를 지어도 상관없다. 어차피 육은 더러운 거니까." 그래서 영지주의는 그리스도의 피 뿌림을 받았다고 하면서 그리스도의 말씀대로 살지는 않습니다.

이것은 완전히 잘못된 것입니다. 하나님은 피 뿌림만을 위해서가 아니라 순종을 위해서도 우리를 선택하셨습니다. 이것은 너무나 당연한 일입니다. 왜냐하면 우리가 받은 구원을 지키는 길이 바로 예수님께 순종하는 것이기 때문입니다.

혹시 예수님께 순종하는 것이 억울합니까? 마음대로 살지 못해서 아쉽습니까? 온달은 평강공주의 선택을 받아 밤잠을 자지 못하고 공부했습니다. 놀지 못하고 무술을 연마했습니다. 그것이 억울한 일입니까? 그렇게 순종해서 자신이 큰 인물로 발전하는데요? 우리로 예수님께 순종하도록 인도해 주시는 것은 정말 감사한 일입니다. 우리를 구원과 축복의 길로 인도해 주시는 것이기 때문입니다. 예수님께 순종하게 해주시는 것은 피 뿌림을 받게 해주시는 것만큼이나 감사한 일입니다.

• 성령님의 교통

하나님은 어떤 방법으로 우리가 예수님의 피 뿌림을 받고 순종하게 해주십니까? 성령님의 거룩하게 하심을 통해서입니다. 성령님이 우리를 거룩하게 해주시고 믿음을 불어넣어 주지 않으시면 우리는 예수님의 피 뿌림의 은혜를 입을 수 없습니다. 예수님께 순종할 수도 없습니다. 오직 성령님의 거룩하게 하심을 통해서만 우리는 예수님을 믿고 피 뿌림의 은혜를 입고 예수님께 순종하게 되는 것입니다.

그러면 거룩하게 하는 것이 무엇입니까? 거룩하다는 것은 구별되었다는 뜻입니다. 그래서 거룩하게 하는 것은 세상과 다르게 만드는 것입니다. 성령님은 우리로 세상과 다르게 생각하고, 다르게 말하고, 다르게 행동하게 함으로써 예수님의 은혜 안에 들어가게 해주시는 것입니다. 성령님의 사랑은 이렇게 나타납니다. 성령님이 우리 속에 들어와서 우리와 교제하시며 우리를 감동시켜 세상과 다른 존재로 만들어 주시는 것입니다.

당신은 성령 충만을 원하십니까? 성령 충만하면 어떻게 됩니까? 방언을 하고 황홀경을 체험합니까? 그런 것도 있습니다. 은사를 받아 큰 능력을 행합니까? 병을 고치고 기적을 행합니까? 그런 것도 있습니다. 그렇다면 당신은 은사와 능력을 받기 위해 성령 충만을 원하십니까? 그것도 좋습니다.

그러나 성령 충만에는 그보다 더 중요한 것이 있습니다. 그것은 바로 거룩함을 통해 예수님을 믿고 예수님께 순종하게 되는 것입니다. 먼저, 예수님을 믿는 것에 대해 생각해 보십시오. 예수님을 믿는 것이 쉽습니까? 아닙니다. 어렵습니다. 사실 예수님을 믿는 것은 불가사의한 일입니다. 어떤 사람은 참 착하고 따뜻한 사람인데도 예수님을 믿지 못합니다. 어떤 사람은 아주 악독한 사람인데도 뜻밖에 예수님을 쉽게 받아들이고 믿습니다. 믿음에 대해서는 우리가 상상도 할 수 없는 일들이 자주 일어납니다.

예수님을 믿는 것은 비합리적이고 비과학적인 일입니다. 어떻게 2천 년 전에 한 청년이 죽었는데 그 덕분에 내가 죄를 용서받습니까? 정말 합리적이지도 않고 과학적이지도 않습니다. 그렇다면 철학자나 과학자가 제일 안 믿어야 될 것 아닙니까? 그러나 실제로는 많은 철학자들이 예수님을 믿습니다. 많은 과학자들도 예수님을 믿습니다. 또한 예수님을 믿으리라고는 상상도 할 수 없었던 불량배가 어느 날 독실한 신자가 되어 간증하고 있는 모습도 가끔 볼 수 있습니다. 어떻게 이런 일이 일어날 수 있습니까? 성령님이 거룩하게 만들어 주셨기 때문입니다. 이것이 성령님의 사랑이고 교통인 것입니다.

성령님의 역사는 또한 우리를 거룩하게 하여 예수님께 순종하게 만듭니다. 달리 말하면, 우리가 순종하게 되는 것은 거룩하게 됨으로써입니다. 우리가 예수님께 잘 순종하려면 거룩해져야 합니다. 세상 사람들과 다르게 생각하고, 다르게 말하고, 다르게 행동해야 합니다. 남들과 똑같이 하려고 하면 절대 예수님께 순종할 수 없습니다.

성령님이 우리를 거룩하게 하시는 분이시기 때문에 우리가 거룩하게 되려면 성령님의 도우심을 받아야 합니다. 늘 성령님과 교제하며 성령님의 감동을 받아야 합니다. 어떻게 하면 그럴 수 있을까요? 찬양과 말씀과 기도로 성령님과 교제해야 합니다. 성경을 보면, 성령님이 충만히 임하시는 것은 주로 찬양할 때와 말씀을 들을 때와 기도할 때였습니다. 이렇게 성령님의 감동을 받으면 믿음이 강해지고, 순종할 내용을 알게 되고, 순종할 수 있는 힘을 얻게 됩니다. 그래서 하나님이 우리를 선택하신 목적을 이루어 가게 되는 것입니다.

우리는 하나님의 놀라운 사랑을 입고 있습니다. 하나님 아버지는 우리가 생기기도 전에 이미 사랑하고 계셨습니다. 하나님의 사랑은 우리가 아무것도 하기 전에 미리 우리를 사랑하시고 자녀로 삼아 주신 모습에서 나타납니다. 하나님이 우리를 선택하신 것은 예수님의 피 뿌림을 입어 구원을 받고 예수님께 순종하며 구원의 길을 가게 하기 위해서입니다. 예수님의 사랑은 우리를 위해 피 흘려 죽으신 모습에서 나타납니다. 이런 믿음과 순종은 성령님이 우리를 거룩하게 해주심으로써 이루어집니다. 성령님의 사랑은 우리를 찾아와 우리와 교제하시며 우리를 감동시켜 거룩하게 만들어 주시는 데서 나타납니다. 이런 거룩함을 통해 우리는 믿음과 순종으로 구원의 길을 가게 되는 것입니다.

• 인사말

베드로전서 1장 1-2절은 편지의 인사말입니다. 우리도 그렇지만 당대인들도 편지 첫 부분에 인사말을 썼습니다. 당대인들은 편지를 쓸 때 먼저 발신자가 누군지 말해 주고, 다음으로 수신자가 누군지 말해 주고, 그 후에 인사말을 썼습니다. 예를 들면, "바울이 디모데에게 편지합니다. 주님의 평강을 빕니다." 이런 식으로 쓰는 것입니다.

베드로는 수신자에게 어떤 인사를 합니까? "은혜와 평강이 너희에게 더욱 많을지어다"라고 합니다. 이 인사말도 무척 중요합니다. 우리는 인사말을 할 때 어떤 말을 많이 합니까? 전통적으로 많이 하는 인사말은 "건강하십시오"라는 말입니다. 좀 추상적으로 "복 많이 받으십시오"라는 인사말도 많이 합니다. 요즈음에는 다소 노골적으로 "부자 되세요"라는 인사말을 하기도 합니다.

당시의 편지에서도 가장 많이 하는 인사말은 "건강하십시오"라는 말이었습니다. 그러나 베드로는 그런 인사말을 하지 않고 "은혜와 평강이 더욱 많기를 바랍니다"라는 인사말을 합니다. 이것은 베드로만이 아니라 모든 사도들이 가장 많이 한 인사말입니다. 달리 말하면, 사도들은 건강이 아니라 은혜를 빌어 준 것입니다.

건강과 은혜 중 어떤 게 더 좋습니까? 은혜가 더 좋습니다. 왜냐하면 하나님의 은혜가 있으면 모든 것이 해결되지만, 건강만 있으면 다른 어려움이 생길 수도 있기 때문입니다. 사도들도 예수님을 알기 전에는 다 건강에 대한 인사를 하였을 것입니다. 그러나 예수님을 안 후에는 은혜보다 더 좋은 게 없다는 것을 깨달았습니다. 그래서 은혜가 충만하기를 비는 것입니다.

은혜는 하나님이 공짜로 베풀어 주시는 모든 좋은 것들입니다. 하나님의 은혜를 받으면 무엇을 얻습니까? 구원, 하나님의 돌보심, 물질적인 복, 건강, 자녀의 복, 가정의 평화 등 우리에게 좋은 것을 모두 얻습니다. 그런데 우리가 은혜를 받는 것이 중요합니까, 받은 은혜를 깨닫는 것이 중요합니까?

한번 생각해 보십시오. 하나님이 우리를 구원해 주지 않으셨습니까? 자녀로 삼고 돌봐 주지 않으십니까? 우리에게 필요한 복을 주지 않으십니까? 이렇듯 하나님이 늘 우리에게 은혜를 베풀어 주시는데도 은혜를 간구해야 합니까? 간구해야 합니다. 하나님이 우리에게 주기로 하셨어도 우리는 기도해야 합니다. 하나님은 기도의 응답을 통해 주시는 것을 기뻐하시기 때문입니다. 그래야 하나님의 영광이 드러나고 우리에게도 더욱 은혜가 되기 때문입니다. 만일 기도 없이 그냥 받으면 믿음에 별로 도움이 되지 않습니다. 그러나 간절히 기도하고 받으면 믿음이 자라고, 감사가 자라고, 하나님께 영광을 돌리게 됩니다. 훨씬 더 유익한 것입니다. 그래서 베드로가 은혜를 빌어 주는 것은 아주 중요한 일입니다. 이런 축복기도를 통해 하나님의 은혜가 더 크게 임하는 것입니다.

그런데 은혜를 받는 것 이상으로 중요한 것이 은혜받은 것을 깨닫는 것입니다. 누가 하나님의 더 큰 은혜 속에 삽니까? 은혜를 많이 받았으나 그것을 깨닫지 못하는 사람입니까, 아니면 은혜받은 것을 깊이 깨닫고 감사하는 사람입니까? 후자입니다. 은혜가 충만한 사람은 은혜를 받은 사람이라기보다 은혜를 깨달은 사람입니다. 그리고 앞으로 누구에게 더 큰 은혜가 임하겠습니까? 은혜를 깨닫고 감사하는 사람입니다.

사실 우리는 다 은혜를 받았습니다. 그러나 자기가 은혜를 받은 줄 아는 사람만 은혜가 충만해집니다. 그리고 더 큰 은혜를 받게 됩니다. 우리에게 하나님의 은혜보다 더 중요한 것은 없습니다. 모든 것이 하나님이 주시는 것이기 때문입니다. 우리가 하나님의 은혜를 사모하고 또한 서로에게 하나님의 은혜를 빌어 주는 것은 훌륭한 신앙의 자세입니다. 그런데 은혜가 충만해지는 최고의 비결은 은혜를 깨닫는 것입니다. 그러므로 은혜를 사모할 뿐 아니라 은혜를 깨달아서 더욱 풍성한 은혜를 누리게 되기를 바랍니다.

평강은 온전한 것입니다. 육신이 건강한 것, 정신이 건강한 것, 영적으로 평안한 것, 이웃과 사랑의 삶을 사는 것, 교회에 소외된 사람이 없고 모두가 서로 사랑하며 친밀하게 지내는 것 등이 주님의 평강입니다. 베드로는 이런 평강이 성도들에게 충만하기를 빌어 줍니다. 그런데 이런 평강도 은혜로 주어지는 것이며, 은혜를 깨달은 사람이 더 많이 누리게 됩니다. 하나님의 은혜를 깨달으면 걱정이 없어집니다. 내 마음에 평강이 찾아오는 것입니다. 하나님의 은혜를 깨달으면 이웃을 사랑하게 됩니다. 이웃과의 관계에 평강이 오는 것입니다. 이렇게 은혜와 평강은 서로 결합되어 있습니다. 이런 주님의 은혜와 평강이 우리에게도 충만하기를 빕니다.

3. 살아 있는 소망, 살려 주는 소망(벧전 1:3-5)

"우리 주 예수 그리스도의 아버지 하나님을 찬송하리로다 그의 많으신 긍휼대로 예수 그리스도를 죽은 자 가운데서 부활하게 하심으로 말미암아 우리를 거듭나게 하사 산 소망이 있게 하시며 썩지 않고 더럽지 않고 쇠하지 아니하는 유업을 잇게 하시나니 곧 너희를 위하여 하늘에 간직하신 것이라 너희는 말세에 나타내기로 예비하신 구원을 얻기 위하여 믿음으로 말미암아 하나님의 능력으로 보호하심을 받았느니라."

• 산 소망

베드로는 인사말에서 성도들에게 은혜와 평강이 충만하기를 빌어 줍니다. 그런데 은혜가 충만해지려면 하나님의 은혜를 깨달아야 합니다. 그래서 베드로는 성도들이 하나님의 은혜를 깨닫도록 하나님의 사랑과 은혜가 얼마나 큰지를 알려 줍니다. 이것만 깨달으면 은혜가 충만해지고 성도다운 삶을 살 수 있기 때문입니다.

베드로가 보여주는 하나님의 은혜는 어떤 것입니까? 산 소망입니다. 베드로는 하나님이 우리에게 산 소망을 주셨다고 가르쳐 줍니다. 산 소망이 무엇입니까? 영생입니다. 4절을 보면, "썩지 않고 더럽지 않고 쇠하지 아니하는 유업을 잇게 하시나니 곧 너희를 위하여 하늘에 간직하신 것이라"고 하였습니다. 이런 영생이 바로 산 소망입니다. 우리가 산 소망을 얻기 전에는 세상에서 더럽게 살다가 영원한 지옥의 고통에 들어갈 사람이었습니다. 그런데 하나님이 우리에게 영생의 산 소망을 주신 것입니다.

하나님이 왜 우리에게 산 소망을 주셨습니까? 많은 긍휼 때문입니다. 긍휼은 어려움에 처한 사람을 불쌍히 여기고 잘되게 해주는 것입니다. 우리는 죄 속에 살다가 멸망에 빠질 수밖에 없는 비참한 사람이었습니다. 많은 사람이 그것도 모르고 자기는 대단한 사람인 줄 알지만 사실 사람의 진짜 모습은 그렇게 비참한 것입니다. 하나님은 이것을 불쌍히 여기셨습니다. 그래서 영생을 주신 것입니다.

하나님이 어떤 방법으로 우리에게 영생을 주셨습니까? 예수 그리스도의 부활을 통해서 주셨습니다. 앞 문단에서는 예수님의 사랑을 십자가 고난을 통해 알려 주었는데 여기서는 부활을 통해 알려 줍니다. 우리는 주님의 은혜를 말할 때 늘 십자가 사랑을 말합니다. 그러나 베드로는 예수님의 사랑을 말할 때 예수님의 십자가만 말하지 않습니다. 부활도 말합니다.

예수님의 십자가는 부활을 통해 완성됩니다. 예수님이 왜 우리를 위해 피 흘려 죽으셨습니까? 우리 죄를 씻어 주기 위해서입니다. 왜 죄를 씻어 주십니까? 우리를 구원하기 위해서입니다. 우리의 구원이 무엇입니까? 영생을 얻는 것입니다. 영생이 무엇입니까? 이 몸으로 죽지 않고 계속해서 살아가는 것입니까? 아닙니다. 영생은 영광된 몸으로 변화되어 영원히 사는 것입니다.

영생이란 지금의 삶과는 차원이 다른 삶입니다. 양적으로 뿐 아니라 질적으로도 차원이 다릅니다. 무한히 산다고 영생이 아닙니다. 죄 없고, 더러움이 없고, 고통이 없고, 행복만이 가득한 삶을 영원히 살아야 영생입니다. 이 몸으로는 절대 영생을 얻을 수 없습니다. 반드시 부활해야 합니다. 그래서 우리는 부활을 통해 영생을 얻게 되는 것입니다.

그런데 죄인인 우리가 어떻게 부활합니까? 부활은 죄 없는 예수님이 먼저 하십니다. 그리고 예수님으로 인해 죄 씻음을 받은 사람들이 예수님을 따라 부활하는 것입니다. 예수님이 바로 이것을 이루기 위해 죽음으로 우리 죄를 씻어 주시고 부활하셨습니다. 이렇게 해서 우리에게 부활의 길을 열어 주신 것입니다. 예수님이 부활하셨기 때문에 우리는 비로소 부활과 영생의 소망을 가지게 되었습니다. 물론 우리는 부활하기 전에 이미 세상에서 거듭납니다. 그래서 세상에서도 거듭난 하나님의 자녀로 살다가 나중에 부활하여 영생을 누리는 것입니다. 이것이 바로 산 소망입니다.

• 살아 있는 소망

그런데 '산 소망'이 무슨 뜻일까요? 여기에는 두 가지 뜻이 있습니다. 첫째, 살아 있는 소망이라는 뜻입니다. 소망 안에 참된 생명이 있는 것입니다. 참된 생명은 영생입니다. 그래서 산 소망은 영생을 바라는 소망입니다.

그렇다면 산 소망의 반대말은 뭘까요? 죽은 소망입니다. 죽은 소망은 무엇일까요? 소망 안에 생명이 없는 것입니다. 이런 소망도 무언가 바라기는 합니다. 그러나 그 안에 생명이 없기 때문에 그것이 이루어져도 생명을 얻지는 못합니다.

필리핀의 한 어린이가 어렸을 때 소아마비를 앓아 다리를 몹시 저는 장애인이 되었습니다. 그 어린이를 불쌍히 여긴 선교사가 어떻게든지 도와주려고 애를 썼습니다. 다방면으로 알아본 결과 이 어린이의 경우 수술을 하면 고칠 수 있다는 것을 알게 되었습니다. 그래서 많은 노력 끝에 훌륭한 의사의 도움을 받아 수술을 했습니다. 다리가 나아 마음껏 뛰노는 어린이를 보며 선교사는 얼마나 기뻤는지 모릅니다. 얼마 후 선교사는 본국으로 돌아가게 되었습니다. 시간이 흐르면서 어린이와의 연락도 끊어졌습니다.

10여 년이 지난 후 이 선교사는 우연히 어느 모임에서 그 어린이의 수술을 맡았던 의사를 만났습니다. 선교사는 반가워서 어쩔 줄 모르며 의사에게 물었습니다. "그 아이의 다리는 어떻습니까?" "그 아이의 다리는 완전히 나아서 건강합니다." "잘됐군요. 그러면 그 아이는 지금 어떻게 살고 있나요?" "한번 알아맞혀 보시지요." "혹시 당신처럼 의사가 되었나요?" "아니요." 그러면서 의사는 무거운 얼굴로 대답했습니다. "그 아이는 지금 감옥에 있습니다. 아이는 다리가 나은 후에 활발하게 돌아다니더니 얼마 안 가서 악한 길로 들어섰습니다. 그러다가 결국 큰 범죄에 연루되어 종신형을 선고받았지요."

이 어린이는 다리가 나을 소망을 가졌습니다. 얼마나 좋은 일입니까? 그러나 그 소망 안에는 생명이 없었습니다. 생명이 없는 소망은 이루어져도 진정한 행복을 주지 못합니다. 이 어린이는 다리가 낫는 소망이 이루어져서 오히려 더 불행해졌습니다. 그러나 하나님이 주시는 소망은 그런 소망이 아닙니다. 그 안에 생명이 있는 산 소망입니다. 우리가 하나님의 자녀가 되어 고귀한 삶을 사는 소망입니다. 그리고 부활하여 영생을 얻는 소망입니다.

• 살려 주는 소망

산 소망은 '살아 있는 소망'이라는 뜻만이 아니라 '살려 주는 소망'이라는 뜻도 있습니다. 그것도 한 번만 살려 주는 게 아니라 계속해서 살려 준다는 뜻입니다. 영어를 예로 들어 잠깐 설명해 드리겠습니다. 축구 경기가 아주 흥미진진하게 진행되고 있습니다. 그러면 관중들은 신이 납니다. 이럴 때 신난다는 말을 '익사이트'(excite)라고 합니다. 그런데 '신나는 관중'이라고 표현하려면 과거분사를 써서 수동태로 '익사이티드 크라우드'(excited crowd)라고 합니다. 관중이 경기로 인해 신나게 되었기 때문입니다.

하지만 '신나는 경기'라고 하려면 '익사이티드 게임'(excited game)이라고 하지 않고 현재분사를 써서 능동형으로 '익사이팅 게임'(exciting game)이라고 합니다. 경기가 관중을 신나게 만들었기 때문입니다.

그런데 베드로전서의 산 소망은 능동형 현재분사로 표현되어 있습니다. 그래서 이것은 다른 것에 의해 살림을 받은 소망이 아니라 다른 것을 살려 주는 소망입니다. 혹은 스스로 살아 있는 소망입니다. 더욱이 이 말씀은 현재시제의 분사로 되어 있는데, 헬라어에서 현재시제는 일회적인 행동이 아니라 반복되는 행동을 보여줍니다. 그래서 산 소망은 한 번만 살려 주는 소망이 아니라 반복해서 계속 살려 주는 소망인 것입니다.

이 표현은 우리에게 많은 것을 알려 줍니다. 소망이란 우리를 살려 주는 것입니다. 한두 번이 아니라 계속적으로 살려 주는 것입니다. 사실 우리가 무언가를 하려고 애쓰는 것은 소망이 있을 때까지입니다. 소망이 없어지면 포기하고 더 이상 노력하지 않습니다.

제가 미국에서 공부할 때는 내비게이션이 없을 때였습니다. 그래서 지도를 보며 길을 찾아갑니다. 그런데 길을 찾아가다가 그 길이 아닌 것 같으면 고민을 하게 됩니다. 계속 갈 것인가, 되돌아가서 다른 길로 갈 것인가? 이럴 때 언제까지 계속 갈까요? 그 길로 가면 목적지가 나올 것이라는 소망이 있는 한 계속 갑니다. 그러나 아무리 봐도 그 길이 아닌 것 같으면 더 이상 가지 않습니다. 소망이 있어야 그 길을 계속 가는 것입니다.

이렇게 길이 확실하지 않아서 그냥 갈지, 돌아갈지 고민할 때 마음 놓고 갈 수 있도록 도와주는 것이 있습니다. 그게 뭘까요? 이정표입니다. 저는 미국의 리치몬드에서 살았는데 장거리 여행을 하고 돌아오다가 이정표에 '리치몬드'라는 글씨가 나오면 얼마나 반가웠는지 모릅니다. 특히 길이 맞는지 염려하다가 '리치몬드'라는 이정표가 나오면 온 가족이 함성을 질렀습니다. 소망이 확실해지면 가던 길을 더욱 힘차게 갈 수 있는 것입니다.

우리는 지금 세상에서 어떤 존재로 살아갑니까? 나그네로 살아갑니다. 우리는 본향으로 돌아가야 합니다. 하나님 나라에 가서 영생을 누려야 합니다. 그러기 위해서는 믿음의 길을 가야 합니다. 그런데 어떤 사람이 좌절하지 않고 믿음의 길을 갈까요? 이 길로 가면 영생을 얻는다는 소망이 있는 사람입니다. 그래서 소망이 우리의 믿음을 지켜 주고 우리를 살려 주는 것입니다. 소망을 새롭게 확인하면 믿음의 길을 더욱 힘차게 갈 수 있습니다. 그래서 베드로는 소망을 산 소망, 즉 살려 주는 소망이라고 부르는 것입니다.

• 산 소망의 모습

앞에서 살펴본 대로 소망은 크고 확실할수록 더 큰 힘을 줍니다. 그래서 우리의 소망이 얼마나 크고 좋은 것인지, 그리고 얼마나 확실한 것인지를 아는 것이 신앙생활의 관건입니다. 베드로는 이 소망이 얼마나 좋은 것인지를 알려 주기 위해 썩지 않고 더럽지 않고 쇠하지 않는 소망이며, 하늘에 예비된 영생이라고 가르쳐 줍니다. 앞의 인사말에서는 삼위일체 하나님의 사랑을 보여주며 격려했는데 여기서는 소망의 위대한 모습을 보여주며 격려하는 것입니다. 우리의 소망은 이 세상에서 우리를 괴롭히는 죽음, 죄악, 인간의 비참하고 연약한 모습 등을 모두 극복하고 영원한 영광과 생명을 얻는 소망입니다. 정말 크고 좋은 소망입니다.
그리고 우리의 소망은 정말 확실한 소망입니다. 베드로는 이것이 얼마나 확실한지를 알려 주기 위해 산 소망의 몇 가지 모습을 보여줍니다.
첫째, 우리가 이 소망을 얻는 것은 하나님이 우리를 거듭나게 해

주셔서 얻는 것입니다. 거듭나는 것은 이전과 다른 새사람이 되는 것입니다. 그러면 우리가 거듭난 것이 확실합니까? 확실합니다. 우리가 전에는 믿지 못하던 것을 지금은 믿고 있다는 것이 거듭난 증거입니다. 전에는 관심이 없던 것을 위해 노력하고 있다는 것이 거듭난 증거입니다. 우리가 세상과 달리 믿음을 가지고 신앙생활을 하고 있다는 것이 거듭난 증거입니다. 이 모든 것이 소망의 확증인 것입니다.

둘째, 우리는 하나님의 보호하심을 입었습니다.

"너희는 말세에 나타내기로 예비하신 구원을 얻기 위하여 믿음으로 말미암아 하나님의 능력으로 보호하심을 받았느니라"(벧전 1:5).

우리가 영생을 얻도록 하나님이 보호해 주신다는 것입니다. 이것보다 더 확실한 소망의 근거가 어디 있습니까?

앞에서 잘 모르는 길을 가는 경우를 말씀드렸는데, 이때 제가 혼자 운전하면 염려를 합니다. 그러다가 이정표를 보면 염려가 없어집니다. 그런데 다시 한참 동안 이정표가 보이지 않으면 어떨까요? 다시 염려가 됩니다. 그러나 이정표가 전혀 보이지 않아도 염려하지 않을 때가 있습니다. 언제냐 하면 그 길을 잘 아는 사람이 뒷좌석에 있을 때입니다. 그럴 때는 전혀 염려하지 않습니다. 길이 틀리면 길을 아는 사람이 말해 줄 것입니다. 언제든지 내가 물어볼 수도 있습니다. 그래서 마음 놓고 길을 가게 되는 것입니다.

그런데 본문은 하나님이 우리의 천국 길을 보호해 주신다고 합니다. 하나님은 어떤 분이십니까? 전지전능하신 분입니다. 그 하나님이 우리가 하늘나라에 도달하도록 사랑과 능력으로 항상 보호해 주실 것입니다. 차가 고장 나면 고쳐 주실 것이고, 길을 잃으면 가르쳐 주실 것입니다. 그러니 우리의 소망이 얼마나 확실합니까!

베드로는 이런 하나님을 어떻게 하겠다고 합니까? 본문 첫 부분을 보십시오. 하나님을 찬송하겠다고 합니다. 이런 하나님을 믿는다면 찬송이 안 나오겠습니까? 우리를 이렇게 완벽하게 인도해 주시고 보호해 주시는데 찬송이 안 나올 수가 있습니까? 우리에게 산 소망을 주셔서 신앙을 지키게 하시고 산 소망을 이루게 해주시는 하나님이라면 항상 감사하고 찬양하며 섬길 수밖에 없지 않습니까? 이것이 바로 참된 신앙생활이고, 구원의 길을 가는 신앙생활인 것입니다.

우리는 성부 하나님, 성자 예수님, 성령 하나님의 사랑 속에 선택되어 죄 씻음을 받았습니다. 하나님의 백성이 되었습니다. 거듭나서 부활의 소망을 가지고 삽니다. 영생의 소망 속에 삽니다. 우리의 소망은 세상의 소망이 아니라 영생의 산 소망입니다. 이 소망이 우리의 믿음을 지켜 주고 우리를 영생으로 인도합니다. 하나님이 능력으로 보호해 주시기 때문에 우리는 반드시 하늘의 영생을 얻을 것입니다. 어떤 어려움이 있어도 좌절하지 마시기 바랍니다. 특히 나에게 부족한 모습이 있어도 염려하지 마시기 바랍니다. 우리는 하나님의 사랑 속에 소망을 이루게 될 것입니다. 오직 하나님의 사랑과 보호에 감사하며 산 소망을 가지고 꿋꿋하게 신앙생활을 해나가시기 바랍니다.

4. 근심은 잠깐입니다(벧전 1:6-9)

"그러므로 너희가 이제 여러 가지 시험으로 말미암아 잠깐 근심하게 되지 않을 수 없으나 오히려 크게 기뻐하는도다 너희 믿음의 확실함은 불로 연단하여도 없어질 금보다 더 귀하여 예수 그리스도께서 나타나실 때에 칭찬과 영광과 존귀를 얻게 할 것이니라 예수를 너희가 보지 못하였으나 사랑하는도다 이제도 보지 못하나 믿고 말할 수 없는 영광스러운 즐거움으로 기뻐하니 믿음의 결국 곧 영혼의 구원을 받음이라."

• 고난은 곧 끝납니다

우리가 병원에 문병을 가면 대개 무슨 말을 합니까? 어쩌다가 이렇게 입원하게 되었는지 물어보지요. 그리고 현재 증세가 어떤지, 어디가 아픈지, 얼마나 심각한 상태인지, 통증은 많이 있는지 등을 물어봅니다. 그리고 또 무엇을 물어봅니까? 언제쯤 퇴원할 수 있는지 물어봅니다.

목회를 할 때 성도님이 입원했다는 소식을 들으면 병원으로 심방을 갑니다. 어떨 때는 입원하자마자 가게 되어 다소 심각한 상황에서 성도님을 만나기도 합니다. 그럴 때는 앞으로 치료가 잘되기를 간절히 기도합니다. 그러나 어떨 때는 성도님이 입원한 사실을 알려 주지 않아 뒤늦게 찾아가는 경우도 있습니다. 심지어 퇴원하기 직전에 찾아가는 경우도 있습니다. 이럴 때는 이런 말을 듣습니다. "금방 퇴원합니다." 그러면 늦게 찾아간 것이 미안하기는 하지만 금방 퇴원한다는 말이 얼마나 듣기 좋은지 모릅니다.

어려운 기간은 다 지나고 이제 곧 이 힘든 자리를 떠나게 된다는 것은 정말 반가운 소식입니다. 군대에 간 청년들도 이것을 가장 기다립니다. 그래서 군인들이 즐겨 하는 말 중에 이런 말이 있습니다. "나를 거꾸로 매달아 놔도 국방부 시계는 돌아간다." 아무리 훈련이 고되고 군대생활이 힘들어도 시간이 지나면 제대한다는 뜻입니다.

사람이 고난을 겪을 때 그 고난을 이겨낼 수 있는 힘이 어디서 나올까요? 두 가지에서 나옵니다. 첫째, 그 고난이 곧 끝날 것이라는 소망입니다. 이제 고난이 끝나고 평안이 온다는 소망이 있을 때 우리는 그 고난을 이겨낼 수 있는 것입니다. 병원에서 환자가 힘을 낼 수 있는 것은 병이 곧 낫고 다시 행복하게 살 수 있다는 소망을 가질 때입니다.

• 고난은 유익한 것입니다

고난을 이겨낼 수 있는 두 번째 힘은 그 고난이 나에게 유익이 될 것이라는 소망입니다. 운동선수들이 힘든 훈련을 이겨낼 수 있는 것은 그 훈련을 통해 자신이 더 훌륭한 선수가 될 것이라는 소망 때문입니다. 고난 속에서도 이런 소망을 가지고 있으면 고난을 싫어하지 않습니다. 오히려 기뻐합니다. 올림픽 대표선수로 뽑힌 사람이 어느 것을 더 좋아하겠습니까? 훈련에서 제외되어 남들이 땀 흘리며 훈련받을 때 자기는 쉬는 것을 더 좋아하겠습니까, 아니면 남달리 힘든 훈련을 받는 것을 더 좋아하겠습니까? 힘든 훈련을 받는 것을 더 좋아합니다. 왜 그렇습니까? 그 고난을 통해 더 크게 성공할 수 있기 때문입니다. 그렇다면 힘든 훈련을 시키는 감독은 그 선수를 사랑하고 있는 겁니까, 미워하고 있는 겁니까? 사랑하고 있는 것입니다.

신앙생활도 마찬가지입니다. 우리는 세상에서 여러 가지 고난을 겪습니다. 그러나 그런 고난 속에서도 좌절하거나 실망하지 않습니다. 하나님을 원망하지도 않습니다. 오히려 기뻐하며 하나님께 감사합니다. 왜 그렇습니까? 그 고난이 우리에게 유익하다는 것을 알기 때문입니다. 그리고 그 고난이 얼마 안 가서 끝날 것을 알기 때문입니다.

"그러므로 너희가 이제 여러 가지 시험으로 말미암아 잠깐 근심하게 되지 않을 수 없으나 오히려 크게 기뻐하는도다"(벧전 1:6).

여기서 '그러므로' 라는 말은 '앞에서 보여준 내용 때문에' 라는 뜻입니다. 앞에서 무엇을 보여주었습니까? 하나님의 사랑을 보여주었고, 우리에게 산 소망이 있다는 것을 보여주었습니다. 그러니까 우리는 하나님의 사랑 속에 있고 어떤 어려움을 만나도 우리에게는 유익이 될 것입니다. 그래서 우리는 어떤 고난을 만나도 이런 소망 속에 기뻐하는 것입니다.

그러나 고난을 이겨내기가 어려울 때도 있습니다. 어떨 때일까요? 고난이 빨리 끝나지 않을 것처럼 보일 때입니다. 사실 고난을 받을 때는 시간이 느리게 가는 것처럼 느껴집니다. 고난이 한없이 계속될 것같이 보이기도 합니다. 이렇게 되면 고난을 이겨내기가 어렵습니다. 그래서 베드로는 고난이 절대 오래가지 않는다는 것을 명확히 가르쳐 줍니다. 그 말씀이 바로 "잠깐 근심하게 되지 않을 수 없으나"라는 표현입니다. 근심은 잠깐이라는 것입니다. 정말 은혜로운 말씀입니다.

우리가 즐거울 때는 시간이 빨리 가는 것 같습니다. 그래서 시간 가는 줄 몰랐다고 하면 아주 즐겁게 지냈다는 뜻입니다. 하지만 어렵고 힘들 때는 시간이 느리게 가는 것 같습니다. 그래서 '일각이 여삼추'라고 하면 아주 힘들게 지냈다는 뜻입니다. 일각은 15분입니다. 일각이 여삼추라는 말은 15분이 3년처럼 길게 느껴진다는 뜻입니다. 이 말은 힘든 상황에서 좋은 때가 오기를 간절히 기다릴 때 많이 씁니다. 이렇게 어려움을 겪을 때는 시간이 느리게 가고 고난이 긴 것처럼 느껴집니다.

베드로는 이것을 잘 알고 있었습니다. 그래서 고난이 길게 느껴져도 결코 긴 것이 아니라고 가르쳐 주는 것입니다. "잠깐 근심하게 되지 않을 수 없으나"라는 말씀은 근심의 시간이 짧다는 것을 알려 줍니다. 여기서 근심은 슬퍼하며 고통을 겪는 것을 의미합니다. 우리의 삶에는 분명히 어려움과 고통이 있습니다. 그러나 그것은 잠깐 동안만 있을 뿐입니다.

잠깐 있는 일이라는 말은 두 가지를 가르쳐 줍니다. 첫째, 끝이 있다는 것입니다. 우리는 영생의 소망을 바라보고 있습니다. 그러니까 영생의 때가 오기 전에 이 세상의 고난은 반드시 끝나게 되어 있습니다. 더욱이 '잠깐'이라는 표현도 고난이 끝난다는 것을 분명히 가르쳐 줍니다. 우리가 세상에서 당하는 고난은 절대 영원히 계속되는 것이 아닙니다. 얼마 지나지 않아서 끝나고 우리는 영생을 누리게 될 것입니다.

둘째, 짧다는 것입니다. 고난이 얼마나 짧은지 알고 싶으면 하나님의 사랑을 생각해 보십시오. 하나님은 우리를 사랑하셔서 반드시 견딜 만한 시험만 주십니다. 절대 지나치게 주지 않으십니다. 하나님은 우리의 체질도 아시고 신앙 수준도 아십니다. 그래서 노련한 트레이너처럼 우리에게 적합한 정도의 고난만 주십니다. 그런데 우리가 얼마나 연약합니까? 그래서 하나님이 주시는 고난은 짧을 수밖에 없는 것입니다. 특히 영생과 비교하면 말할 수 없이 짧습니다. 그래서 잠깐인 것입니다. 우리가 아무리 큰 어려움을 만나도 그것은 잠깐입니다. 우리는 이것을 잊지 말아야 합니다. 그러면 어떤 시험도 견딜 만한 시험이 되는 것입니다.

베드로는 우리가 여러 가지 시험을 겪게 된다고 합니다. 여기서 말하는 시험은 '시련'입니다. 시련은 단순한 어려움이 아닙니다. 우리의 믿음을 성숙하게 만들어 주는 연단입니다. 그래서 "너희 믿음의 시련"(약 1:3)이라고 하는 것입니다.

더욱이 이런 근심과 시련은 무조건 오는 게 아닙니다. 한글성경은 이런 의미를 잘 보여주지 못하고 있지만 원문에는 이런 뜻이 들어 있습니다. '만일 그것이 꼭 필요한 것이라면.' 그러니까 하나님은 꼭 필요한 경우에만 시련을 주십니다. 절대 쓸데없이 고통을 주시는 것이 아닙니다. 꼭 필요할 때만 고통을 주십니다. 꼭 필요하다는 것은 우리에게 유익하다는 뜻입니다. 그래서 하나님이 주시는 고통은 반드시 우리에게 유익한 것입니다.

베드로는 이것을 분명히 알려 주기 위해 금의 정련과 비교합니다. 그런데 이 표현이 참 재미있습니다. 본문에서 금보다 더 귀한 것이 무엇입니까? 우리는 보통 믿음이 금보다 더 귀하다고 합니다. 그런데 본문을 잘 보십시오. 금보다 더 귀한 것이 믿음입니까, 믿음의 시련입니까? 믿음의 시련입니다. 시련이 금보다도 더 귀하다는 것입니다. 물론 믿음도 금보다 더 귀합니다. 믿음이 영생을 주는데 금보다 더 귀하지 않겠습니까? 그런데 본문은 시련도 금보다 더 귀하다고 합니다. 왜 그렇습니까? 시련이 믿음을 더욱 성숙하게 만들어 주기 때문입니다.

옛날 우리나라의 지혜로운 상인들은 아들에게 자기의 재산을 바로 물려주지 않았습니다. 먼저 아들을 친구 상인의 집에 일꾼으로 보내 많은 고생을 하며 장사를 배우게 했습니다. 친구는 친구 아들이라고 봐주지 않았습니다. 인정사정없이 가혹하게 장사의 기초부터 훈련을 시켰습니다. 이런 과정을 거쳐 아들이 상인의 정신과 기술을 충분히 익힌 다음에 재산을 물려주어 장사를 하게 했습니다.

이것은 사랑하는 아들에게 돈을 준 것이 아니라 시련을 준 것입니다. 이때 시련이 얼마나 귀중합니까? 금보다 더 귀합니다. 그냥 금을 받으면 얼마 지나지 않아서 다 잃어버리고 패가망신하게 됩니다. 그러나 금보다 더 귀한 시련을 받음으로써 더 큰 재산을 가지게 되는 것입니다.

본문은 참 재미있습니다. 이렇게 믿음의 시련이 금보다 더 귀하다고 하면서도 믿음의 시련과 금의 정련을 비교합니다. 금은 불로 연단합니다. 그러면 믿음은 무엇으로 연단합니까? 시련으로 합니다. 신앙생활에서 겪는 여러 가지 어려움과 근심으로 하는 것입니다. 그러면 믿음과 금이 비교되고 시련과 불의 연단이 비교됩니다. 이런 의미에서 본문에는 믿음이 금보다 귀한 모습도 나타납니다. 그리고 시련은 불의 연단과 비교됩니다. 나중에 4장 12절에서도 베드로는 우리가 겪는 시련을 '불 시험'이라고 표현합니다. "사랑하는 자들아 너희를 연단하려고 오는 불 시험을 이상한 일 당하는 것같이 이상히 여기지 말고"라고 하였습니다.

더욱이 우리는 시련을 잘 견딜 수 있습니다. 왜냐하면 5절 말씀처럼 하나님의 보호하심을 입고 있기 때문입니다. 우리는 실패할지도 모르는 훈련을 받으며 안절부절못하는 사람이 아닙니다. 우리는 이 연단을 잘 감당하고 영광의 구원을 얻을 사람입니다. 아니, 구원을 얻을 사람이 아니라 이미 얻은 사람입니다. 베드로는 이것을 알려 주기 위해 9절에서 이렇게 말하지 않습니까? "믿음의 결국 곧 영혼의 구원을 받음이라." 그래서 우리는 시련 속에서도 기뻐하며 신앙생활을 하는 것입니다.

• 예수님을 사랑하는 증거

베드로는 성도들이 이렇게 믿음으로 시련을 이겨내고 신앙생활을 잘하는 것은 예수님을 사랑하는 증거라고 합니다. 예수님을 사랑하지 않고서야 어떻게 어려움 속에서도 예수님을 굳건히 믿겠습니까? 또 어려움을 이기는 산 소망은 예수님이 이루어 주신 구원에서 생긴 것입니다. 예수님으로부터 산 소망을 받아 어려움을 이기는 사람이 어떻게 예수님을 사랑하지 않겠습니까?

그래서 베드로는 성도들이 예수님을 사랑한다고 말하는 것입니다. 베드로는 성도들이 너무나 사랑스럽고 고마웠습니다. 그리고 자랑스러웠습니다. 특히 이 성도들은 예수님을 직접 눈으로 보지 못했는데도 예수님을 사랑하고 있습니다. 그러니 얼마나 고마운 일입니까? 그래서 "예수를 너희가 보지 못하였으나 사랑하는도다 이제도 보지 못하나 믿고 말할 수 없는 영광스러운 즐거움으로 기뻐하니"(벧전 1:8)라고 말하는 것입니다.

이 말씀을 보면 생각나는 성경구절이 있지요? 예수님이 도마에게 하신 말씀이 생각납니다. 예수님이 부활하신 후에 제자들이 모인 곳에 나타나셨습니다. 그래서 제자들이 예수님의 부활을 믿게 되었는데 하필이면 이때 도마가 없었습니다. 그래서 다른 제자들이 도마에게 "우리가 예수님을 보았다"고 말하자 도마가 뭐라고 합니까? "내 손가락을 그 못 자국에 넣어 보고 내 손을 그 옆구리에 넣어 보기 전에는 못 믿겠다"고 합니다. 그때 예수님이 나타나십니다. 그러자 도마는 손을 넣어보기는커녕 엎드려 절합니다. 그리고 고백합니다. "나의 주님이시요 나의 하나님이시니이다." 그러자 예수님이 뭐라고 하십니까? "너는 나를 본 고로 믿느냐? 보지 못하고 믿는 자들은 복되도다."

아마 베드로는 도마의 이런 모습을 생각하며 지금 베드로전서를 읽는 신자들에게 말하는 것 같습니다. "당신들, 정말 대단합니다. 예수님을 만나 본 적도 없고 지금도 예수님을 보지 못하면서 이렇게 예수님을 사랑하고 믿으며 시련 속에서도 기뻐하니 참으로 장합니다." 그런데 성도들이 왜 예수님을 이렇게 사랑합니까? 예수님이 주신 구원을 받았기 때문입니다.

> "예수를 너희가 보지 못하였으나 사랑하는도다 이제도 보지 못하나 믿고 말할 수 없는 영광스러운 즐거움으로 기뻐하니 믿음의 결국 곧 영혼의 구원을 받음이라"(벧전 1:8-9).

우리는 여기서 구원의 두 가지 모습을 볼 수 있습니다. 첫째, 그리스도께서 나타나실 때에 받을 영생의 모습입니다(7절). 미래적인 구원입니다. 둘째, 이미 그리스도의 십자가로 영혼의 구원을 받은 모습입니다(9절). 현재적인 구원입니다. 이렇게 앞으로 얻을 구원의 소망과 이미 얻어서 체험하고 있는 구원의 기쁨이 성도들의 믿음을 지켜 주고 성도들을 살려 주는 것입니다.

지금 누리는 구원은 하나님과의 영적 교제입니다. 예수님을 사랑하며 하나님의 사랑 속에 사는 것입니다. 앞으로 얻을 구원은 영생의 소망입니다. 베드로는 이미 앞에서 하나님의 사랑과 산 소망에 대해 말해 주었는데 여기서 다시 한 번 이런 사랑과 산 소망에 대해 말해 줍니다. 그러면서 사랑과 소망 안에서 믿음을 지키는 성도들을 칭찬하며 축복해 주는 것입니다.

우리는 어떻습니까? 우리도 예수님을 사랑합니다. 그런데 예수님을 본 적이 있습니까? 이것은 환상으로 본 것을 말하는 것이 아닙니다. 베드로의 말처럼 예수님이 지상에 사시면서 보여주신 삶을 본 것을 의미하는 것입니다. 우리는 그런 예수님을 못 봤습니다. 지금도 예수님을 볼 수 없습니다. 그렇다면 우리는 어떤 사람입니까? 예수님을 안 보고도 믿는 사람입니다. 그러니까 우리는 오히려 더 복된 사람인 것입니다.

하나님은 예수님을 직접 보지 못한 우리를 위해서 성경을 주셨습니다. 지금 우리가 함께 읽고 배우는 베드로전서도 바로 하나님의 말씀 중 하나입니다. 이 말씀 속에서 우리의 신앙이 사랑과 소망으로 가득하게 되기를 바랍니다.

베드로는 지금까지 계속해서 하나님이 우리를 얼마나 사랑하시는지, 그리고 우리가 받은 소망이 얼마나 좋은 것인지를 알려 주었습니다. 우리가 겪는 시련도 이런 사랑과 소망 속에서 오는 것입니다. 특히 본문에서는 시련의 두 가지 특징을 가르쳐 줍니다. 하나는 그 시련이 잠깐이면 지나간다는 것입니다. 하나님은 절대 무리한 짐을 우리에게 지우지 않으십니다. 우리가 겪는 어려움은 끝없이 계속되지 않습니다. 조금만 있으면 끝납니다. 그 후에 우리는 하나님의 놀라운 평강을 얻게 될 것입니다.

다른 하나는 그 시련이 우리의 믿음을 연단하여 우리가 더욱 복되게 살도록 만들어 준다는 것입니다. 우리의 믿음은 영생을 주는 것입니다. 그러니까 정금보다 더 귀합니다. 그런데 믿음을 연단하는 시련도 정금보다 더 귀합니다. 우리의 믿음을 성숙하게 해주기 때문입니다. 이렇게 우리가 겪는 어려움까지 합력하여 선을 이루게 됩니다. 우리는 하나님의 보호하심 속에서 구원의 길을 갑니다. 우리는 주님의 은혜 속에서 세상의 모든 시련을 이기고 복된 신앙생활을 할 수 있습니다. 우리 모두가 항상 하나님의 사랑과 산 소망을 바라보며 어떤 어려움도 감사와 기쁨으로 이겨내고 힘차게 구원의 길을 갈 수 있기를 바랍니다.

5. 얼마나 귀한 구원을 받았는지 아십니까?
(벧전 1:10-12)

"이 구원에 대하여는 너희에게 임할 은혜를 예언하던 선지자들이 연구하고 부지런히 살펴서 자기 속에 계신 그리스도의 영이 그 받으실 고난과 후에 받으실 영광을 미리 증언하여 누구를 또는 어떠한 때를 지시하시는지 상고하니라 이 섬긴 바가 자기를 위한 것이 아니요 너희를 위한 것임이 계시로 알게 되었으니 이것은 하늘로부터 보내신 성령을 힘입어 복음을 전하는 자들로 이제 너희에게 알린 것이요 천사들도 살펴보기를 원하는 것이니라."

• 귀한 것은 버리지 않습니다

우리가 이사를 하다 보면 '집에 웬 물건이 이렇게 많지?' 하고 놀라는 경우가 있습니다. 그러면 많은 물건을 버리게 됩니다. 그래서 대체로 이사를 많이 하는 사람은 가구가 단출합니다. 그런데 우리가 짐을 버릴 때 어떤 짐을 버립니까? 새것을 버립니까, 낡은 것을 버립니까? 낡은 것을 버립니다. 왜 그렇습니까? 가치가 없기 때문입니다. 왜 가치가 없습니까? 이제 얼마 더 쓸 수 없기 때문입니다.

그러나 낡아도 얼마든지 더 쓸 수 있는 것은 버리지 않습니다.

어떤 것이 그런가요? 튼튼해서 변하지 않는 것입니다. 망치 같은 것은 얼마든지 더 쓸 수 있기 때문에 버리지 않습니다. 그런데 망치보다 더 변함없는 것이 있습니다. 금이나 보석 같은 것입니다. 이런 것들은 거의 변함이 없습니다. 그래서 아무리 오래되어도 가치를 인정받는 것입니다.

그런데 오래된 것들 중에는 잘 변하는데도 아주 중요한 가치를 가지고 있는 것이 있습니다. 물론 변하지 않으면 더 좋기 때문에 어떻게든지 잘 보관하려고 합니다. 그러나 좀 변해도 가치를 인정해 줍니다. 골동품입니다.

생각해 보십시오. 고구려 초기의 그릇을 가지고 있다면 그것을 사용하기 위해서 아낍니까? 아니지요. 그런 것은 용도와 관계없이 가치가 있습니다. 심지어 그릇 가에 이가 좀 깨어져도 놀라운 가치를 가지게 됩니다. 더욱이 그 그릇에 정밀한 세공이 있다면 어떻겠습니까? 말할 수 없이 귀한 골동품이 되는 것입니다. 이런 것은 아무도 버리지 않습니다. 극진히 아끼며 보관합니다.

우리가 쉽게 버리지 않고 잘 보관하는 것들은 달리 말하면 비싼 것들입니다. 공산품은 새것이 비싸기 때문에 버리지 않습니다. 골동품은 오래된 것이 비싸기 때문에 버리지 않습니다. 변하지 않는 것들도 비싸기 때문에 버리지 않습니다. 공산품도 오랫동안 변하지 않는 것이 비쌉니다. 자동차의 가치를 알려면 무엇을 보면 됩니까? 중고차의 시세를 보면 됩니다. 오래되어도 고장이 없고 성능이 좋은 차가 중고차 시세가 높습니다. 금 은 보석은 말할 것도 없습니다. 변하지 않기 때문에 비싼 것입니다.

• **구원보다 더 귀한 것은 없습니다**

 신앙생활도 이와 비슷합니다. 우리가 받은 구원이 시시한 것이라면 이사할 때마다 버릴 것입니다. 구원을 보존하는 게 귀찮으면 제일 먼저 버릴 것입니다. 예를 들어, 한 성도가 직장을 옮겼는데 새 직장에서는 교회 다니는 게 직장생활에 걸림돌이 됩니다. 그러면 어떻게 할까요? 구원을 받고 교회 다니는 것이 얼마나 귀한 것인지 모른다면 교회 다니는 것을 포기할 것입니다. 하지만 교회 다니는 게 얼마나 귀한 줄 안다면 아무리 어려워도 교회에 다닐 것입니다. 심지어 직장을 포기하더라도 교회에는 꼭 나갈 것입니다.

 미국에서 제가 섬기던 교회의 한 집사님이 일자리를 얻으려고 한국인이 경영하는 가게에 면접을 보러 갔습니다. 주인은 주일날도 나와서 일해 달라고 했습니다. 이 집사님은 어쩔까 망설이다가 이렇게 대답했습니다. "주일날에는 교회에 나가야 하니 쉬게 해줘야 일을 하겠습니다." 주인은 다시 연락해 주겠다고 했습니다. 집사님은 안 될 것으로 생각했습니다. 그런데 며칠 후에 연락이 왔습니다. 와서 일해 달라는 것입니다.

 직장에 나갔더니 주인이 이런 얘기를 했습니다. 집사님이 주일에는 일을 못한다고 해서 다른 사람을 면접했답니다. 그런데 그 사람도 주일에는 교회에 나가야 하니 일을 못하겠다고 하더랍니다. 그 사람은 순복음교회 교인이었습니다. 그래서 주인은 주일날 일하는 사람을 찾기 어렵겠다고 생각하여 우리 교회 집사님을 고용했다는 것입니다. 그때 집사님이 고맙게 생각한 것은 직장을 얻은 것만이 아니었습니다. 다른 성도와 비교해 부끄러움을 당하지 않은 것도 정말 고마워했습니다. 저도 이 말을 듣고 얼마나 감사했는지 모릅니다.

이렇게 구원이나 교회생활이 가치가 있으면 절대 버리지 않습니다. 그렇다면 구원이 얼마나 가치가 있습니까? 우리가 받은 구원이 비싼 것입니까? 말할 필요도 없습니다. 도대체 얼마를 주고 산 것입니까? 물론 우리는 아무것도 주지 않았습니다. 그러나 하나님은 말할 수 없이 비싼 값을 주고 사셨습니다. 하나님의 독생자 예수 그리스도의 목숨을 주고 사신 것입니다. 베드로는 이것을 그리스도의 피 뿌림을 얻은 것이라고 합니다.

우리가 받은 구원이 유익한 것입니까? 세상에 이보다 더 유익한 것이 어디 있습니까? 구원은 하나님의 자녀가 되어 하나님의 보호하심을 받는 것입니다. 뿐만 아니라 천국의 영원한 영광과 행복을 얻는 것입니다. 구원은 절대 쓸데없는 것이 아닙니다. 정말 유익한 것입니다.

북한에서 탈출한 주민이 한국공관에 들어와서 보호를 받게 되었다고 합시다. 이것이 가치 없는 일입니까? 이 사람은 이제 대한민국의 보호를 받습니다. 그리고 머지않아 대한민국에 가서 자유로운 삶을 살게 될 것입니다. 이것이 쓸데없는 일입니까? 이 탈북자가 한국공관의 보호를 버리고 밖으로 나가 체포될 위험이 있는 지역을 방황하겠습니까? 절대 그렇게 하지 않습니다. 그런데 천국의 구원을 받은 것은 이보다도 훨씬 더 가치가 있는 일입니다. 그러니 어떻게 구원을 받은 사람이 구원을 버리고 하나님을 떠날 수가 있겠습니까?

우리가 받은 구원이 변하지 않는 것입니까? 베드로는 이것을 썩지 않고 더럽지 않고 쇠하지 않는 기업이라고 합니다. 구원의 가치는 전혀 변하지 않습니다. 금보다 더 변하지 않습니다. 이렇게 구원은 말할 수 없이 유익하고 절대 변하지 않는 것입니다. 그래서 말할 수 없이 큰 가치가 있습니다. 그래서 한 번 구원을 받은 사람은 무슨 일을 만나도 구원을 버릴 수 없습니다. 절대 신앙생활을 포기할 수 없는 것입니다.

• **고귀한 구원**

베드로는 베드로전서 1장 1-9절에서 구원이 얼마나 좋은 것인지를 말해 줍니다. 그 목적은 성도들이 신앙생활을 잘하도록 격려하기 위해서입니다. 그런데 1-9절에서는 하나님의 사랑과 구원의 소망을 보여주면서 우리가 받은 구원이 얼마나 귀한 것인지 알려 주었습니다. 그러나 그것만으로는 부족해서 10-12절에서 다시 한 번 구원의 중요성을 가르쳐 줍니다.

10-12절에서는 우리가 받은 구원이 오랫동안 예비된 것이라고 합니다. 이것을 베드로는 '선지자들이 부지런히 연구하고 살펴서 예언한 그 구원' 이라고 합니다. 우리의 구원은 구약성경에서부터 준비된 것입니다.

우리의 구원은 즉흥적으로 이루어진 것이 아닙니다. 하나님은 우리가 태어나기도 전에 우리를 사랑하셨고 구원으로 선택해 주셨습니다. 예수님의 고난에 대해서도 계획하셨습니다. 그리고 오래 전부터 선지자들을 통해 예언의 말씀을 전해 주셨습니다. 선지자들은 잠자다가 갑자기 입에서 나오는 대로 예언한 것이 아닙니다. 부지런히 하나님의 말씀을 연구하고 살펴보며 예언한 것입니다. 우리의 구원은 하나님이 오랫동안 많은 공을 들이신 것입니다. 이것도 우리가 받은 구원이 얼마나 귀한 것인지 잘 보여줍니다.

그런데 선지자들이 자기 힘으로 살펴보고 예언한 것입니까? 아닙니다. 그들 속에 있는 그리스도의 영이 가르쳐 주신 것에 따라 그리스도의 고난과 영광을 예언한 것입니다. 우리가 예수님의 고난을 생각할 때 가장 은혜로운 성경말씀이 어디입니까? 아마 이사야 53장일 것입니다.

"그는 멸시를 받아 사람들에게 버림받았으며 간고를 많이 겪었으며 질고를 아는 자라 마치 사람들이 그에게서 얼굴을 가리는 것같이 멸시를 당하였고 우리도 그를 귀히 여기지 아니하였도다 그는 실로 우리의 질고를 지고 우리의 슬픔을 당하였거늘 우리는 생각하기를 그는 징벌을 받아 하나님께 맞으며 고난을 당한다 하였노라 그가 찔림은 우리의 허물 때문이요 그가 상함은 우리의 죄악 때문이라 그가 징계를 받으므로 우리는 평화를 누리고 그가 채찍에 맞으므로 우리는 나음을 받았도다 우리는 다 양 같아서 그릇 행하여 각기 제 길로 갔거늘 여호와께서는 우리 모두의 죄악을 그에게 담당시키셨도다"(사 53:3-6).

이런 예언의 말씀은 예수님이 고난받으신 장면을 직접 그린 복음서 못지않게 그리스도의 은혜를 많이 깨닫게 해줍니다.

또한 천국의 기쁨을 보여주는 말씀 중에 가장 감동적인 말씀은 어디입니까? 아마 이사야 11장 6-9절일 것입니다.

"그때에 이리가 어린 양과 함께 살며 표범이 어린 염소와 함께 누우며 송아지와 어린 사자와 살진 짐승이 함께 있어 어린아이에게 끌리며 암소와 곰이 함께 먹으며 그것들의 새끼가 함께 엎드리며 사자가 소처럼 풀을 먹을 것이며 젖 먹는 아이가 독사의 구멍에서 장난하며 젖 뗀 어린아이가 독사의 굴에 손을 넣을 것이라 내 거룩한 산 모든 곳에서 해 됨도 없고 상함도 없을 것이니 이는 물이 바다를 덮음같이 여호와를 아는 지식이 세상에 충만할 것임이니라"(사 11:6-9).

얼마나 감동적인 말씀입니까? 이런 말씀은 요한계시록이나 바울 서신 못지않게 우리에게 구원의 위대성을 잘 보여줍니다. 이런 구약성경의 예언들은 마치 골동품의 아름다운 세공처럼 값진 말씀입니다. 우리의 구원은 이렇게 선지자들이 예수님의 영에 의해 오랫동안 연구하고 살핀 후에 선포한 정말 가치 있는 것입니다. 이렇게 고귀한 구원을 우리가 받은 것입니다.

• 고귀한 성도

그렇다면 이렇게 귀한 구원을 받은 우리는 얼마나 귀하겠습니까? 도대체 우리가 얼마나 귀하면 하나님이 이렇게 귀한 구원을 주셨겠습니까? 바울은 구원을 받은 우리가 얼마나 귀한지 알려 주기 위해 이렇게 말합니다.

"자기 아들을 아끼지 아니하시고 우리 모든 사람을 위하여 내주신 이가 어찌 그 아들과 함께 모든 것을 우리에게 주시지 아니하겠느냐"(롬 8:32).

베드로는 우리가 얼마나 귀한지, 얼마나 큰 은혜를 받고 있는지 알려 주기 위해 이렇게 말합니다.

"이 섬긴 바가 자기를 위한 것이 아니요 너희를 위한 것임이 계시로 알게 되었으니 이것은 하늘로부터 보내신 성령을 힘입어 복음을 전하는 자들로 이제 너희에게 알린 것이요 천사들도 살펴보기를 원하는 것이니라"(벧전 1:12).

그 귀한 구원이 바로 우리를 위한 것이었다는 말씀입니다.
선지자들은 막상 그 구원의 고귀함을 우리처럼 맛보지 못하고 우리를 위해 그 사역을 감당했습니다. 이 말씀은 선지자들이 구원을 받지 못했다는 뜻이 아닙니다. 선지자들은 구원을 받았습니다. 예수님은 누가복음 13장 28절에서 유대인들에게 이렇게 말씀하십니다. "너희가 아브라함과 이삭과 야곱과 모든 선지자는 하나님 나라에 있고 오직 너희는 밖에 쫓겨난 것을 볼 때에 거기서 슬피 울며 이를 갈리라." 선지자들은 구원을 받았습니다.
이 말씀은 선지자들이 우리가 맛본 구원은 맛보지 못했다는 뜻입니다. 선지자들은 우리만큼 하나님 자녀로서의 위로와 기쁨을 누리지 못했습니다. 그리스도의 은혜를 체험하지 못했습니다. 우리만큼 구원의 소망을 크게 가지지 못했습니다. 우리는 이렇게 귀한 존재입니다.

그 정도가 아닙니다. 이것은 사도들이 전해 준 것인데, 성령님의 감동 속에 우리에게 전해진 것입니다. 하나님이 선택하신 사도들이 목숨을 걸고 우리를 구원하기 위해 전해준 것입니다. 왜 그랬습니까? 하나님이 시키셔서 그랬습니다. 우리는 사도들이 목숨을 걸고 구원을 전해 줘야 할 만큼 귀한 존재입니다. 더욱이 구원의 은혜는 천사들도 보고 싶어 했습니다. 그런데 우리가 받았습니다. 이 모든 은혜가 우리에게 집중되어 있는 것입니다.

우리가 구원을 맛보고 구원을 바라보며 산 소망 속에 살도록 돕기 위해 하나님은 이렇게 여러 가지로 역사해 주셨습니다. 삼위일체 하나님의 역사를 보십시오. 하나님은 창세 전부터 우리를 미리 알아 주시고 선택해 주셨습니다. 예수님은 선지자들 속에 들어가서 선지자들로 하여금 귀한 예언을 하게 해주셨습니다. 성령님은 사도들에게 역사하여 우리에게 복음을 전하게 해주셨습니다. 또 예수님은 피 흘려 죽으시고 부활하셨습니다. 성령님은 우리에게 오셔서 교통하며 감동시키시고 거룩하게 하셔서 구원을 받게 해주십니다. 그리고 하나님은 보호해 주십니다. 그래서 우리가 산 소망을 이루게 되는 것입니다.

우리의 구원은 이렇게 수많은 노력과 시간을 들인 고귀한 것입니다. 그리고 변하지 않고 썩지 않고 쇠하지 않는 것입니다. 우리는 하나님의 자녀로 사랑과 보호 속에 살다가 영생을 누릴 것입니다. 우리는 이렇게 귀한 구원을 받을 만큼 하나님으로부터 사랑을 받고 있는 것입니다.

그런데 우리가 이런 구원을 소홀히 여기겠습니까? 함부로 버리겠습니까? 구원의 길을 가는 신앙생활을 소홀히 하겠습니까? 이런 구원을 주신 하나님의 사랑을 무시하겠습니까? 하나님을 모르는 사람처럼 죄짓고 방탕하게 살겠습니까? 하나님께 예배드리는 것을 우습게 생각하겠습니까? 절대 그럴 수 없습니다. 다른 것은 버려도 구원은 버릴 수 없는 것입니다.

우리 신앙의 선배들도 이것을 알았기 때문에 구원을 버릴 수 없었습니다. 그래서 모든 유혹과 박해를 이겨내고 위대한 신앙인으로 살아갈 수 있었습니다. 히브리서 11장 35절 하반절에서는 "더 좋은 부활을 얻고자 하여 심한 고문을 받되 구차히 풀려나기를 원하지 아니하였으며"라고 하였습니다. 구원의 위대함을 아는 성도는 어떤 어려움이 있어도 구원의 길을 떠날 수 없는 것입니다.

예수님은 우리에게 감춰진 보화 비유를 말씀해 주셨습니다. 이 비유는 천국이 얼마나 귀한 것인지 알려 줍니다. 우리가 이것만 알면 생각이 달라집니다. 행동이 달라집니다. 천국을 위해 제대로 된 신앙생활을 하게 되는 것입니다. 생각해 보십시오. 사람이 밭에 감춰진 보화만 봐도 생각과 행동이 달라지는데 천국을 보면 얼마나 달라지겠습니까? 우리가 신앙생활을 제대로 하지 못하는 것은 천국의 위대한 가치를 모르기 때문입니다. 그래서 예수님은 천국이 얼마나 가치 있는 것인지 알려 주기 위해 감춰진 보화 비유를 말씀해 주신 것입니다.

지금 우리가 읽고 있는 베드로전서도 마찬가지입니다. 구원의 가치를 알려 주고 있습니다. 다만 베드로전서는 예수님처럼 간단히 비유로 설명하지 않고 여러 가지 구체적인 모습을 동원해서 가르쳐 줍니다. 베드로전서는 첫 부분인 1장 1-12절에서 우리가 받은 구원이 얼마나 값진 것인지를 애타게 가르쳐 줍니다. 그래서 우리가 이런 귀한 구원을 받았으니 정말 신앙생활을 제대로 해야겠다고 생각하게 만들어 줍니다. 그리고 1장 13절부터 우리가 어떻게 신앙생활을 해야 할지 가르쳐 주는 것입니다.

그러나 1장 13절 이후에도 우리가 받은 구원의 은혜를 계속해서 알려 줍니다. 왜 그럴까요? 우리가 받은 구원의 은혜를 잊어버리면 아무리 신앙생활을 잘하라고 해도 잘할 수 없기 때문입니다. 반면에 우리가 받은 구원이 얼마나 귀한지를 알면 신앙생활은 저절로 잘할 수 있습니다. 아니, 지금 우리가 받아 누리고 있는 구원의 가치를 1%만 알아도 우리의 신앙생활은 전혀 달라질 것입니다.

아무쪼록 우리 모두가 삼위일체 하나님의 사랑과 은혜, 특히 구원의 은혜를 바로 깨달을 수 있기 바랍니다. 하나님이 우리를 사랑하셔서 얼마나 귀한 구원을 주셨는지 점점 더 많이 느끼게 되기 바랍니다. 그래서 우리 모두가 주님의 사랑과 영생의 소망을 바로 알고, 우리가 받은 구원의 가치를 바로 깨달아 하나님께 뜨겁게 감사하며 이 귀한 구원을 향해 힘차게 신앙생활을 해나갈 수 있기를 바랍니다.

II. 산 소망을 향해 가야 합니다

1. 마음의 허리를 동이십시오(벧전 1:13-22)
2. 하나님은 외모를 보시지 않습니다(벧전 1:13-22)
3. 그리스도의 보혈로 구속되었습니다(벧전 1:18-25)
4. 악한 습관을 버려야 합니다(벧전 2:1-3)
5. 모든 성도는 왕 같은 제사장입니다(벧전 2:4-10)

1. 마음의 허리를 동이십시오(벧전 1:13-22)

"그러므로 너희 마음의 허리를 동이고 근신하여 예수 그리스도께서 나타나실 때에 너희에게 가져다주실 은혜를 온전히 바랄지어다 너희가 순종하는 자식처럼 전에 알지 못할 때에 따르던 너희 사욕을 본받지 말고 오직 너희를 부르신 거룩한 이처럼 너희도 모든 행실에 거룩한 자가 되라 기록되었으되 내가 거룩하니 너희도 거룩할지어다 하셨느니라 외모로 보시지 않고 각 사람의 행위대로 심판하시는 이를 너희가 아버지라 부른즉 너희가 나그네로 있을 때를 두려움으로 지내라 너희가 알거니와 너희 조상이 물려준 헛된 행실에서 대속함을 받은 것은 은이나 금같이 없어질 것으로 된 것이 아니요 오직 흠 없고 점 없는 어린 양 같은 그리스도의 보배로운 피로 된 것이니라 그는 창세 전부터 미리 알린 바 되신 이나 이 말세에 너희를 위하여 나타내신 바 되었으니 너희는 그를 죽은 자 가운데서 살리시고 영광을 주신 하나님을 그리스도로 말미암아 믿는 자니 너희 믿음과 소망이 하나님께 있게 하셨느니라 너희가 진리를 순종함으로 너희 영혼을 깨끗하게 하여 거짓이 없이 형제를 사랑하기에 이르렀으니 마음으로 뜨겁게 서로 사랑하라."

• **출애굽 여정**

옛날 이스라엘 사람들은 요셉이 애굽의 총리가 된 덕분에 애굽에 내려가서 오랫동안 잘살았습니다. 그러나 요셉을 알지 못하는 왕이 애굽을 다스리게 되자 이스라엘 백성을 학대하며 종살이를 시킵니다. 견디다 못한 이스라엘 백성은 하나님께 부르짖습니다. 하나님은 아브라함에게 하신 약속대로 그 후손에게 가나안 땅을 주기 위해 이스라엘 백성을 애굽에서 구원해 주십니다. 그러나 하나님은 이스라엘 백성을 단숨에 가나안 땅으로 인도해 들이시지 않습니다. 그들이 바르고 복된 삶을 살게 하기 위해 율법을 주시고 또한 여러 가지 훈련을 시키십니다.

그러나 이스라엘 백성은 이 훈련을 잘 받아들이지 못하고 자꾸 죄를 짓습니다. 이들의 죄 때문에, 특히 가나안 땅을 정탐한 후에 들어가지 않으려고 했던 죄 때문에 이들은 무려 40년이나 광야생활을 하게 됩니다. 이런 과정에서 이스라엘 사람들은 여러 가지 죄를 짓습니다. 당신은 그중에 어떤 죄가 가장 악한 죄라고 생각하십니까?

이스라엘 백성의 죄 중에 특별히 악한 죄는 두 가지입니다. 하나는 우상숭배입니다. 이 우상숭배가 어떨 때는 여호와 하나님을 버리고 다른 신을 섬기는 모습으로 나타납니다. 또 어떨 때는 하나님을 섬긴다고 하면서도 하나님을 우상으로 만들어서 섬깁니다. 이것은 다른 신을 섬기는 것이 아닙니다. 하나님을 섬기는데 하나님을 우상으로 만들어서 섬기는 것입니다. 모세가 40일 동안 시내 산에 가 있을 때 아론이 금송아지를 만들었습니다. 이것은 다른 신을 섬긴 우상숭배가 아니라 여호와 하나님을 금송아지 우상으로 만들어서 섬긴 우상숭배였습니다.

우리가 아무리 하나님을 섬긴다고 해도 우상을 만들어서 그것을 하나님이라고 섬기면 안 됩니다. 이것은 십계명의 제2계명을 어기는 것입니다. 금이나 돌로 어떤 형상을 만들어 놓고 그것을 하나님이라고 하면 거룩하시고 전능하신 하나님께 얼마나 욕이 되겠습니까? 우상을 만들면 우선 하나님께 모독이 됩니다.

당신의 졸업 앨범에 당신 사진 대신 개 사진을 올려놓고 그 아래에 당신의 이름을 써놓는다면 기분이 어떻겠습니까? 아주 심각하게 모욕당한 기분일 것입니다. 그렇다면 피조물의 형상으로 우상을 만들어 놓고 그것을 하나님이라고 하면 하나님의 기분이 어떠시겠습니까? 정말 불쾌하실 것입니다. 이것은 사람을 개라고 하는 것보다 더 심한 모독입니다. 그래서 하나님을 이 세상 어떤 것의 형상으로 만들어 놓고 섬기는 것은 하나님께 말할 수 없이 큰 모독이 되는 것입니다.

그런데 우상을 만들면 이런 문제보다 더 큰 문제들이 생깁니다. 먼저, 우상을 만들면 사람이 진짜 하나님을 섬기지 않고 하나님의 우상만을 섬기게 됩니다. 하나님을 섬기면 하나님을 찬양하고 기도하며 하나님의 뜻에 순종합니다. 그러나 우상을 하나님이라고 하면 우상을 금으로 잘 만들어서 잘 모시면 하나님을 잘 섬기는 줄로 알게 됩니다. 이렇게 되면 하나님과의 교제가 다 끊어져 버리고 우상과의 교제만 남게 됩니다. 그래서 신앙생활에 결정적인 타격을 입게 되는 것입니다.

사람이 하나님을 우상으로 만들어서 섬기면 하나님을 지배하려고 하게 됩니다. 우리의 신앙생활은 원래 하나님이 우리에게 자신의 뜻을 가르쳐 주시고 우리는 그 뜻을 따르는 것입니다. 하나님은 전지전능하시고 모든 일을 자신의 뜻대로 이루어 가십니다. 그래서 우리가 하나님의 뜻을 따르는 것은 당연한 일입니다.

그러나 사람이 만든 우상이 하나님처럼 되어 버리면 이제는 사람이 하나님을 지배하려고 하게 됩니다. 우상을 내 목에 걸고 다니면 하나님이 내가 가는 대로 따라오실 것이라고 생각합니다. 그래서 우리가 악한 일을 할 때도 우상을 품에 넣고 있으면 하나님이 우리와 함께하시고 도와주실 것이라고 믿습니다. 이것은 내가 하나님을 지배하려고 하는 모습입니다. 하나님께 대한 심각한 모독이고 우리의 신앙생활을 망쳐 버리는 죄악입니다. 그래서 하나님은 다른 신을 섬기지 말라는 제1계명 다음에 하나님을 섬길 때도 결코 우상을 만들어 섬기지 말라는 제2계명을 주신 것입니다.

이스라엘 백성이 광야생활에서 지은 또 다른 고약한 죄는 애굽으로 돌아가자고 한 것입니다. 하나님이 약속대로 땅을 주시려고 이스라엘 백성을 데리고 나오셨는데 이스라엘 백성은 툭하면 애굽으로 돌아가겠다고 합니다. 이스라엘 백성이 얼마나 여러 번 애굽으로 돌아가자고 합니까? 가데스바네아에서 12명의 대표가 가나안 땅을 탐지하고 왔을 때 여호수아와 갈렙 외에 10명이 뭐라고 합니까? 그 땅 백성은 장대하여 우리가 그 땅을 얻을 수 없다고 합니다. 오히려 우리는 죽고 우리 처자는 사로잡힐 거라고 합니다. 그러자 백성들이 애굽으로 돌아가자고 합니다. 결국 이 죄 때문에 이스라엘 백성은 광야에서 40년을 지내며 20세 이상의 사람은 여호수아와 갈렙 외에 다 죽지 않습니까?

그뿐입니까? 고기 먹고 싶다고 돌아가자고 하고, 고달프다고 돌아가자고 하고, 수없이 돌아가자고 합니다. 이들이 왜 애굽으로 돌아가자고 합니까? 좀 더 안락한 생활을 하기 위해서입니다. 돌아가면 좀 더 맛있는 음식을 먹겠지요. 그러나 다시 종살이를 해야 합니다. 그 끝은 노예로서의 죽음입니다. 자기 나라도 없습니다. 그런데도 그들은 툭하면 돌아가자고 했습니다. 그래서 돌아갔습니까? 아닙니다. 모두 광야에서 죽었습니다. 끝까지 광야생활의 어려움을 이겨내고 가나안 땅을 향해 간 사람만 하나님이 주신 땅을 얻었습니다.

• **신앙생활의 여정**

베드로전서를 읽으면서 왜 출애굽 사건을 이렇게 자세히 살펴봤을까요? 본문이 출애굽 사건을 들어서 우리의 길을 가르쳐 주기 때문입니다. 본문에서 베드로는 신자들에게 "그러므로 너희 마음의 허리를 동이라"고 합니다. 왜 마음의 허리를 동이라고 합니까? 하나님의 사랑 속에 귀한 구원을 얻은 성도들은 이제 구원의 길을 가야 하는데, 이를 위해서 필요한 것이 바로 허리를 동이는 것이기 때문입니다.

여기서 허리를 동이는 것은 행진 준비를 하는 모습입니다. 이제부터 구원의 길을 가야 하니까 마음으로 준비하라는 것입니다. 그런데 허리를 동이라는 것은 모세가 출애굽할 때 이스라엘 백성에게 했던 명령입니다.

"너희는 그것을 이렇게 먹을지니 허리에 띠를 띠고 발에 신을 신고 손에 지팡이를 잡고 급히 먹으라 이것이 여호와의 유월절이니라"(출 12:11).

이스라엘 백성은 애굽을 떠나 가나안 땅으로 갈 준비를 갖추고 유월절 음식을 먹어야 했습니다. 그리고 나가라는 명령이 떨어지면 그대로 가나안 땅을 향해 가야 했습니다. 이들은 허리를 동이고 유월절 음식을 먹고 모세의 명령에 따라 바로 약속의 땅으로 가야 했던 것입니다. 베드로는 성도들이 구원의 길을 갈 때 바로 이런 자세로 가야 한다고 가르쳐 주는 것입니다.

애굽에서 종살이하던 이스라엘 백성에게 약속의 땅으로 가는 길이 얼마나 귀하고 희망찬 길입니까? 그런데도 이들은 중간에 어려움이 생기면 금방 애굽으로 돌아가려고 했습니다. 우리도 얼마든지 그럴 위험이 있습니다. 사실 우리는 가나안 땅보다 훨씬 더 귀한 구원을 받았고 이제 그 구원의 길을 갑니다. 그러나 우리도 어려움을 만나면 포기하려고 할지 모릅니다. 그래서 베드로는 마음의 허리를 동이고 준비를 단단히 하여 절대 중간에 포기하지 말고 꿋꿋하게 구원의 길을 가라고 가르쳐 주는 것입니다.

구원의 길을 가는데 이렇게 마음의 허리를 동이고 준비해야 하는 이유가 뭘까요? 구원의 길을 가는 것은 결코 만만한 일이 아니기 때문입니다. 우리가 받은 구원은 말할 수 없이 귀한 것이지만 이 구원의 길을 가는 것은 절대 쉬운 일이 아닙니다. 왜냐하면 세상이 악하고 험하기 때문입니다.

저는 신학교 1학년 때 소년부 교육전도사로 사역했습니다. 그때 여름성경학교를 하면서 《천로역정》 만화 슬라이드를 어린이들에게 보여주었습니다. 그 후에 총무집사님과 대화를 하다가 이런 말을 했습니다. "《천로역정》이 기독교의 대표적인 문학작품이지만 저는 별로 마음에 안 듭니다." 그랬더니 집사님이 왜 그렇게 생각하느냐고 물으셨습니다. 저는 이렇게 대답했습니다. "구원은 예수님만 믿으면 얻는 것인데 《천로역정》은 구원의 길을 너무 어렵게 그린 것 같아서 그렇습니다." 그랬더니 총무집사님도 어느 정도 공감하는 것 같았습니다.

그러나 나중에 제 생각이 틀렸다는 것을 깨달았습니다. 물론 구원은 누구나 금방 공짜로 얻습니다. 그러나 그 구원을 지켜 나가는 것은 결코 쉬운 일이 아닙니다. 이 세상에는 신앙생활을 방해하는 유혹과 박해가 너무 많기 때문입니다. 그래서 우리는 정말 단단히 각오하고 준비하여 구원의 길을 가야 합니다. 베드로는 이것을 알려 주기 위해 마음의 허리를 동이라고 하는 것입니다.

• 마음의 허리를 동이십시오

마음의 허리를 동이려면 어떻게 해야 합니까? 먼저, 근신해야 합니다. 근신한다는 것은 정신을 차리고 있는 것을 의미합니다. 특히 정신이 다른 데 빠져 있는 게 아니라 제정신을 가지고 있는 것입니다. 그리고 예수님이 재림하실 때 받을 은혜를 온전히 바라는 것입니다. 달리 말하면, 영생의 소망을 굳게 바라보는 것입니다.

근신하는 것과 재림 때의 은혜를 바라는 것은 서로 연결되어 있습니다. 정신을 차려야 소망을 바라볼 수 있고, 거꾸로 소망을 바라봐야 정신을 차릴 수 있습니다. 다른 것에 취하면 소망을 바라보던 시각을 잃어버리게 되고, 소망을 볼 수 없으면 정신이 혼란을 일으키게 됩니다. 사실, 소망을 바라보고 있는 것 자체가 바로 정신을 차리고 있는 것입니다.

우리는 예수님을 믿고 구원을 얻어 이제 구원의 길을 갑니다. 그런데 세상에는 우리를 취하게 만드는 것이 수없이 많습니다. 예수님은 씨 뿌리는 자 비유에서 특별히 염려와 욕심과 쾌락을 주의하라고 하셨습니다. 많은 사람이 쾌락에 빠져 우리가 어디로 가는지 잊어버립니다.

쾌락에는 술과 음행 같은 방탕하고 육욕적인 쾌락도 있습니다. 이런 것은 모양부터 피해야 할 쾌락입니다. 반면에 고상한 취미의 쾌락도 있습니다. 이런 것은 적절히 하면 우리에게 휴식과 활력을 줄 수도 있습니다. 그러나 거기에 빠져 천국의 소망에 관심을 가지지 못하게 되면 악한 쾌락 못지않게 피해를 입습니다. 테니스, 낚시, 등산 같은 것은 좋은 활동입니다. 그러나 거기에 빠져 일상의 삶을 성실히 살지 못하면 육욕적인 쾌락과 똑같은 악영향을 미치는 것입니다.

건강과 친교를 목적으로 테니스를 시작한 독실한 신자가 있었습니다. 그런데 이 사람이 테니스에 빠져 자기 할 일을 소홀히 하니까 다른 성도가 이 사람에게 테니스 귀신이 들렸다고 말하는 것을 들은 적이 있습니다. 정말 의미 있는 말입니다. 어느 교회에서는 교회의 기둥 같은 장로님이 골프에 빠져 장로의 직분을 소홀히 하는 바람에 교회가 큰 어려움을 겪기도 했습니다.

그러나 뭐니 뭐니 해도 우리가 가장 많이 빠지는 것은 돈일 것입니다. 이것은 욕심과 염려에 빠지는 것입니다. 사실 돈 버는 것은 좋은 일입니다. 하나님이 나에게 주신 달란트를 이용하여 많이 생산하고 많은 수입을 얻어 하나님 나라를 위해 좋은 일을 하는 것은 귀한 일입니다. 그러나 돈 욕심에 빠지면 영적으로 이미 정신을 잃은 것입니다. 욕심이 잉태한즉 무엇을 낳습니까? 죄를 낳습니다. 돈 욕심에 빠지면 영적으로 맑은 정신을 가질 수 없습니다. 그래서 죄를 지으며 구원의 길에서 멀어지는 것입니다.

돈에 대한 욕심만이 아닙니다. 돈에 대한 염려도 마찬가지입니다. 먹고사는 문제로 염려하기 시작하면 다른 데는 신경을 쓰지 못합니다. 바르게 사는 것이나 믿음을 지키는 것에는 소홀하게 됩니다. 욕심이든 염려든 돈에 빠지면 영생의 소망을 볼 수 없게 됩니다. 아니, 사실은 영생의 소망을 보지 못하기 때문에 돈에 빠지는 것입니다.

우리가 예수님을 믿기 전에는 이런 세상의 여러 가지 쾌락과 욕심에 취해서 지냈습니다. 그런 세상의 즐거움도 상당했습니다. 그래서 아직도 세상의 즐거움이 마음에 남아 있는 성도들이 있습니다. 이런 성도들은 돈 많은 사람을 보면 부러워합니다. 심지어 악한 방법으로 돈을 벌어서 떵떵거리며 사는 사람까지 부러워합니다.

이렇게 세속적인 즐거움이 그리운 사람은 위험합니다. 이런 사람은 영적으로 깨어 있는 것이 아닙니다. 이런 사람은 신앙생활이 어려워지면 옛날에 세상에서 즐기던 것들을 떠올리게 됩니다. 그러다가 급기야는 세상으로 돌아가려고 합니다. 이것이 바로 출애굽을 해놓고 다시 애굽으로 돌아가려 했던 이스라엘 백성과 같은 모습 아닙니까?

베드로는 이런 위험을 잘 알고 있었습니다. 그동안 이런 사람을 수없이 봐왔습니다. 그래서 이렇게 가르쳐 주는 것입니다. "전에 알지 못할 때에 따르던 너희 사욕을 본받지 말고"(14절 하). 이 말씀은 '절대 옛날의 정욕적인 삶으로 돌아가지 말라' 는 뜻입니다. 만일 그랬다가는 인생을 망치게 될 것입니다.

• 거룩한 삶

예수님을 믿어 구원의 길을 가는 것은 과거에 즐기던 악한 욕심을 버리고 새로운 삶을 사는 것입니다. 이것을 베드로는 거룩한 삶이라고 합니다. 여기서 거룩하다는 것은 2절에서 성령님의 거룩하게 하심으로 구원을 얻도록 선택받았다고 할 때의 거룩한 것과 의미가 다릅니다. '성령님의 거룩하게 하심'이라고 할 때의 거룩함은 종교적인 의미를 많이 가지고 있습니다. 세상 사람들과 다른 생각을 하여 하나님을 믿게 되는 거룩함입니다.

그러나 여기서 거룩하다는 것은 행실을 거룩하게 하는 것입니다. 그래서 윤리적으로 거룩한 것을 의미합니다. 성경이 말하는 거룩함에는 크게 두 가지 의미가 있습니다. 하나는 존재적인 거룩함입니다. 이것은 존재 자체가 다른 것들과 구별되어 있다는 뜻입니다. 하나님은 모든 피조물과 다르시기 때문에 그 존재 자체가 거룩하십니다. 우리도 구원을 받아 하나님의 자녀가 되면 구원받지 못한 사람과 존재가 다릅니다. 그래서 존재적으로 거룩합니다.

다른 하나는 윤리적인 거룩함입니다. 이것은 말과 행동이 올바른 것을 의미합니다. 하나님은 자기 백성에게 바르게 사는 법을 가르쳐 주시고 그렇게 살라고 명령하십니다. 이 삶은 세상의 삶과 다릅니다. 그래서 우리는 삶이 윤리적으로 거룩해져야 합니다.

세상 사람들이 살아가는 기본 원리는 어떤 것입니까? 자기중심적인 삶입니다. 자기의 욕심을 채우는 것이 우선입니다. 이것은 아담이 사탄의 유혹을 받은 사건에 잘 나타나 있습니다. 하나님은 아담과 하와에게 선악을 알게 하는 나무의 열매를 먹지 말라고 하셨습니다. 그리고 먹으면 죽을 것이라고 하셨습니다. 그런데 사탄은 와서 뭐라고 합니까? 하나님이 무슨 말씀을 하셨느냐에 초점을 맞추는 게 아니라 먹으면 죽느냐에 초점을 맞춥니다. 나아가서 먹으면 손해냐, 유익이냐에 초점을 맞춥니다.

그래서 하와가 그 실과를 먹는 것이 자기에게 손해냐, 유익이냐에 초점을 맞추고 열매를 보니까 결국 유혹에 넘어가는 것입니다. 사람이 타락할 때 나타난 모습이 자기중심적으로 자기에게 유익이냐, 손해냐를 가지고 판단하는 것이었습니다. 이런 이기적인 모습이 타락한 사람에게 남아 있습니다. 그래서 세상의 원리는 자기중심적이고 이기적인 것입니다.

그러나 하나님이 가르쳐 주신 삶의 원리는 다릅니다. 하나님을 사랑하고 이웃을 사랑하는 것입니다. 나의 유익이 아니라 하나님의 뜻을 먼저 찾는 것입니다. 나를 높이는 것이 아니라 하나님을 높이는 것입니다. 내 뜻을 이루기 위해 하나님을 이용하는 것이 아니라 하나님의 뜻을 이루어 드리기 위해 내가 헌신하는 것입니다. 그리고 나의 유익이 아니라 남의 유익을 구하는 것입니다. 이렇게 하나님 뜻대로 사랑의 삶을 사는 것이 바로 거룩한 삶입니다.

그런데 거룩한 삶을 사는 것이 쉽습니까? 자기 이권만 챙기는 세상에서 남의 입장을 고려하고 심지어 남의 유익을 추구하는 것이 쉽습니까? 수단방법을 가리지 않고 자기만을 위해 사는 세상에서 하나님의 뜻을 따라 바르게 사는 것이 쉽습니까? 결코 쉽지 않습니다. 그러면 우리에게 어떤 유혹이 생기겠습니까? '나도 옛날처럼 살고 싶다. 그때는 내가 누구에게도 지지 않고 살았는데……' 이런 유혹이 생기는 것입니다. 이것이 바로 애굽으로 돌아가자고 하던 이스라엘 백성의 죄 아닙니까?

우리가 세상에서 살다 보면 여러 가지 쾌락이 우리를 유혹합니다. 우리는 육신을 입고 세상에 사는 동안 육신의 정욕과 안목의 정욕을 완전히 벗어 버릴 수 없습니다. 그래서 여러 가지 유혹에 빠지기 쉽습니다. '교회 다니는 것이 좋기는 한데 너무 금욕적이다. 옛날처럼 먹고 마시고 취하며 세상의 즐거움을 누리고 싶다.' 이런 생각이 옛날 이스라엘 사람들이 애굽으로 돌아가려고 한 것과 얼마나 비슷합니까?

우리는 하나님을 섬긴다고 하면서도 자꾸 내가 원하는 대로 하나님이 해주시기를 바랍니다. 심지어 내가 정한 기도의 시간을 채웠다고 이제 하나님이 내 뜻대로 해주시기를 바랍니다. 혹은 헌금 좀 했다고 이제 하나님이 내가 원하는 복을 내려주셔야 한다고 생각합니다. 이렇게 내가 드렸으니까 내놓으라고 하는 것은 우상숭배의 모습입니다.

우리가 예수님을 믿기 전에는 이런 우상숭배적인 모습을 가지고 있었습니다. 《심청전》을 보십시오. 뱃사람들이 처녀를 용왕에게 바치고 용왕의 기분을 좋게 해서 해를 면하려고 합니다. 이것이 바로 우상숭배적인 신앙입니다. 하나님은 이런 분이 아닙니다. 하나님은 우리에게서 무엇을 받고 갚아 주시는 분이 아닙니다. 하나님은 먼저 우리에게 은혜를 베풀어 주시는 분입니다. 우리는 그 은혜에 감사해서 하나님을 섬기는 것입니다. 이것이 올바른 신앙입니다. 만일 우리가 하나님께 드렸으니까 하나님이 주셔야 한다고 생각한다면 하나님을 지배하려고 하는 우상숭배의 모습입니다. 우리는 절대 옛날의 우상숭배로 돌아가서는 안 됩니다.

우리는 하나님이 주신 구원을 받고 영생의 소망을 향해 구원의 길을 가는 사람들입니다. 이 길을 가기 위해서는 먼저 마음의 허리를 동여야 합니다. 그리고 절대로 다시 옛 사욕에 빠지지 않겠다고 결단해야 합니다. 이를 위해서는 세상의 쾌락이나 욕심이나 염려에 빠지지 말아야 합니다. 항상 영안을 밝히 뜨고 영생의 소망을 바라보며 살아야 합니다. 그래서 우상숭배하듯이 내 이익을 위해 하나님을 지배하려고 하지 말고 오직 하나님의 뜻을 따라야 합니다. 내 이권만 챙기지 말고 이웃을 사랑하며 살아야 합니다. 이것이 거룩한 삶이고 구원의 길입니다. 우리 모두가 꼭 마음의 허리를 동이고 구원의 즐거움을 누리며, 이 복된 구원의 길을 잘 달려가 영생의 복을 누릴 수 있기를 바랍니다.

2. 하나님은 외모를 보시지 않습니다
(벧전 1:13-22)

"그러므로 너희 마음의 허리를 동이고 근신하여 예수 그리스도께서 나타나실 때에 너희에게 가져다주실 은혜를 온전히 바랄지어다 너희가 순종하는 자식처럼 전에 알지 못할 때에 따르던 너희 사욕을 본받지 말고 오직 너희를 부르신 거룩한 이처럼 너희도 모든 행실에 거룩한 자가 되라 기록되었으되 내가 거룩하니 너희도 거룩할지어다 하셨느니라 외모로 보시지 않고 각 사람의 행위대로 심판하시는 이를 너희가 아버지라 부른즉 너희가 나그네로 있을 때를 두려움으로 지내라 너희가 알거니와 너희 조상이 물려준 헛된 행실에서 대속함을 받은 것은 은이나 금같이 없어질 것으로 된 것이 아니요 오직 흠 없고 점 없는 어린 양 같은 그리스도의 보배로운 피로 된 것이니라 그는 창세 전부터 미리 알린 바 되신 이나 이 말세에 너희를 위하여 나타내신 바 되었으니 너희는 그를 죽은 자 가운데서 살리시고 영광을 주신 하나님을 그리스도로 말미암아 믿는 자니 너희 믿음과 소망이 하나님께 있게 하셨느니라 너희가 진리를 순종함으로 너희 영혼을 깨끗하게 하여 거짓이 없이 형제를 사랑하기에 이르렀으니 마음으로 뜨겁게 서로 사랑하라."

• **하나님의 자녀**

만일 당신이 "나는 누구인가?"라는 질문에 답을 해야 한다면 뭐라고 답변하시겠습니까? 여러 가지가 있을 것입니다. 대한민국 국민, 아무개 엄마, 아무 학교 학생, 아무 교회 집사, 아무 회사 사원 등 많이 있을 것입니다. 그중에 가장 중요한 것 하나만 말하라고 하면 뭐라고 하시겠습니까? 혹시 "하나님의 자녀"라고 말씀하시겠습니까?

우리가 자신의 정체를 밝히면서 가장 중요한 것을 하나님의 자녀라고 한다면 정말 올바른 신앙자세를 가진 사람입니다. 우리는 자신을 누구라고 생각하느냐에 따라 행동이 달라집니다. 평소에 점잖게 생활하던 사람에게 예비군복을 입혀 놓으면 어떻게 됩니까? 대부분 장난꾸러기가 되거나 거친 사람이 됩니다. 자기가 지금은 누구 아빠도 아니고, 아무 회사 직원도 아니고 예비군이라고 생각하기 때문입니다.

마찬가지로 우리가 '지금 나는 하나님의 자녀다'라고 생각하면 우리의 행동이 달라집니다. 아무도 내가 목사인지 모르는 곳에서 말할 때와 다들 내가 목사인지 아는 곳에서 말할 때의 말투가 같겠습니까? 달라지는 이유가 무엇입니까? 내가 지금 목사라는 것을 진지하게 생각하고 있기 때문입니다. 하물며 내가 지금 하나님의 자녀라고 생각하는데 생각과 말이 달라지지 않겠습니까?

하나님의 자녀에게 중요한 특징이 무엇일까요? 사랑입니다. 믿는 자에게 요구되는 행동의 강령이 사랑이기 때문입니다. 그런데 베드로전서는 그 행동의 특징을 사랑이라고도 하지만 사랑보다 더 많이 말하는 단어가 있습니다. 그것은 바로 '거룩'입니다. 베드로는, 하나님의 자녀는 거룩하게 살아야 한다고 말합니다.

그렇다면 거룩하게 사는 것과 사랑하며 사는 것이 다릅니까? 아닙니다. 같습니다. 앞에서 거룩에는 존재적인 거룩과 윤리적인 거룩이 있다고 했습니다. 하나님이 세상과 다르신 것이 존재적인 거룩입니다. 하나님의 뜻에 따라 사는 것이 윤리적인 거룩입니다. 우리가 하나님의 자녀로서 세상과 다른 존재가 된 것은 존재적인 거룩입니다. 그리고 우리가 세상의 욕심에 따라 살지 않고 하나님의 뜻에 따라 사는 것은 윤리적인 거룩입니다. 그런데 하나님의 뜻에 따라 산다는 것이 무엇입니까? 사랑하며 사는 것입니다. 그래서 거룩하게 사는 것은 사랑하며 사는 것과 같은 것입니다. 예수님을 믿어 하나님의 자녀가 된 것은 존재적으로 거룩한 사람이 된 것이고, 이제 하나님의 뜻대로 사는 것은 윤리적으로 거룩한 사람이 된 것인데 그 삶이 바로 사랑의 삶입니다.

본문에서도 이것을 가르쳐 줍니다. 본문 15-16절을 보면, 우리보고 거룩하라고 합니다. 그리고 어떻게 하라고 합니까? 거룩하게 살기 위해서 두려워하며 지내라고 합니다. 그리고 결론은 무엇입니까? 22절에서 뜨겁게 서로 사랑하라고 하지 않습니까? 거룩하게 사는 것은 사랑하며 사는 것입니다. 그것도 뜨겁게 사랑하는 것입니다.

본문에서 베드로가 가르쳐 주는 원리는 이것입니다. "너희는 하나님의 자녀가 되었으니 거룩하게 살아라. 그것은 사랑하며 사는 것이다." 그런데 사람은 원리를 안다고 해서 거룩하게 되거나 사랑하게 되지는 않습니다. 그렇게 되려면 감동을 받아야 합니다. 그래서 베드로는 우리가 진정으로 거룩하게 살 마음이 생기도록 우리에게 몇 가지를 더 가르쳐 줍니다.

• 거룩하신 하나님

먼저 베드로는 우리 아버지 하나님이 거룩하신 분이라는 것을 알려 줍니다. 우리는 하나님이 사랑으로 우리를 구원해 주신 것을 압니다. 그리고 하나님의 사랑을 느낍니다. 이것은 참으로 중요한 것입니다. 그런데 이때 우리가 잊지 말아야 할 것은 그 사랑의 하나님이 거룩하신 분이라는 사실입니다.

하나님은 우리를 사랑하십니다. 그러나 이것을 오해하면 하나님이 우리와 친밀하시다는 것만 생각하여 마치 하나님이 우리와 쉽게 어울려 지내는 분이라고 생각하기 쉽습니다. 이렇게 되면 우리가 죄를 짓고 아무렇게나 살아도 하나님이 그저 "오냐, 오냐" 하시며 우리를 구원해 주신다고 생각하게 됩니다. 이것은 하나님이 우리를 사랑하여 예수님까지 십자가에서 죽게 하시며 우리의 죄를 씻어 주신 그 놀라운 은혜를 모독하는 잘못입니다.

우리가 하나님을 바로 믿으려면 하나님이 거룩하신 분이라는 것을 깊이 인식해야 합니다. 하나님은 세상과 구별되시고 죄를 싫어하시는 분이라는 것을 머리로만 알지 말고 마음으로 깊이 느껴야 합니다. 감정적으로 느끼며 두려워해야 합니다. 물론 우리는 하나님을 생각할 때 따뜻하고 푸근하고 편안해야 합니다. 그러나 그뿐만이 아닙니다. 하나님은 거룩하신 분이기 때문에 경외심도 느껴야 합니다. 그래서 본문은 우리에게 두려움으로 지내라고 가르쳐 주는 것입니다.

사람은 사랑이 있으면 큰일을 할 수 있습니다. 사랑의 열정이 있으면 목숨도 바칠 수 있습니다. 말할 수 없이 헌신적으로 살 수도 있습니다. 그러나 사람은 연약해서 사랑만으로 모든 것을 다 할 수는 없습니다. 항상 사랑으로 가득 차서 모든 일을 열심히 할 수 있는 사람은 없습니다. 사람은 그렇게 사랑으로 충만할 수가 없습니다. 그러면 사랑으로 할 수 없을 때는 무엇이 필요하겠습니까? 두려움이 필요합니다. 누구를 두려워해야 합니까? 명령하신 분을 두려워해야 합니다. 사람이 명령하신 분을 두려워하면 큰일을 할 수 있습니다.

군인들이 전쟁에 나가서 싸울 때 목숨을 걸고 헌신적으로 싸우기 위해서는 애국심이 있어야 합니다. 그러나 모든 군인이 애국심만으로 충분히 용감하게 싸우지 못합니다. 그럴 때 필요한 것이 명령에 대한 두려움입니다. 일단 명령이 내려지면 어겼다가는 사형입니다. 그것이 무서워서 많은 군인이 목숨을 걸고 싸우는 것입니다. 그래서 이런 명언이 있습니다. "병사는 적장보다 자기 편 장군이 더 무서워야 싸움에 나선다."

손자로 잘 알려져 있는 손무에게 이런 일화가 있습니다. 손무가 13편의 병서를 썼는데 그것을 읽어 본 오나라의 왕 합려가 큰 감명을 받았습니다. 그래서 손무를 만나게 됩니다. 막상 만나 보니 손무는 허약한 선비처럼 보였습니다. 그래서 합려는 손무를 시험해 보고 싶어졌습니다. 합려는 이렇게 말했습니다. "그대가 좋은 책을 썼지만 이론과 실제는 다른 것 아니오? 그러니 그대의 병서도 실제로는 틀릴 수 있지 않소." 그러자 연약해 보이던 손무가 강경하게 대답했습니다. "제 병법은 절대로 그렇지 않습니다."

그러자 합려가 말했습니다. "그렇다면 그대의 병법으로 여자도 훌륭한 사병으로 훈련시킬 수 있소?" 손무가 대답했습니다. "할 수 있습니다." 합려는 다소 빈정거리면서 "그렇다면 궁녀를 한번 훈련시켜 보시오." 손무가 대답했습니다. "그렇게 하겠습니다. 궁녀들을 용감한 병사로 만들겠습니다."

그렇게 해서 손무는 궁녀 180명을 왕궁 뜰에서 훈련시키게 되었습니다. 손무는 궁녀를 두 부대로 나누고 왕이 가장 총애하는 궁녀 둘을 각 부대의 대장으로 세웠습니다. 그리고 훈련관리 몇 명과 함께 훈련을 시작했습니다. 먼저 궁녀들에게 창을 나눠 주고 제식훈련의 기본을 가르쳐 주었습니다. "오른쪽!" 하면 오른쪽으로 돌고, "왼쪽!" 하면 왼쪽으로 돌아서라고 가르쳐 주었습니다. 그리고 이것은 장난이 아니고 진짜 군사훈련이므로 명령을 어기면 도끼로 목을 친다고 주의를 주었습니다.

궁녀들 눈에는 그것이 다 재미있는 놀이로 보였습니다. 궁녀들이 잘 알겠다고 대답은 했지만 막상 손무가 "오른쪽!"이라고 해도 서로 쳐다보며 웃기만 할 뿐 움직이지 않았습니다. 손무는 침착하게 다시 한 번 설명하고 군법을 어기면 처형한다고 말해 주었습니다. 그리고 다시 "오른쪽!"이라고 명령했습니다. 그러나 궁녀들은 그냥 시시덕거리기만 했습니다. 손무는 다시 한 번 설명해 주고 세 번째 명령을 내렸습니다. 그런데도 궁녀들의 태도는 똑같았습니다. 위에서 지켜보는 왕 합려도 우스웠습니다.

그러나 세 번째 명령도 시행되지 않자 손무는 부대가 명령을 따르지 않는 것은 각 부대 대장들의 잘못이라고 하면서 대장으로 선정된 왕의 총희 둘을 앞으로 나오라고 했습니다. 왕의 총희들이 무서워할 리가 없습니다. 아무렇지도 않게 앞으로 나오자 손무는 뒤에 있는 훈련관리에게 물었습니다. "이 경우 군법에는 어떻게 처리하도록 되어 있소?" "참형입니다." "법대로 하시오." 궁녀가 붙들려 무릎이 꿇렸습니다. 갑자기 살기가 돌았습니다. 위에서 보고 있던 합려가 놀라서 사람을 보냈습니다. "이제 선생이 여자도 잘 훈련시킬 수 있다는 것을 알았으니 그 정도 하고 멈추시오." 그러나 손무는 이미 훈련이 시작되었기 때문에 그렇게 할 수 없다고 하며 총희 둘을 참형에 처했습니다.

순식간에 왕궁 뜰은 얼어붙었습니다. 무서운 긴장감이 나돌았습니다. 다시 손무가 다른 궁녀 둘을 대장으로 삼고 명령을 내렸습니다. 그러자 궁녀들은 정신을 바짝 차리고 철저히 명령대로 움직였습니다. 손무가 합려에게 사람을 보내 말했습니다. "궁녀들의 훈련이 끝났습니다. 이제 궁녀들은 왕의 명령이라면 불 속에라도 뛰어들 것입니다."

공감이 되지 않습니까? 병사는 자기 장군을 가장 두려워해야 가장 용감한 군인이 됩니다. 그렇게 되면 물 속이든 불 속이든 명령대로 뛰어드는 것입니다.

본문에서 베드로는 거룩한 삶을 살기 위해 하나님을 두려워하라고 합니다. 요즈음 우리의 신앙생활을 볼 때 참으로 필요한 말씀이라고 생각됩니다. 우리는 하나님을 너무 잘 모르고 있는 것 같습니다. 물론 우리는 하나님의 사랑과 자비를 깨닫고 감사하며 그런 자비로 이웃을 대해야 합니다. 그것은 하나님을 떠난 사람이 하나님께로 돌아올 때 필요한 것입니다. 그런데 하나님께 돌아온 사람이 다시는 하나님을 떠나지 않으려면 하나님의 어떤 모습을 알아야 할까요? 하나님의 사랑도 알아야 하지만 하나님의 거룩하시고 엄위로우신 모습도 알아야 합니다. 그래서 감히 하나님을 떠날 생각도 못할 만큼 두려워해야 하는 것입니다.

• 속을 보시는 하나님

그런데 우리가 보통 어떤 사람을 두려워합니까? 쉽게 속아 넘어가는 사람을 두려워합니까, 좀처럼 속일 수 없는 사람을 두려워합니까? 속일 수 없는 사람입니다. 우리가 보통 어떻게 사람을 속입니까? 속과 겉을 다르게 해서 속입니다. 사람이 겉모양만 보고 실제 내용을 모르면 잘 속습니다. 그래서 우리는 겉모양만 보고 속아 넘어가는 사람은 무서워하지 않습니다. 겉모양에 속지 않는 사람을 두려워합니다.

베드로가 하나님을 두려워하라고 할 때 보여주는 하나님의 중요한 모습이 바로 이것입니다. 하나님은 외모를 보시지 않습니다. 우리의 속 모습을 그대로 꿰뚫어 보십니다. 그래서 우리가 아무리 겉모양을 꾸며도 하나님을 속일 수는 없습니다. 우리가 하나님 앞에서 거룩하게 보이려면 속마음부터 은밀한 말과 행실까지 전부 거룩해지는 방법밖에 없습니다.

하나님은 외모를 보시지 않는다고 하는데 외모가 뭘까요? 우리는 외모에 대해 두 가지를 생각할 수 있습니다. 원래 하나님은 무엇을 보십니까? 중심을 보십니다. 그래서 외모는 중심과 대조되는 것입니다. 이때 외모는 마음과는 달리 겉으로 하는 행동입니다. 하나님이 우리에게 거룩하라고 하실 때 외모로 하나님께 잘 보이려고 하는 사람은 어떻게 할까요? 겉으로 거룩한 것처럼 보이려고 합니다.

  이런 사람은 다른 사람들이 볼 때만 거룩한 행동을 합니다. 사람들이 보면 구제를 합니다. 사람들이 보면 기도를 오래 합니다. 사람들이 보면 기도를 크게 합니다. 이것이 이상하게 느껴지십니까? 이상하게 느껴져야 정상입니다. 생각해 보십시오. 사람들이 없을 때는 기도를 크게 해도 있을 때는 오히려 작게 하는 것이 더 자연스럽지 않습니까?

  그러나 본문에서는 외모가 이런 것과 좀 다른 것을 의미합니다. 본문은 외모와 무엇을 대조하고 있습니까? 17절 하반절을 보면, "외모로 보시지 않고 각 사람의 행위대로 심판하시는 이를 너희가 아버지라 부른즉"이라고 하여 외모와 마음을 대조하지 않고 외모와 행실을 대조합니다. 그래서 본문이 말하는 외모는 단순히 마음과 대조되는 행실을 의미하는 것이 아닙니다. 올바른 행실과 대조되는 외형적인 요건을 말하는 것입니다.

  본문에서 말하는 올바른 행위는 무엇입니까? 거룩하게 사는 것입니다. 세상 사람들과 다르게 말하고 행동하는 것입니다. 특히 사랑의 삶을 사는 것입니다. 예를 들면, 교회에서 가장 낮아져서 남을 섬기며 수고하는 것입니다. 세상의 방탕한 삶에서 떠나 정결하게 사는 것입니다.

  그런데 본문에서는 행위를 보신다고 할 때 행위가 단수로 표현되어 있습니다. 이 말씀은 하나님이 우리의 행실을 보실 때 행실 하나하나에 좌우되시는 것이 아니라 그 행실 전체를 하나로 보고 행위의 기본적인 원리를 보신다는 뜻입니다. 우리가 기도회에 몇 번 참석했느냐, 구제를 몇 번 했느냐를 보시는 것이 아니라 삶이 기본적으로 거룩한 삶이며 사랑의 삶이냐를 보신다는 뜻입니다.

그래서 본문이 말하는 외모는 올바른 삶의 자세와 대조되는 것으로서 겉으로만 그럴듯하게 보이는 외형적인 행위나 업적이나 요건 같은 것입니다. 예를 들면, 혈통, 직분, 지위, 경력도 외모입니다. "나는 4대째 목사 집안이다." "나는 권사다." 이런 것이 다 외모입니다. 업적도 외모입니다. "나는 우리 교회를 건축할 때 건축위원장을 지내면서 헌금을 많이 했다." 이것도 외모입니다. "나는 교회를 개척해서 수만 명이 모이는 교회로 성장시켰다." 이것도 외모입니다. 하나님이 보시는 행실은 외적인 행동이나 업적이 아니라 삶 자체가 거룩하고 사랑으로 가득 찬 것입니다.

• 나그네 길

본문은 우리가 거룩하게 살도록 돕기 위해 또 한 가지를 상기시켜 줍니다. 그것은 우리의 삶이 나그네 길이라는 것입니다. 우리는 이 세상에서 영원히 사는 것이 아닙니다. 곧 이 세상을 떠나 본향으로 가야 합니다. 그래서 우리는 세상의 관습을 따르지 말고 하나님 나라의 관습을 따라야 합니다. 이렇게 세상과 다르게 사는 것이 바로 거룩한 삶입니다.

나그네로 지낸다는 것은 이 세상의 유혹을 받지 않도록 도와줍니다. 이 세상보다 더 나은 본향을 바라볼 수 있기 때문입니다. 동시에 이 말씀은 우리를 두렵게 하는 경고도 됩니다. 왜냐하면 우리는 아직 하나님 나라에 들어간 것이 아니기 때문입니다. 그러니까 하나님 나라에 들어갈 수 있도록 조심해야 하는 것입니다.

전에는 고속도로의 서울 톨게이트에 이런 글이 쓰여 있었습니다. "다 왔다 방심 말고 끝까지 안전 운전." 어떤 사람이 방심하고 어떤 사람이 게을러집니까? 이제 다 되었다고 생각하는 사람입니다. 그래서 거의 다 왔을 때 다시 한 번 정신을 차릴 필요가 있는 것입니다. 우리가 믿음으로 구원을 받았지만 아직 완성된 천국에 들어간 것은 아닙니다. 그런데도 이제는 구원을 다 얻었다고 생각하면 방심하게 됩니다. 그러면 교만해지고 남을 섬기는 일에 게을러지는 것입니다.

도대체 다 되었다고 생각하는 사람은 무엇을 가지고 그렇게 생각할까요? 대부분 자기의 과거 업적을 가지고 그렇게 생각합니다. 그런데 앞에서 과거의 업적이 뭐라고 했습니까? 외모라고 했습니다. 과거에 내가 어땠다고 하는 경력은 다 외모입니다. 지금 어떤 삶을 사느냐가 하나님이 보시는 평가기준입니다. 그러니까 우리는 지금도 나그네 길을 가는 사람답게 본향에 들어갈 때까지 항상 조심하며 하나님이 원하시는 거룩한 삶을 살도록 노력해야 합니다. 그래야 영광스러운 구원의 자리에 들어갈 수 있는 것입니다. 고린도전서 9장 27절이 이것을 잘 보여줍니다.

> "내가 내 몸을 쳐 복종하게 함은 내가 남에게 전파한 후에 자신이 도리어 버림을 당할까 두려워함이로다"(고전 9:27).

하나님은 사랑으로 우리를 구원해 주셨습니다. 그 은혜를 생각하면 우리는 하나님을 사랑하며 세상과는 다른 거룩한 삶을 살 수밖에 없습니다. 그러나 우리는 연약하여 감사와 감격만으로는 거룩한 삶을 살기 어렵습니다. 하나님에 대한 두려움도 있어야 합니다. 그래서 베드로는 우리에게 하나님의 두려우신 모습을 가르쳐 줍니다. 그것은 하나님이 우리의 외모를 보시지 않고 삶 자체를 보신다는 것입니다. 신앙의 가문, 신앙의 경륜, 교회의 직분, 종교적인 업적 등은 아무것도 아닙니다. 하나님이 원하시는 거룩한 삶을 살아가는 것이 중요합니다.

더욱이 우리는 분명히 하나님의 자녀가 되었지만 아직 천국에 들어간 것이 아닙니다. 끝까지 방심하지 말고 거룩한 삶에 최선을 다해야 합니다. 어떤 사람이 환상 가운데 천국으로 가게 되었습니다. 그런데 천국문 앞에서 아주 충격적인 모습을 봤습니다. 천국문 바로 앞에 지옥으로 떨어지는 함정이 있었던 것입니다. 그 사람이 보니까 수많은 사람이 고통스러운 박해와 유혹을 이겨내고 천국문에 이르렀으나 마지막 함정에 빠져 지옥으로 떨어졌습니다. 우리의 신앙생활에 심각한 경종을 울리는 말씀입니다.

아무쪼록 우리 모두는 내 경력에 자신을 가지지 않기를 바랍니다. 마음을 새롭게 하여 거룩하신 하나님을 바라보며 세상과 달리 거룩한 삶을 살 수 있기 바랍니다. 거룩한 삶에 대해서는 앞으로도 계속해서 살펴볼 것입니다. 본문이 가르쳐 주는 거룩한 삶은 자기중심적인 생각을 버리고, 거짓을 버리고, 겸손히 이웃을 존중하며 섬겨 주는 삶입니다. 우리 모두가 꼭 거룩한 삶으로 하나님께 기쁨을 드리고 우리 자신도 구원에 이르게 되기를 바랍니다.

3. 그리스도의 보혈로 구속되었습니다

(벧전 1:18-25)

"너희가 알거니와 너희 조상이 물려준 헛된 행실에서 대속함을 받은 것은 은이나 금같이 없어질 것으로 된 것이 아니요 오직 흠 없고 점 없는 어린 양 같은 그리스도의 보배로운 피로 된 것이니라 그는 창세 전부터 미리 알린 바 되신 이나 이 말세에 너희를 위하여 나타내신 바 되었으니 너희는 그를 죽은 자 가운데서 살리시고 영광을 주신 하나님을 그리스도로 말미암아 믿는 자니 너희 믿음과 소망이 하나님께 있게 하셨느니라 너희가 진리를 순종함으로 너희 영혼을 깨끗하게 하여 거짓이 없이 형제를 사랑하기에 이르렀으니 마음으로 뜨겁게 서로 사랑하라 너희가 거듭난 것은 썩어질 씨로 된 것이 아니요 썩지 아니할 씨로 된 것이니 살아 있고 항상 있는 하나님의 말씀으로 되었느니라 그러므로 모든 육체는 풀과 같고 그 모든 영광은 풀의 꽃과 같으니 풀은 마르고 꽃은 떨어지되 오직 주의 말씀은 세세토록 있도다 하였으니 너희에게 전한 복음이 곧 이 말씀이니라."

• 사랑과 두려움

복음서를 읽다 보면 바리새인들은 다 나쁜 사람같이 보입니다. 워낙 위선적인 모습이 많이 나오기 때문입니다. 그러나 바리새인들이 다 위선적이고 가증한 사람은 아니었습니다. 예를 들어, 바울은 바리새인이었지만 위선적인 사람이 아니었습니다. 바리새인 중에도 신앙이 돈독한 사람이 있었습니다. 그러나 유대교가 조직화되고 외적인 업적을 중요하게 생각하다 보니 위선적인 바리새인이 많아졌던 것입니다.

이렇게 잘못된 바리새인이 많아지자 유대인들은 바리새인을 비꼬기도 했습니다. 탈무드에 보면 바리새인을 7종류로 나누는 내용이 있습니다. 이 중에 5종류의 바리새인은 비난받는 사람들입니다. 첫째 '조금 있다가 형' 바리새인입니다. 이들은 항상 선행을 기피할 구실을 찾는 사람입니다. 선행을 하는 것은 좋은데 지금은 사정이 있어서 못하고 조금 있다가 하겠다는 것입니다. 둘째 '멍든 형' 바리새인입니다. 이들은 여자만 나타나면 안 보려고 눈을 감고 가다가 어딘가에 부딪쳐 늘 멍이 들어 있는 사람입니다. 셋째 '어깨 형' 바리새인입니다. 이들은 선행을 항상 어깨 위에 올려놓고 자랑하며 다니는 사람입니다. 넷째 '곱사등이 형' 바리새인입니다. 이들은 겸손한 체하느라고 항상 허리를 굽히고 다니는 사람입니다. 다섯째는 '계산 형' 바리새인입니다. 이들은 항상 선행과 악행을 계산해 보고 선행이 많으면 선행을 하지 않고 악행이 많아질 듯하면 선행을 하는 사람입니다.

나머지 2종류의 바리새인은 비난을 받지 않습니다. 여섯째는 '하나님을 두려워하는 형' 바리새인입니다. 이들은 하나님을 두려워하여 바르게 사는 사람입니다. 그러면 일곱째는 어떤 형일까요? '하나님을 사랑하는 형' 바리새인입니다. 이들은 하나님을 사랑하기 때문에 하나님이 원하시는 경건한 삶을 사는 사람입니다. 유대인들은 일곱째 형 바리새인을 진짜 바리새인이요, 아브라함의 자손이라고 불렀습니다.

유대인들이 이렇게 평가한 것은 하나님의 뜻을 잘 이해한 모습입니다. 하나님을 두려워하여 하나님 뜻대로 사는 것은 온전한 신앙생활이라고 보기 어렵습니다. 하나님을 사랑하여 하나님 뜻대로 사는 것이 온전한 신앙생활입니다.

우리는 앞에서 하나님의 자녀가 된 사람이 하나님 뜻대로 거룩하게 살기 위해서는 하나님을 두려워해야 한다는 것을 살펴봤습니다. 하나님을 두려워하는 것이 거룩한 삶을 사는 데 꼭 필요한 것임에는 틀림없습니다. 그러나 하나님께 대한 두려움은 하나님께 대한 사랑보다 덜 중요한 것입니다. 비유적으로 말씀드린다면, 하나님을 사랑하는 것은 신앙생활을 추진하는 주 엔진이고 두려워하는 것은 보조 엔진이라고 볼 수 있습니다. 사람은 연약해서 주 엔진만으로는 계속해서 달릴 수가 없습니다. 보조 엔진이 있어야 중단 없이 잘 달려갈 수 있습니다. 그래서 하나님에 대한 두려움도 꼭 필요한 것입니다. 그러나 여전히 주가 되는 것은 하나님에 대한 사랑입니다.

• 소중한 구원

베드로는 17절에서 하나님을 두려워하며 신앙생활을 잘하라고 가르친 후에 다시 하나님의 사랑을 보여줍니다. 18절부터 강조하는 것은 우리가 받은 구원이 얼마나 귀한 것인가 하는 내용입니다.

이것은 하나님의 사랑도 보여주고 또한 우리를 조심하게 만들어 주기도 합니다.

베드로전서의 수신자들은 예수님을 믿게 된 여러 민족의 사람들입니다. 그들이 조상들로부터 전해 받은 것에는 여러 가지 삶의 지혜도 있고 유익한 것들도 있었습니다. 그러나 그 조상들은 하나님을 몰랐기 때문에 구원에 대해서는 허망한 것밖에 전해 주지 못했습니다.

본문에서 '헛된 행실'이라는 말은 허망한 삶의 방식이라는 뜻입니다. 이 말은 특정한 행동이 망령된 것이라는 뜻이 아닙니다. 삶 전체가 우리의 생명을 무의미하게 만드는 허망한 것이라는 뜻입니다. 왜 그렇습니까? 그런 삶으로는 영생을 얻지 못하고 지옥으로 가게 되기 때문입니다. 세상의 지혜가 없어서 그런 것이 아닙니다. 세상의 지혜는 있어도 영생을 얻는 데 아무 도움이 되지 못합니다. 그래서 그것은 본질적으로 허망한 것에 불과한 것입니다.

오늘 우리도 마찬가지입니다. 물론 우리가 조상들을 욕할 수는 없습니다. 또한 조상들이 전해 준 것이 다 무익한 것도 아닙니다. 한글이라든지 여러 가지 삶의 지혜는 우리에게 큰 유익이 됩니다. 그러나 구원에 있어서는 우리 조상들이 하나님을 알지 못했기 때문에 신앙적으로 유익한 것을 전해 줄 수 없었습니다. 오히려 미신과 우상만 잔뜩 전해 주었습니다. 이 말은 몇 가지 미신적인 행동을 전해 주었다는 뜻이 아닙니다. 삶 전체가 미신적이고 하나님을 섬기지 않는 삶이었다는 뜻입니다.

우리는 이런 헛된 길에서 구원을 받았습니다. 무엇으로 구원을 받았습니까? 상상도 할 수 없이 값진 것으로 구원을 받았습니다.

세상에서 가장 귀하다고 하는 금이나 은 같은 것으로 구원받은 것이 아닙니다. 그보다 훨씬 더 가치 있는 하나님 아들의 목숨으로 구원받은 것입니다.

아주 비싼 것으로 구원받았다는 말씀은 두 가지를 알려 줍니다. 첫째, 구원이 확실하다는 것입니다. 비싼 것은 진짜임을 의미합니다. 가짜를 진짜로 속여 팔려면 어떻게 하는 게 좋을까요? 여러 가지 방법이 있겠지만 아주 쉽고 효과적인 방법이 가격을 비싸게 붙이는 것입니다. 비싸면 사람들이 진품이라고 생각하기 때문입니다. 그래서 베드로는 우리가 받은 구원이 진짜 구원이라는 것을 알려 주기 위해 금이나 은 같은 것으로 구원받은 것이 아니라 그보다 훨씬 더 값진 하나님 아들의 목숨으로 구원받은 것이라고 강조하는 것입니다.

둘째, 구원을 유의해서 관리해야 한다는 것입니다. 비싼 물건은 조심해서 관리하지 않습니까? 지극히 비싼 도자기가 있으면 더럽혀지지 않도록, 깨지지 않도록 각별히 조심합니다. 구원도 마찬가지입니다. 구원이 값진 것이라는 것만 알면 그것이 더럽혀지지 않도록, 깨지지 않도록 최선을 다하게 됩니다. 더욱이 값진 것은 버리지 않습니다. 그래서 우리는 구원이 지극히 값진 것이라는 것만 알면 됩니다. 그러면 구원을 지키기 위해 저절로 최선을 다해 거룩하게 살 수밖에 없는 것입니다.

그러나 우리의 현실을 보십시오. 얼마나 많은 사람이 구원을 우습게 생각합니까? 저는 구원의 복음을 전하면서 속이 상할 때가 있습니다. 사람들이 구원을 전해 주는 사람을 마치 구걸하는 사람처럼 볼 때입니다. 전도자를 마치 고객을 찾아다니는 영업사원처럼 보는 사람도 있습니다. 제 자존심 때문에 속이 상하는 것이 아닙니다. 하나님의 말씀이 무시당하는 것이 속이 상하는 것입니다. '우리가 무엇을 잘못해서 사람들이 하나님의 말씀을 이렇게 무시할까?'

불신자나 초신자는 그렇다고 칩시다. 웬만큼 신앙생활을 한 사람도 목사가 전하는 말씀을 마치 목사 개인의 명예나 이권을 위해서 하는 말이라고 생각하는 경우가 있습니다. 얼마나 슬픈지 모릅니다. 그렇게 생각하는 사람이 어떻게 구원의 가치를 알겠습니까? 당신은 절대로 하나님이 주시는 구원을 그렇게 가볍게 보지 마시기 바랍니다. 정말 구원의 가치를 조금이라도 깨달으시기 바랍니다. 워낙 가치가 큰 것은 조금만 깨달아도 그 가치를 크게 느낄 수 있습니다. 우리가 구원의 가치를 조금만이라도 깨달을 수 있었으면 좋겠습니다.

베드로는 구원이 귀한 것임을 알려 주기 위해 좀 더 설명합니다. 그것은 값으로 볼 때 금이나 은보다 비쌀 뿐 아니라, 시간적으로 봐도 말할 수 없이 오랫동안 준비된 것입니다. 창세 이전부터 예비되었다가 말세를 맞아 나타나신 그리스도의 은혜로 얻은 구원입니다. 베드로는 앞에서 우리의 구원이 예언자들이 계속 연구하고 살펴보던 것이라고 했는데, 여기서는 창세 전부터 말세까지 준비된 것이라고 합니다. 이것은 앞에서 살펴본 내용과 비슷하기 때문에 더 살펴보지 않겠습니다. 다만 말세가 무엇을 의미하는지만 알아보겠습니다.

성경에서 '말세' 라는 말은 두 가지 의미가 있습니다. 하나는 좁은 의미로 마지막 때에 예수님이 재림하시는 시기를 말세라고 합니다. 다른 하나는 넓은 의미로 예수님의 초림부터 재림 사이 전체를 말세라고 합니다. 예수님이 세상에 오셔서 구원을 이루셨기 때문에 예수님이 오신 때부터 말세라고 하는 것입니다. 그러니까 우리는 지금 말세에 살고 있는 것입니다. 본문에서 말하는 말세는 이런 뜻입니다. 우리의 구원은 창세 전에 예비되었다가 지금 나타난 것입니다. 얼마나 오랫동안 예비된 가치 있는 것인지 모릅니다.

베드로는 우리가 하나님의 사랑을 더 깨닫도록 돕기 위해 이렇게 귀한 구원의 은혜를 주신 하나님의 사랑을 보여줍니다. 그리고 이를 위해 십자가에서 죽으신 그리스도의 은혜를 보여줍니다. "오직 흠 없고 점 없는 어린 양 같은 그리스도의 보배로운 피로 된 것이니라"(19절), "그는 창세 전부터 미리 알린 바 되신 이나 이 말세에 너희를 위하여 나타내신 바 되었으니"(20절). 이런 표현들이 그리스도의 십자가 은혜를 보여줍니다. 그리고 소망이란 단어를 사용하여 우리의 구원이 얼마나 귀한 것인지를 알려 줍니다.

• 거짓이 없는 사랑

그리고 우리의 삶에 대해 다시 가르쳐 줍니다. 그것은 사랑의 삶입니다. 믿는 자에게 사랑의 교훈을 주는 것은 당연한 일입니다. 그러나 본문이 특별히 재미있는 것은 21절에서 믿음과 소망을 말한 후 22절에서 사랑을 말한다는 것입니다. 믿음과 소망이 있는 사람은 사랑하게 됩니다. 믿음과 소망이 근거가 되어 사랑하게 되는 것입니다. 본문은 믿음과 소망이 있는 사랑의 특징을 한 가지 알려 줍니다. 그것은 거짓이 없는 사랑입니다.

우리가 하나님을 믿는 것은 그리스도를 통해서 믿는 것입니다. 그리스도는 어떤 분입니까? 그리스도는 진리입니다. 그러니까 우리는 진리에 속한 사람입니다. 진리에 속한 사람은 그 안에 거짓이 없어야 합니다. 그리스도를 통해 나오는 사랑도 당연히 거짓이 없는 사랑입니다. 그래서 우리의 사랑은 거짓이 없는 사랑이어야 하는 것입니다.

그렇다면 거짓된 사랑은 어떤 것입니까? 거짓된 사랑에는 크게 두 가지 모습이 있습니다. 하나는 사랑하지 않으면서 사랑하는 척하는 것입니다. 마음으로는 사랑하지 않습니다. 그러나 겉으로는 사랑하는 척합니다. 왜 그렇습니까? 그것이 자기에게 유익하기 때문입니다. 체면상 그렇게 하는 것입니다. 누가 그렇게 하기 쉬울까요? 종교지도자들입니다. 생각해 보십시오. 목사는 모든 교인을 사랑해야 합니다. 구역장은 구역원을 사랑해야 합니다. 그래서 혹시 속으로는 싫어도 겉으로는 사랑하는 척하기 쉬운 것입니다.

사실 속으로는 사랑하지 않아도 겉으로 사랑하는 척하면 유익할 때도 있습니다. 상대방의 기분을 좋게 해주고 사이가 더 좋아질 수도 있습니다. 그러나 그것은 참사랑이 아닙니다. 언젠가 본심이 나타나고 상대방에게 상처를 주게 됩니다. 자신의 마음은 자신이 잘 압니다. 만일 내가 겉으로만 사랑하는 척하고 있다면 속히 고쳐야 합니다. 그리고 진실한 사랑을 해야 합니다. 그래야 나중에 나오는 명령대로 뜨겁게 사랑할 수 있습니다. 거짓된 사랑은 사랑의 마음이 없기 때문에 절대 뜨겁게 사랑할 수 없습니다.

거짓된 사랑의 다른 한 가지 모습은 탐욕으로 사랑하는 것입니다. 참사랑은 상대방의 유익을 구합니다. 그러나 거짓된 사랑은 상대방의 유익을 구하는 것이 아니라 자기의 유익을 구합니다. 이것은 참사랑이 아닙니다. 이렇게 탐욕을 추구하는 사람은 반드시 차별적인 사랑을 하게 되어 있습니다. 자기에게 도움이 되는 사람은 사랑하고 도움이 안 되는 사람은 사랑하지 않습니다. 도움이 되는 사람을 사랑할 때는 제법 진짜같이 사랑합니다. 그러나 도움이 안 되는 사람은 무시합니다. 이런 차별적인 사랑이 거짓된 사랑입니다.

차별적인 사랑에서 한 가지 주의해야 할 것은 친한 사람은 사랑하고 친하지 않은 사람은 사랑하지 않는 것입니다. 오랫동안 교회 다니며 친해진 사람과 새로 나와서 친하지 않은 사람을 차별하면 어떻게 되는지 아십니까? 새로 나온 사람이 교회에 적응하지 못하게 됩니다. 그러면 한 영혼을 잃어버리게 됩니다. 우리는 잃은 영혼도 찾아와야 하는데 교회에 나온 영혼을 잃어버린다면 얼마나 안타까운 일입니까? 교회에는 빈부의 차별도 없어야 하지만 친분 관계에서 오는 차별도 결코 있어서는 안 됩니다.

• 뜨거운 사랑

우리는 거짓된 사랑을 넘어서야 합니다. 그래서 베드로가 가르쳐 주는 것이 무엇입니까? 거짓 없는 사랑을 키워서 뜨겁게 서로 사랑하라는 것입니다. 자기 이권을 위해서 사랑하는 사람이라면 자기에게 유익한 사람은 뜨겁게 사랑할 수 있습니다. 그러나 본문은 서로 사랑하라고 합니다. 이 말씀은 모두가 서로서로 사랑하라는 말씀입니다. 거짓 사랑은 이것을 못합니다. 특별한 사람만 뜨겁게 사랑합니다.

어느 목사님이 새로 교회에 부임하게 되었습니다. 목사님은 최대한 모든 성도를 공평하게 사랑하려고 노력했습니다. 그랬더니 일부 성도들이 불만을 털어놨습니다. "이전 목사님은 우리 가정을 특별히 사랑해 주셨습니다. 목사님도 우리를 특별히 사랑해 주십시오." 이렇게 말하는 분들은 새 목사님이 보기에 부유하거나 목사님께 잘해드리는 분이었습니다. 그러나 새 목사님은 그렇게 할 수 없었습니다. 가난하거나 심지어 목사님께 잘 대해 드리지 못하는 성도도 똑같이 사랑하고 싶었습니다. 이것이 거짓 없는 사랑의 마음입니다.

본문을 보면 "거짓 없이 사랑하라"고 명령하지 않습니다. 오히려 "이제 거짓 없이 사랑하게 되었다"고 말합니다. 우리가 그리스도를 믿고 소망을 가지게 되면 거짓된 사랑을 하지 않게 된다는 것입니다. 본문에서 명령하는 말씀은 "서로 뜨겁게 사랑하라"는 것입니다. 헬라어 원어를 보면 여기서 뜨겁게 사랑하라는 말씀은 뜨겁게 사랑하기 시작하라는 뜻입니다. 우리는 믿음에서 나온 진실한 사랑을 더욱 성장시켜 뜨겁게 서로 사랑하는 사람이 되어야 하는 것입니다.

우리는 하나님을 사랑할 때 마음을 다하고 목숨을 다하고 힘을 다해 사랑해야 합니다. 여기서 마음을 다한다는 것은 불순물 없이 100% 순수한 마음으로 사랑하는 것을 의미합니다. 다른 우상을 섬기지 않습니다. 악한 동기도 없습니다. 깨끗하고 진실된 100%의 순도로 하나님만 사랑하는 것입니다. 목숨을 다해 사랑하는 것은 열정적으로 사랑하는 것입니다. 뜨겁게 하나님을 사랑하는 것입니다. 힘을 다해 사랑하는 것은 최선의 노력으로 하나님을 섬기는 것입니다. 우리는 이웃을 사랑할 때도 이렇게 사랑해야 합니다. 순수한 마음으로 사랑하며 동시에 뜨겁게 사랑해야 합니다. 그리고 온 힘을 다해 도와야 합니다.

베드로는 다시 한 번 우리의 구원이 얼마나 가치 있는 것인지 알려 주고 이 문단을 맺습니다. 우리의 구원은 썩어질 씨로 된 것이 아니라 영원한 하나님의 말씀으로 된 것입니다. 씨 뿌리는 자의 비유를 보십시오. 거기서 씨가 무엇입니까? 말씀입니다. 그래서 썩어질 씨는 세상의 교훈입니다. 우리는 세상의 교훈으로 구원받은 것이 아닙니다. 세상은 어떤 것입니까? 사람은 어떤 존재입니까? 다 죽고 썩어질 존재입니다. 그런 세상이나 사람의 교훈은 세상과 함께 다 썩어질 것에 불과합니다. 결코 영생으로 인도하지 못합니다.

그러나 하나님은 영원하십니다. 그래서 하나님의 말씀도 영원하십니다. 우리는 바로 이 영원하신 하나님의 말씀으로 구원받은 것입니다. 우리가 하나님의 말씀으로 어떻게 되었습니까? 거듭났습니다. 새로운 사람이 된 것입니다. 그러면 어떻게 살아야겠습니까? 새롭게 살아야 합니다. 그것이 옛 사람과는 다른 거룩한 삶인 것입니다. 우리는 옛 사람으로 돌아가면 안 됩니다. 영원하신 하나님의 말씀으로 새롭게 되었으니 그 말씀에 따라 거룩하게 살아야 하는 것입니다.

지금까지 베드로전서 1장을 살펴봤는데 간략히 정리해 보면 이렇습니다. 먼저 삼위일체 하나님의 모습을 통해 하나님의 사랑과 구원의 은혜를 가르쳐 줍니다. 그리고 믿음, 소망, 사랑을 통해 바른 신앙의 모습을 가르쳐 줍니다. 그리고 이런 구원에 걸맞게 거룩한 삶을 살라고 가르쳐 줍니다. 우리를 감동시키기 위해 우리가 받은 구원이 얼마나 귀한 것인지 가르쳐 줍니다. 동시에 하나님은 외모를 보시지 않는 거룩한 분이시라는 것과 우리는 나그네 길을 가고 있다는 것을 상기시켜 줍니다. 그러면서 거룩한 삶으로 진실되고 뜨겁게 서로 사랑하라고 가르쳐 줍니다. 이렇게 해서 구원의 길을 가도록 격려하는 것입니다.

앞으로 베드로전서는 보다 구체적으로 거룩한 삶의 길을 가르쳐 줄 것입니다. 우리는 1장에서 거룩하게 살아야겠다는 각오가 되어 있어야 2장부터 나오는 구체적인 거룩한 삶을 살 수 있습니다. 아무쪼록 우리 모두가 우리의 구원이 얼마나 귀하고 값진 것인지를 깊이 깨닫고, 이 구원을 지키며 거룩하게 살 마음으로 충만해지기를 바랍니다.

4. 악한 습관을 버려야 합니다(벧전 2:1-3)

"그러므로 모든 악독과 모든 기만과 외식과 시기와 모든 비방하는 말을 버리고 갓난아기들같이 순전하고 신령한 젖을 사모하라 이는 그로 말미암아 너희로 구원에 이르도록 자라게 하려 함이라 너희가 주의 인자하심을 맛보았으면 그리하라."

• 신령한 젖

본문은 이런 구조로 되어 있습니다. '그러므로 이렇게 해라. 그것은 이렇게 되기 위해서이다.' 이 구조는 앞에 나온 내용 때문에 이렇게 하라는 것이고, 이렇게 하면 좋은 결과가 생긴다는 뜻입니다. 그렇다면 앞에 나온 어떤 내용 때문에 이렇게 하라는 걸까요? 성도들이 썩지 않을 씨로 거듭났기 때문에 이렇게 하라는 것입니다. 성도들은 썩지 않을 씨인 하나님의 말씀으로 새롭게 태어났습니다. 그러므로 이렇게 살아야 하는 것입니다.

그러면 어떻게 살아야 한다는 것입니까? 본문은 두 가지를 가르쳐 줍니다. 하나는 악한 삶을 버리는 것이고, 다른 하나는 신령한 젖을 사모하는 것입니다. 먼저 악한 삶을 버리는 것을 생각해 보십시오. 이 말씀에서 우리가 먼저 알아야 할 것은 구체적으로 무엇을 버려야 하느냐보다 과거의 악 자체를 버려야 한다는 것입니다. 거룩한 삶의 첫 단계는 지금까지 행하던 악 자체를 버리는 것입니다. 특히 악한 습관을 버리는 것입니다.

그리고 신령한 젖을 사모해야 합니다. 여기서 신령한 젖은 영적인 은혜를 의미합니다. 또한 '신령한'(λογικὸν)이란 말이 '말씀의'라는 뜻도 되기 때문에 신령한 젖은 말씀의 젖도 됩니다. 이렇게 보면 이 말씀은 영적인 은혜와 말씀의 은혜를 사모하라는 뜻입니다.

악한 습관을 버리는 것과 신령한 젖을 사모하는 것은 동시에 일어나지만 굳이 순서를 따지자면 악한 습관을 버리는 것이 먼저입니다. 그러나 오늘날 많은 신자들이 이것을 잘 모르고 있는 것 같습니다. 예수님을 믿어 구원을 얻으면 먼저 악한 습관을 버려야 하는데 많은 성도들이 악한 습관은 버리지 않고 신령한 젖만 얻으려고 합니다. 이것은 아주 잘못된 것입니다. 악한 습관을 버리지 않으면 신령한 젖을 얻을 수 없습니다. 이유는 두 가지입니다.

첫째, 속에 악한 것이 가득하면 신령한 젖을 받아도 채울 수 없기 때문입니다. 그릇에 무엇을 담으려면 먼저 그릇을 비워야 합니다. 영적인 은혜도 마찬가지입니다. 머릿속에 다른 생각이 가득 차 있으면 말씀을 들어도 은혜를 받지 못합니다. 어느 교인으로부터 이런 말을 들었습니다. 골프를 시작했더니 너무나 재미있다는 겁니다. 심지어 교회에 나와도 예배시간에 성도들의 머리가 골프공으로 보인다고 했습니다. 이렇게 되면 예배에서 은혜를 받을 수 있겠습니까?

하물며 악한 마음이 가득하면 어떻게 은혜를 받겠습니까? 교회에 불만이 가득한 사람이 예배에서 은혜를 받겠습니까? 목사님에 대해 좋지 않은 소문을 들은 사람이 예배당에 나온다고 말씀이 귀에 들어오겠습니까? 아무개가 잘난 척한다고 꼴 보기 싫어하는 사람이 교회에서 무슨 은혜를 받겠습니까? 마음에 있는 악을 버리지 않으면 신령한 젖을 얻기 어려운 것입니다.

둘째, 악한 생각이 있으면 신령한 젖을 사모할 수 없기 때문입니다. 악한 것을 생각하는 사람은 악한 것을 구할 수밖에 없습니다. 자기는 신령한 젖을 구한다고 생각할지 몰라도 악한 사람은 신령한 젖을 구하는 것이 아니라 악한 욕심을 충족시켜 주는 속된 것을 구하게 됩니다. 그래서 악을 버리지 않고 신령한 젖만 구하는 사람은 신앙생활을 수십 년 해도 영적인 은혜를 입지 못하고 신앙이 바르게 자라지 못하는 것입니다.

더욱이 우리가 악한 습관을 버리지 않고 신앙생활을 하면 우리에게만 해가 되는 것이 아니라 우리 이웃에게도 무서운 해를 입히게 됩니다. 악한 습관을 버리지 않으면 그 습관이 어디로 가겠습니까? 우리 삶에 나타나게 됩니다. 집에서 새는 바가지가 밖에서도 샌다고 우리의 악한 습관은 우리 삶에 수시로 나타나고, 결국 교회에서도 나타나게 됩니다. 그러면 우리의 모습을 보고 초신자들이 실망하여 신앙이 흔들리게 됩니다.

오늘날 한국교회는 많은 신자들이 열심히 교회에 나와 기도하고 봉사합니다. 그런데도 불구하고 막상 삶에서는 신자가 불신자보다 나은 것이 별로 없습니다. 왜 그럴까요? 구원받은 사람이 악한 습관을 버리지 않기 때문입니다. 이것이 선교에도 얼마나 큰 방해 요소가 되는지 모릅니다.

신앙생활을 시작하면서부터 우리는 악한 습관을 버리기 위해 노력해야 합니다. 악한 습관을 안 버려도 괜찮은 줄 알고 그런 습관을 달고 살다가는 아무리 영적인 은혜를 사모해도 신앙이 성장할 수 없습니다. 그뿐 아니라 세월이 흐르면서 교회생활의 관록만 쌓이면 악한 습관을 가진 중직자가 됩니다. 이렇게 되면 교회에 나오는 성도들에게 상처를 주고 심지어 교회를 떠나게 만드는 추악한 존재가 되어 버리는 것입니다.

• **버려야 할 것들**

우리가 바른 삶을 살기 위해 버려야 할 것들은 구체적으로 무엇입니까? 본문은 먼저 모든 악독을 버리라고 합니다. 악독은 선의 반대가 되는 모든 악의 총칭입니다. 그렇다면 악독을 버리라는 말씀은 여러 가지 악한 행동 중에 특별히 어떤 것을 버리라는 뜻이 아니라 악한 것은 모두 버리라는 뜻입니다. 이것은 악을 버리는 기본적인 삶의 자세입니다. 그 후에 본문은 우리가 버려야 할 구체적인 네 가지 행동을 가르쳐 줍니다.

첫째, 기만을 버리라고 합니다. 기만은 거짓말을 의미합니다. 교활하게 남을 속이는 행동입니다. 예수님을 믿으면 거짓말을 버리라는 것입니다. 베드로전서 2장 22절에서는 예수님의 입에 거짓이 없었다고 하는데 원어에서는 거짓과 기만이 똑같은 말입니다. 예수님께는 거짓말이 없으셨다는 것입니다. 이에 반해 누구에게 거짓말이 있습니까? 누가 거짓말을 할 때마다 자기의 것으로 말합니까? 사탄입니다. 요한복음 8장 44절 하반절에서 예수님은 마귀에 대해 이렇게 말씀하십니다. "거짓을 말할 때마다 제 것으로 말하나니 이는 그가 거짓말쟁이요 거짓의 아비가 되었음이라."

우리는 하나님이 전능하신 분이라고 하는데 하나님도 하실 수 없는 것이 있습니다. 그것이 무엇입니까? 거짓말입니다. 히브리서 6장 18절은 하나님이 거짓말을 하실 수 없기 때문에 그 약속이 믿을 만하다고 합니다. 거짓말은 이 정도로 신앙생활과 정반대되는 것입니다.

사람들이 왜 거짓말을 합니까? 그렇게 하면 더 유익할 것이라고 생각하기 때문입니다. 그렇다면 하나님을 믿는 사람은 거짓말을 할 수가 없습니다. 왜냐하면 하나님은 거짓말을 싫어하시니까 거짓말을 하면 하나님께 잘못 보여 유익이 되지 않기 때문입니다. 그래서 하나님을 믿는 사람은 거짓말을 할 수 없습니다. 오히려 하나님께 잘 보여 복을 받기 위해 하나님이 싫어하시는 거짓말은 버리고 하나님이 좋아하시는 진실을 말하게 됩니다. 그래서 베드로는 너희가 주의 인자하심을 맛보았으면 그리하라고 하는 것입니다. 하나님을 믿고 하나님의 사랑과 능력을 알면 거짓말을 할 수 없는 것입니다.

둘째, 외식을 버리라고 합니다. 외식은 위선입니다. 실제의 자기 모습과 다른 사람처럼 보이려고 하는 것입니다. 마음에도 없이 겉으로만 그런 척하는 것입니다. 일종의 거짓말입니다. 우리가 정말 진실을 사랑하면 외식도 저절로 없어집니다. 예수님이 얼마나 외식을 싫어하시는지는 예수님이 바리새인들의 외식을 꾸짖는 모습에서 잘 알 수 있습니다.

"화 있을진저 외식하는 서기관들과 바리새인들이여"(마 23:13 상).

그런데 무서운 것은 예수님을 믿으면 오히려 외식할 위험이 더 커진다는 사실입니다. 예수님 시대에 누가 외식한다는 꾸중을 가장 많이 들었습니까? 바리새인들입니다. 그 사람들이 왜 외식합니까? 자기들이 실제로는 거룩하지 못해도 거룩한 것처럼 보이고 싶었기 때문입니다. 그렇다면 지금 세상에서 거룩한 것처럼 보이고 싶은 사람이 누구일까요? 신자들입니다. 그중에서도 중요한 직분을 받은 사람들입니다. 직분에 걸맞게 믿음이 자라면 좋은데 믿음은 자라지 않고 신앙의 경륜만 쌓이면 어떻게 되겠습니까? 외식할 수밖에 없는 것입니다.

어떻게 하면 외식하지 않을 수 있을까요? 외식은 겉모양만 보기 좋게 꾸미는 것입니다. 그러니까 우리가 겉모양으로 판단되는 것이 아니라는 것을 알면 외식을 줄일 수 있습니다. 음악가가 연주를 할 때는 아주 멋있는 연주복을 입고 연주를 합니다. 그런데 그 사람이 음반을 만들기 위해 녹음할 때는 무엇을 입고 연주할까요? 연주하기 편한 옷을 입고 연주합니다. 왜냐하면 녹음에서는 외모가 전혀 영향을 미치지 않기 때문입니다.

그렇다면 우리는 누구에게 평가를 받습니까? 하나님으로부터 받습니다. 하나님은 무엇을 보십니까? 우리의 마음을 보십니다. 외적인 요소를 보시지 않습니다. 오히려 속으로는 그렇지 않으면서 겉으로만 그런 척하는 것을 싫어하십니다. 그렇다면 하나님을 믿는 사람이 외식할 필요가 있습니까? 전혀 없습니다. 외식은커녕 오히려 가장 진실하게 살게 됩니다. 주님의 자비하심을 맛보면 외식할 필요를 느끼지 않는 것입니다. 외식하는 사람은 하나님을 잘 모르는 사람입니다.

더욱이 우리는 외식하지 않아야 신앙이 발전합니다. 자기 신앙이 별로 성숙하지 않았는데도 성숙한 체하다 보면 신앙훈련을 받을 수 없습니다. '그런 교육은 초신자나 받는 것이지 나처럼 신앙생활을 20년이나 한 사람이 어떻게 그런 교육을 받아?' 이렇게 생각하면 신앙이 자랄 수 없습니다.

영어가 늘지 않는 사람이 어떤 사람입니까? 영어를 잘하지 못하면서도 잘하지 못한다고 말할 수 없는 사람입니다. 체면상 영어를 못한다고 말할 수 없어서 그냥 잘하는 체하며 지내다 보면 영어연습을 할 수가 없습니다. 얼마 전에 영어공부에 대한 광고가 났는데 벌거벗은 사람의 뒷모습을 이용한 광고였습니다. 부끄러움을 이겨야 영어를 잘할 수 있다는 뜻입니다. 신앙생활도 마찬가지입니다. 신앙이 좋은 체하지 말고 부족한 것을 스스로 인정하고 여러 가지 훈련에 참석해야 신앙이 성장합니다. 외식하는 사람은 신령한 젖을 얻을 수 없는 것입니다.

셋째, 시기를 버리라고 합니다. 시기는 남이 잘되는 것을 싫어하는 것입니다. 시기는 경쟁심 때문에 생깁니다. 남에게 경쟁심을 가지고 이기려는 마음을 품고 있으면 시기심을 버릴 수 없습니다. 이렇게 남이 잘되는 것을 싫어하고 남에게 이기려고 하는 것은 이웃 사랑의 반대되는 모습입니다. 그러니까 악의 대표적인 모습입니다.

우리가 하나님을 믿지 못하면 이렇게 살 수밖에 없습니다. 세상에서 자기나 자기 편밖에 믿을 사람이 없으면 다른 사람을 적으로 보게 됩니다. 그러면 다른 사람에 대해서는 이겨야 한다고 생각하게 됩니다. 그러니까 경쟁심과 시기심이 생길 수밖에 없습니다.

그러나 하나님을 믿으면 그럴 필요가 없습니다. 전능하신 하나님이 나를 지켜 주시기 때문에 아무도 두려워할 필요가 없습니다. 누구에게 이기려고 애쓸 필요도 없습니다. 오히려 다른 사람들도 하나님이 사랑하시므로 그들이 잘되기를 바라게 됩니다. 물론 시기하지도 않습니다. 그래서 3절은 "너희가 주의 인자하심을 맛보았으면 그리하라"고 가르쳐 주는 것입니다.

이 점에 대해서는 바울이 훌륭한 모범을 보여줍니다. 빌립보서 1장을 보면, 바울이 감옥에 갇혔을 때 바울의 경쟁자들이 열심히 전도했습니다. 하나님과 이웃을 사랑해서가 아니라 바울에 대한 시기심으로 바울을 속상하게 하려고 그랬습니다. "그들은 나의 매임에 괴로움을 더하게 할 줄로 생각하여 순수하지 못하게 다툼으로 그리스도를 전파하느니라"(빌 1:17).

그런데 이에 대해 바울이 뭐라고 합니까? "그러면 무엇이냐 겉치레로 하나 참으로 하나 무슨 방도로 하든지 전파되는 것은 그리스도니 이로써 나는 기뻐하고 또한 기뻐하리라"(빌 1:18)고 합니다. 바울은 사람들이 좋은 뜻으로 전도하든 바울을 괴롭히려고 전도하든 전파되는 것은 그리스도니 자기는 기뻐하겠다는 것입니다. 바울은 하나님의 자비하심을 맛보고 신앙이 성숙해져서 시기심이 없어진 것입니다.

우리는 어떻습니까? 다른 성도가 나보다 더 많은 열매를 맺으면 시기심이 생기지 않습니까? 우리 모두가 하나님의 자비하심을 맛보고 시기심을 버릴 수 있기를 바랍니다.

넷째, 비방하는 말을 버리라고 합니다. 비방하는 말은 남을 깎 아내리는 말입니다. 사실 말은 행동에 속할 때도 있고 행동에 속하지 않을 때도 있습니다. 자동차의 문이 열린 것을 모르고 운행하는 사람에게 문이 열렸다고 말해 주는 것은 그를 돕는 행동입니다. 그렇게 말해 주는 것만으로도 충분히 그 사람의 위험을 막아 줄 수 있기 때문입니다. 그러나 재정적으로 어려운 사람을 도와주겠다고 말해 놓고 실제로는 도와주지 않으면 이때는 말이 행동에 속하지 않습니다. 이런 경우 말만으로는 아무 도움이 되지 않기 때문입니다.

그렇다면 비방하는 말은 어디에 속할까요? 행동에 속합니다. 왜냐하면 비방의 말은 행동 못지않게 사람을 해치기 때문입니다. 예를 들어, "저 사람은 돈을 빌려 가면 갚지 않는다"라고 말해 보십시요. 그런 소문이 나면 그 사람은 돈을 빌릴 수 없게 됩니다. 그렇게 되면 사업이 망할 수도 있습니다. 악한 말은 이웃에게 무시무시한 해를 끼칩니다. 행동으로 파괴하는 것과 같습니다. 그래서 야고보는 말이 인생을 태워 버리는 불과 같다고 하였습니다.

"혀는 곧 불이요 불의의 세계라 혀는 우리 지체 중에서 온몸을 더럽히고 삶의 수레바퀴를 불사르나니 그 사르는 것이 지옥 불에서 나느니라"(약 3:6).

말이 특별히 무서운 것은 엄청난 파괴력을 가지고 있는데도 그 말을 하기는 너무나 쉽기 때문입니다. 말 몇 마디 하는 게 무슨 힘이 듭니까? 아합 왕이 나봇의 포도원을 사려고 온갖 노력을 기울였지만 사지 못했습니다. 돈을 많이 주겠다거나 다른 땅을 주겠다고 했지만 사지 못했습니다. 나봇은 그것이 가문의 재산이므로 팔 수 없다고 한 것입니다. 그러나 아합의 아내 이세벨이 거짓 증인 둘을 세워 말 몇 마디 하자 나봇은 죽임을 당하고 아합은 그 포도원을 차지하게 됩니다. 일반적으로 큰 악을 행하려면 그만큼 많은 노력이 듭니다. 그러나 말은 그렇지 않습니다. 그냥 몇 마디만으로 나라도 망하게 할 수 있습니다. 우리나라의 망국병인 지역감정이 일부 정치인들의 몇 마디 말로 생긴 것 아닙니까?

그리고 비방하는 말이 무서운 것은 그것이 재미있기 때문입니다. 세상에서 제일 재미있는 일 중의 하나가 남을 욕하는 것이라고 합니다. 우리도 남에 대해 좋지 않은 소문을 들으면 귀가 솔깃하지 않습니까? 특히 잘나가는 사람에게 무슨 좋지 않은 일이 일어났다는 말을 들으면 호기심이 크게 발동하고 심지어 야릇한 쾌감까지 느끼지 않습니까? 성령님이 충만한 사람은 그렇지 않겠지만 보통 사람은 대부분 그렇습니다. 그래서 비방하는 말은 좀처럼 끊기 어렵습니다. 그러나 구원받은 우리는 이런 악을 버려야 합니다.

비방하는 말은 앞에 나온 악들과 밀접하게 연결되어 있습니다. 비방을 거짓말하지 말라는 말씀과 연결시켜 보십시오. 대부분의 경우 비방하는 말은 거짓말입니다. 없는 것을 꾸며서 비방하거나 사실을 과장하여 비방합니다. 그래서 거짓말만 하지 않아도 비방이 상당히 줄어들 수 있습니다.

그러나 사실을 가지고 비방할 수도 있습니다. 거짓말을 하지 않아도 비방은 안 됩니다. 거짓말을 하지 말라는 말씀과 비방하지 말라는 말씀은 구별된 명령입니다. 그러므로 거짓말로 비방해도 안 되지만 사실을 가지고 비방해도 안 되는 것입니다.

비방하는 것과 외식하는 것을 연결해 보면 무엇을 알 수 있습니까? 우리가 남을 비방할 때 주로 어디서 많이 합니까? 면전에서 합니까, 뒤에서 합니까? 뒤에서 합니다. 이 경우 면전에서는 어떻게 말합니까? 좋은 말을 합니다. 그러나 그 사람이 없는 곳에서는 "사실은 말이야 어쩌고저쩌고……" 하면서 그 사람을 비방하지 않습니까? 이것이 바로 외식입니다. 우리가 외식을 피한다면 비방을 많이 줄일 수 있을 것입니다.

비방하는 것과 시기하는 것을 연결해 보면 어떻습니까? 우리가 어떤 사람을 많이 비방합니까? 나보다 못난 사람입니까, 나보다 잘난 사람입니까? 물론 우리는 나보다 못난 사람을 비방할 때도 있습니다. 이것은 멸시해서 비방하는 것입니다. 이런 비방은 주로 화가 나서 하는 것이고 즐기면서 하는 것은 아닙니다. 그러나 나보다 잘난 사람을 비방할 때는 즐기면서 하는 경향이 있습니다. 왜 잘난 사람을 비방합니까? 시기심 때문입니다. 시기심 때문에 그 사람이 잘못되기를 바라면 그 사람을 비방하게 됩니다. 이럴 때는 비방을 즐기기까지 합니다. 우리가 시기심을 버릴 수 있으면 비방도 많이 줄일 수 있을 것입니다.

악은 생각에서 시작되어 행동까지 가는데 그 중간에 자리 잡은 것이 말입니다. 말은 마음으로 생각하는 것만큼 쉬우면서도 몸으로 행동하는 것만큼 파괴력이 있습니다. 말 중에 특히 문제가 되는 말은 비방하는 말입니다.

우리가 비방하는 말을 버리려면 무슨 말을 해야 할까요? 칭찬과 격려의 말을 해야 합니다. 어떤 분이 저에게 이런 편지를 썼습니다. "남에게 대접을 받고자 하는 대로 남을 대접하라고 하는데 저는 남에게 격려의 말을 듣고 싶습니다. 그래서 저는 남을 격려하기로 했습니다." 참 좋은 말씀입니다. 우리는 말을 하면서 삽니다. 그렇다면 무슨 말을 하면서 살아야겠습니까? 비방이 아니라 칭찬과 격려의 말을 하며 살아야 합니다.

그러나 이때 주의해야 할 것이 있습니다. 거짓말로 칭찬하고 격려해서는 안 된다는 것입니다. 사탄이 사람을 해칠 때 사용하는 중요한 방법이 거짓말을 하는 것입니다. 그렇다면 사탄이 어떤 거짓말로 사람을 해치겠습니까? 비난과 저주의 거짓말뿐이겠습니까? 아닙니다. 칭찬과 격려의 거짓말도 이용합니다. 그래서 베드로는 처음에 거짓을 버리라고 하는 것입니다. 그리고 나서 비방하지 말라고 합니다. 그렇다면 거짓말로 비방해도 안 되고 참말로 비방해도 안 됩니다. 칭찬을 할 때도 거짓말로 칭찬하면 안 됩니다. 우리는 진실 안에서 지혜롭게 칭찬하고 격려하는 것을 배워야 합니다.

- **갓난아기**

베드로는 갓난아기같이 신령한 젖을 사모하라고 합니다. 갓난아기 같다는 것은 무엇을 의미할까요? 첫째, 갓난아기는 다른 것을 사모하지 않습니다. 순수한 젖만 사모합니다. 갓난아기는 어른들이 즐기는 다양한 음식을 찾지 않습니다. 우리가 영적인 은혜를 사모할 때 이런 자세로 해야 합니다. 참 소망과 축복의 근원인 영적 은혜를 순수하게 사모해야 하는 것입니다.

둘째, 갓난아기는 젖 먹을 때가 되면 맹렬히 요구합니다. 시시하게 행동하지 않습니다. 간절히 요구합니다. 안 주면 한없이 웁니다. 갓난아기는 이런 과정을 거치며 자랍니다. 영적인 은혜를 사모하는 자세가 이래야 한다는 것입니다. 우리는 영적인 은혜를 이렇게 간절히 사모합니까? 이렇게 사모하지 않는다면 우리 마음에 악한 것이 자리 잡고 있기 때문입니다. 우리는 악을 버리고 간절한 마음으로 영적인 은혜를 사모할 수 있기 바랍니다.

이렇게 악을 버리고 영적 은혜를 사모할 때 신앙이 자랍니다. 신앙이 자라야 우리는 험한 세상에서 쓰러지지 않고 구원의 길을 갈 수 있습니다. 이것을 2절 하반절에서는 이렇게 표현합니다.

"이는 그로 말미암아 너희로 구원에 이르도록 자라게 하려 함이라"(벧전 2:2 하).

이 말씀은 우리가 아직 구원을 받지 못했다는 뜻이 아닙니다. 구원을 받았지만 계속해서 구원의 길을 잘 갈 수 있도록 돕기 위한 것이라는 뜻입니다. 이미 우리는 구원을 받았습니다. 그러나 수많은 시험을 이기고 신앙의 여정을 잘 걸어가려면 신앙이 강해져야 하는 것입니다.

우리는 하나님의 은혜로 구원을 받고 새사람이 되었습니다. 이제 우리가 해야 할 두 가지는 습관적으로 살던 악을 버리는 것과 영적인 은혜를 사모하는 것입니다. 과거의 모든 죄를 버려야 하지만 특히 거짓말, 위선, 시기, 비방하는 말을 버려야 합니다. 이런 것을 버려야 영적인 은혜를 사모할 줄 알게 됩니다. 그리고 은혜를 주실 때 받을 수 있습니다. 이렇게 영적인 은혜를 사모할 때는 갓난아이가 젖을 사모하는 것같이 순수하고 간절하게 사모해야 합니다. 그러면 우리의 신앙이 자라서 하나님의 뜻을 이루어 드리고 이웃에게도 덕을 끼치며 우리 자신도 더욱 복되게 살 수 있을 것입니다.

5. 모든 성도는 왕 같은 제사장입니다
(벧전 2:4-10)

"사람에게는 버린 바가 되었으나 하나님께는 택하심을 입은 보배로운 산 돌이신 예수께 나아가 너희도 산 돌같이 신령한 집으로 세워지고 예수 그리스도로 말미암아 하나님이 기쁘게 받으실 신령한 제사를 드릴 거룩한 제사장이 될지니라 성경에 기록되었으되 보라 내가 택한 보배로운 모퉁잇돌을 시온에 두노니 그를 믿는 자는 부끄러움을 당하지 아니하리라 하였으니 그러므로 믿는 너희에게는 보배이나 믿지 아니하는 자에게는 건축자들이 버린 그 돌이 모퉁이의 머릿돌이 되고 또한 부딪치는 돌과 걸려 넘어지게 하는 바위가 되었다 하였느니라 그들이 말씀을 순종하지 아니하므로 넘어지나니 이는 그들을 이렇게 정하신 것이라 그러나 너희는 택하신 족속이요 왕 같은 제사장들이요 거룩한 나라요 그의 소유가 된 백성이니 이는 너희를 어두운 데서 불러내어 그의 기이한 빛에 들어가게 하신 이의 아름다운 덕을 선포하게 하려 하심이라 너희가 전에는 백성이 아니더니 이제는 하나님의 백성이요 전에는 긍휼을 얻지 못하였더니 이제는 긍휼을 얻은 자니라."

• **소녀의 꿈**

신앙생활을 열심히 하는 집사님이 딸에게 틈틈이 성경을 가르쳐 주었습니다. 하루는 누가복음에 나오는 부자와 나사로의 이야기를 들려주었습니다. 그리고 딸에게 교훈을 주기 위해 이렇게 물어봤습니다. "너는 부자와 나사로 중에 어떤 사람이 되고 싶니?" 딸은 가만히 생각해 보더니 이렇게 대답했습니다. "이 세상에서는 부자같이 되고요, 죽은 후에는 나사로같이 되고 싶어요."

얼마나 똑똑한 대답입니까? 사실 이것은 우리 모두의 소망일 것입니다. 이 세상에서는 부자, 죽어서는 나사로. 그런데 문제는 정말 그렇게 될 수 있느냐는 것입니다. 부자와 나사로 비유를 한번 생각해 보십시오. 한 부자가 호화롭게 살고 있었습니다. 그 집 문 앞에는 거지 나사로가 비참하게 살고 있었습니다. 그런데 두 사람이 죽은 후에는 입장이 바뀝니다. 나사로는 천국에서 아브라함의 품속에 있고, 부자는 지옥에서 불꽃 가운데 고통을 당합니다. 이 비유의 중요한 교훈은 부자처럼 이웃을 도와주지 않고 자기 혼자만 호화롭게 살면 구원을 받지 못한다는 것입니다.

그러니까 이 세상에서는 부자처럼 살고 죽은 후에는 나사로처럼 되는 것은 불가능한 일입니다. 이 말씀은 재산이 많으면 무조건 구원을 받지 못한다는 뜻이 아닙니다. 재산이 많아도 자신의 사치를 위해 쓰지 않고 하나님 나라와 이웃을 위해 바르게 사용하면 구원을 받습니다. 재산은 건강이나 시간이나 재능이나 성령님의 은사처럼 우리에게 주어지는 하나님의 선물입니다. 재산을 받은 것은 죄가 아닙니다. 재산을 받은 것은 하나님의 선물을 받은 것이고, 그에 따른 사명을 받은 것입니다. 재산을 잘 사용하면 큰 복이 됩니다. 그러나 비유의 부자처럼 재산을 이기적으로 사용하면 구원을 받을 수 없는 것입니다.

그러나 사람들은 대부분 비유의 부자처럼 살고 싶어 합니다. 신자들 중에도 그렇게 살고 싶어 하는 사람이 많습니다. 심지어 예수님을 믿는 이유가 부자처럼 살고 싶어서인 경우도 있습니다. 그러면서도 죽은 후에는 천국에 가기를 원합니다. 이것은 잘못된 것입니다.

사람이 비유의 부자처럼 살고 싶어 하면 돈을 최고로 생각하게 됩니다. 그러면 무엇을 못하게 될까요? 하나님과 이웃을 사랑하지 못하게 됩니다. 그래서 예수님도 부자와 나사로 비유를 말씀해 주시기 전에 "너희가 하나님과 재물을 겸하여 섬길 수 없다"고 하신 것입니다.

우리는 세상에서도 호화롭게 살고 죽어서도 천국에서 온갖 영화를 누리며 살고 싶어 하지만 그렇게 될 수는 없습니다. 예수님을 따르려면 자기 십자가를 지고 따라야 하기 때문입니다. 하나님과 재물을 겸하여 섬길 수 없기 때문입니다. 야고보서 4장 4절에 기록된 대로 세상과 벗이 되는 것은 하나님과 원수가 되는 것입니다. 아니, 진정으로 그리스도의 사랑을 마음에 품고 살면 아무리 많은 재산을 소유하고 있어도 자신을 위해 사치스럽게 살 수는 없습니다.

이 말씀은 예수님을 믿으면 세상에서 행복하게 살 수 없다는 뜻이 아닙니다. 예수님을 믿으면 세상에서 가장 행복하게 삽니다. 성실히 일하며 하나님의 보호하심 속에 평안을 누리며 삽니다. 이웃을 사랑하며 참된 보람과 기쁨을 누리며 삽니다. 그리고 천국의 소망을 바라보며 감사와 기쁨 속에 삽니다. 누구보다 행복하게 삽니다. 생각해 보십시오. 혼자 사치스럽게 사는 것보다 이웃을 사랑하며 사는 것이 얼마나 더 행복합니까? 예수님을 믿으면 천국의 소망만 가지고 사는 것이 아니라 이 세상에서도 가장 행복하게 사는 것입니다.

• 산 돌이신 예수님

본문은 이것을 예수님의 모습을 통해 가르쳐 줍니다. 예수님은 어떤 분이십니까? 사람에게서 버림을 받으신 분입니다. 그러나 하나님께는 택하심을 받았습니다. 그리고 산 돌이 되셨습니다. 예수님이 사람들과 하나님께 다 택함을 받을 수는 없습니다. 사람들은 타락하여 악해졌기 때문입니다.

이 말씀은 당시에 베드로전서를 읽는 사람들에게 참으로 은혜로운 말씀이었습니다. 당시에는 많은 성도들이 예수님을 믿는 것 때문에 박해를 받았습니다. 이렇게 세상 사람들로부터 박해를 받으며 고통당하는 성도들에게 베드로는 예수님의 모습을 가르쳐 줍니다. 예수님도 세상 사람들로부터 버림을 받고 박해를 받고 죽으셨다는 것입니다. 그러나 하나님의 택하심을 받아 산 돌이 되셨다는 것입니다.

이것은 박해 속에 낙담하고 있는 신자들에게 큰 위로의 말씀입니다. 사람들은 주위에서 욕을 먹거나 어려운 일을 당하게 되면 혹시 내가 잘못해서 그런 것이 아닌가 염려합니다. 주위 사람들이 자꾸 욕하면 낙심하게 됩니다. 어려움을 겪으면 하나님이 나를 버리신 것인지 염려가 되기도 합니다. 심지어 신앙에 회의가 생기기도

합니다. 그러나 본문에서 예수님의 모습을 보면 새 힘을 얻게 됩니다. '우리가 박해를 받는 것이 하나님께 버림을 받은 증거가 아니라 오히려 하나님께 택하심을 받은 증거구나.'

우리도 세상에서 하나님 뜻대로 살려고 하면 주위 사람들로부터 욕먹을 때가 있습니다. 우리가 하나님 뜻대로 살려고 하면 이런 말을 가끔 듣지 않습니까? "답답하게 굴지 마라. 네가 그렇게 하면 우리에게 피해가 돌아온다." 그러나 세상에서 이런 욕을 먹을 때 낙심하지 마십시오. 그것은 우리가 하나님의 선택을 받은 사람이라는 증거입니다.

예수님은 사람들에게 버림받고 비난받고 심지어 죽임을 당했지만 오히려 하나님의 선택을 받아 산 돌이 되셨습니다. 예수님의 이런 모습을 보며 신자들은 힘을 얻어야 합니다. '우리가 이렇게 세상에서는 비난을 받지만 예수님처럼 산 돌이 되겠구나.'

산 돌이 무슨 뜻입니까? 산 돌에는 산 소망처럼 두 가지 뜻이 있습니다. 하나는 살아 있는 돌이라는 뜻입니다. 영생이 있다는 것입니다. 예수님은 영생을 가지신 분이라는 뜻입니다. 다른 하나는 살려 주는 돌이라는 뜻입니다. 예수님은 우리에게 영생을 주시는 분이라는 뜻입니다.

우리도 산 돌이 되려면 예수님을 믿고 영생을 얻어야 합니다. 그래서 우리 안에 영생이 있어야 합니다. 그리고 우리도 예수님처럼 이웃을 살려 주는 사람이 되어야 합니다. 이렇게 우리 자신이 영생을 가지고 있고 또한 이웃에게 영생을 전해 줄 때 우리는 진정한 산 돌이 되는 것입니다.

우리가 산 돌이 되기 위해서는 세상에서 호화롭게 살려고 하지 말고 오히려 하나님의 뜻에 따라 살려고 해야 합니다. 이것이 하나님의 자녀로 선택된 자들의 삶입니다. 이것을 바로 알지 못하면 평생 신앙생활을 바로 할 수 없습니다. 조금만 어려움이 생기면 이런 생각을 하며 위축됩니다. '혹시 내가 잘못한 것은 아닌가?'

물론 우리가 잘못해서 어려움을 겪을 수도 있습니다. 그래서 우리는 어려움이 있을 때 스스로 돌아보며 반성해야 합니다. 그러나 그것이 잘못에 대한 징계가 아니라 세상에서 하나님 뜻대로 살다가 겪는 어려움이라면 그다음부터는 굳건하게 살아가야 합니다. 낙심하거나 주눅이 들지 말고 하나님이 주실 영광을 바라보며 생명을 가진 사람답게 살아가야 하는 것입니다.

• 신령한 집

본문은 성도들에게 산 돌같이 되어 신령한 집으로 세워지라고 합니다. 성도들은 예수님께 나아와 예수님이 주시는 힘을 얻습니다. 그리고 예수님을 기초로 해서 그 위에 서가는 것입니다. 그러나 그렇게 서갈 때 혼자 서가는 것이 아닙니다. 다른 성도들과 함께 서갑니다. 함께 집을 지어 가며 함께 힘을 얻는 것입니다. 돌이 하나만 서 있으면 힘이 없습니다. 쉽게 흔들리고 굴러다니게 됩니다. 그러나 다른 돌들과 함께 집으로 세워지면 흔들리지 않습니다. 굳건하게 섭니다. 우리는 예수님을 기초석으로 하고 그 위에서 결합하여 함께 튼튼한 집으로 서가는 것입니다.

여러 해 전 제가 신학대학에서 교수생활을 시작한 지 얼마 되지 않았을 때입니다. 이상하게도 제 주위에 있는 교회 지도자들 중에 세상을 따라 사는 것처럼 보이는 사람이 많았습니다. 차라리 평신도들은 덜 그런데 오히려 교회 지도자들이 더 그러는 것입니다. 교회 지도자들이 그러니까 저는 몹시 혼란스러웠습니다. '혹시 내가 틀리고 저들이 옳은 것은 아닐까?' 라는 생각까지 들었습니다. 그래서 수업이 없는 개교기념일에 충청도에서 목회하는 목사님을 찾아 갔습니다. 제가 평소에 바른 목회자라고 존경하는 분이었기 때문입니다. 그곳에 갔다가 마침 다른 젊은 목사도 만났습니다. 세 사람이 신앙과 교회와 목사에 대해 많은 이야기를 나누었습니다. 그날 저는 큰 힘을 얻고 돌아왔습니다. 그들이 확신을 가지고 하는 말이 제가 평소에 믿고 있던 것과 같았기 때문입니다. 이렇게 해서 저는 주위의 교회 지도자들 때문에 흔들리던 생각을 다시 바로잡은 적이 있습니다.

이것이 바로 다른 돌들과 함께 신령한 집을 지어 가는 모습입니다. 우리가 아무리 바르게 신앙생활을 해도 나 하나만의 힘으로는 부족합니다. 세상의 유혹이나 비난에 넘어가기 쉽습니다. 그러나 함께 힘을 모아 신령한 집을 지어 가면 세상의 비난이나 유혹에도 잘 견딜 수 있습니다. 결속된 힘으로 세상의 악을 이겨낼 수도 있습니다. 물로 불을 끌 수 있지만 한 컵의 물로 큰 불을 끌 수는 없습니다. 여러 컵의 물이 합쳐져 많은 양이 될 때 큰 불도 끌 수 있는 것입니다. 우리도 각자 하나의 돌로 남아 있지 않고 서로 연합하여 신령한 집을 지어 갈 때 악한 세상을 이기고 변화시킬 수 있는 것입니다.

• 거룩한 제사장

이런 격려의 말씀과 더불어 본문이 우리에게 명하시는 것은 거룩한 제사장이 되라는 것입니다. 거룩한 제사장이 되라는 말은 무슨 뜻입니까? 또 어떻게 해야 거룩한 제사장이 될 수 있습니까?

거룩한 제사장이 되라는 말씀은 무엇보다 먼저 거룩한 존재가 되라는 뜻입니다. 제사장은 어떤 사람입니까? 하나님을 섬기기 위해 세상에서 구별된 사람입니다. 세상 사람들과 다른 사람입니다. 제사장은 생각하는 것이 다릅니다. 세상 사람들이 먹고 마시는 일에 빠져 있을 때 제사장은 어떻게 하면 하나님을 잘 섬길까를 생각하는 사람입니다. 세상 사람들이 자기 이익을 위해 아무 말이나 할 때 제사장은 하나님이 원하시는 말만 하는 사람입니다. 세상 사람들이 이권을 위해 아무 행동이나 할 때 제사장은 오직 하나님 뜻에 맞는 행동만 하는 사람입니다. 제사장은 생각과 말과 행동이 거룩한 사람입니다.

다음으로 제사장은 헌신한 사람입니다. 자신을 하나님의 일에 바친 사람입니다. 헌신했다는 말에는 두 가지 의미가 있습니다. 하나는 하나님의 것이 되어 하나님 뜻대로 산다는 뜻입니다. 이것은 위에서 살펴본 거룩한 삶을 사는 것과 같습니다. 다른 하나는 하나님의 사업에 몸 바쳐 일한다는 뜻입니다. 거룩하게 사는 것이 다소 소극적으로 자기의 삶을 바르게 지키는 것이라면, 하나님의 사업에 몸 바쳐 일하는 것은 하나님의 뜻을 이루어 드리기 위해 적극적으로 일하는 것입니다. 하나님 나라를 위해 최선을 다해 봉사하는 것입니다.

그리고 제사장은 사람을 하나님께 인도하여 하나님의 은혜를 받도록 돕는 사람입니다. 구약시대의 모습으로 보면, 제사를 통해 죄를 용서받게 해주고 하나님의 복을 받게 해주는 것입니다. 신약시대의 모습으로 보면, 복음을 전하여 사람들이 구원을 받도록 해주는 것입니다. 이것은 살려 주는 돌과 같은 뜻입니다. 이것은 제사장이 해야 할 일 중에 가장 중요한 일입니다. 그래서 본문 2장 9절은 우리가 제사장이 된 것이 하나님의 덕을 선포하게 하기 위해서라고 가르쳐 주는 것입니다.

예수 그리스도를 믿고 제사장의 삶을 사는 사람은 부끄러움을 당하지 않습니다. 왜냐하면 예수님이 승리하셨기 때문입니다. 본문에서 부끄러움을 당하지 않는다는 말씀은 당시 성도들에게 아주 중요한 말씀이었습니다. 당시 성도들은 세상 사람들로부터 많은 비난을 받았습니다. 삶이 달랐기 때문입니다. 그런데 예수님은 사람들의 비난을 받고 죽으셨지만 다시 살아나셔서 모퉁이의 머릿돌이 되셨습니다. 성도들도 마찬가지입니다. 지금은 비난을 받지만 나중에는 영광을 받게 될 것입니다. 결코 부끄러움으로 끝나지 않습니다.

예수님은 어떤 돌입니까? 부딪치는 돌과 걸려 넘어지게 하는 반석입니다. 이 모퉁잇돌에 대해 예수님은 이렇게 말씀하셨습니다.

"이 돌 위에 떨어지는 자는 깨지겠고 이 돌이 사람 위에 떨어지면 그를 가루로 만들어 흩으리라 하시니"(마 21:44).

이것은 예수님이 나중에 재림하실 때 심판자가 되실 것을 알려 주는 말씀입니다.

그러면 어떻게 됩니까? 지금 신자들을 비난하고 박해하는 자들은 다 부서질 것이고 신자들은 영광을 받게 될 것입니다. 지금 자기들끼리 영광을 나누며 신자들을 비난하던 사람들은 진짜 부끄러움과 파멸을 당하게 되고, 예수님 때문에 어려움을 겪는 사람은 오히려 영광을 얻을 것입니다. 그러니까 우리는 어떻게 해야 합니까? 거룩한 제사장이 되어 거룩하게 살고 거룩하게 일해야 합니다. 세상에서 비난을 받거나 유혹을 받는다고 흔들려서는 안 됩니다. 그러다가는 진짜 부끄러움을 당하게 됩니다.

• 성도들의 존귀한 모습

베드로는 성도들이 거룩한 삶을 살도록 도와주기 위해 그 유명한 말씀을 합니다.

"그러나 너희는 택하신 족속이요 왕 같은 제사장들이요 거룩한 나라요 그의 소유가 된 백성이니"(벧전 2:9 상).

우리가 이렇게 고귀한 존재라는 것을 알고 거룩하게 살라는 것입니다.

"그러나 너희는"이라는 말씀을 보십시오. 이것은 다른 사람들과 대조하는 표현입니다. 다른 사람들은 그렇지 않다는 것입니다. 다른 사람들은 택하신 족속이 아닙니다. 왕의 제사장이 아닙니다.

거룩한 나라가 아닙니다. 하나님의 소유 된 백성이 아닙니다. 그러나 우리는 다릅니다. 우리는 그들과 달리 택하신 족속이요, 왕의 제사장입니다. 이 말씀에서 우리는 무엇보다 먼저 우리가 남들과 다른 존재라는 것을 알아야 합니다.

1장에서 살펴본 대로 거룩에는 두 가지가 있습니다. 하나는 존재적인 거룩입니다. 하나님은 세상의 모든 피조물과 다르십니다. 이것이 하나님의 존재적 거룩입니다. 그런데 우리에게도 이런 존재적 거룩이 있습니다. 세상의 다른 사람들과 다르기 때문입니다. 그래서 우리는 거룩하게 살아야 합니다. 이를 위해서는 거룩의 두 번째 모습인 윤리적 거룩을 갖춰야 하는 것입니다.

우리는 어떤 사람입니까? 택하신 족속입니다. 불신자들은 어떤 사람입니까? 믿지 않으므로 넘어지게 되어 있는 사람입니다. 그에 반해 우리는 택하심을 받았으므로 하나님 나라에 들어가게 되어 있는 사람입니다. 이 말씀은 악한 세상에서 성도들이 무시당하고 손해 보고 심지어 박해받고 있을 때 주신 말씀입니다. 이런 상황에서 성도들이 이 말씀을 들으면 얼마나 큰 힘을 얻겠습니까?

우리도 세상에서 믿음을 지키려고 하다가 난처한 일을 겪을 때가 있습니다. 하지만 염려하지 마십시오. 우리는 선택받은 사람이기 때문에 그런 일을 겪는 것입니다. 또 남들처럼 살고 싶을 때가 있습니까? 시험에 들지 마십시오. 우리는 세상 사람들과 다르게 살도록 선택된 사람들입니다. 남들처럼 살려고 하지 말고 오히려 남들과 다르게 살려고 하십시오.

개역개정판 성경에는 "왕 같은 제사장들"이라고 되어 있는데 원문에 더 가까운 번역은 '왕의 제사장들' 입니다. 우리는 왕이신 하나님의 제사장으로서 거룩하게 살아야 합니다. 그리고 하나님께 헌신하며 사람들을 하나님께로 인도해야 합니다.

여기서 특별히 기억해야 할 것은 하나님을 왕이라고 표현하는 것입니다. 우리는 하나님의 제사장입니다. 그런데 그 하나님은 왕이십니다. 그래서 우리가 세상에서 제사장 사역을 할 때 우리는 왕이신 하나님의 권세를 힘입고 하는 것입니다.

왕의 제사장은 옛날 불교시대의 왕사와 비슷한 것입니다. 그 당시 왕사가 얼마나 큰 권세를 가지고 있었습니까? 왕사를 누가 건드립니까? 그런데 우리는 한 나라의 왕사 정도가 아닙니다. 온 세상의 왕이신 하나님의 제사장입니다. 우리가 제사장답게 살고, 제사장답게 행동하고, 제사장답게 사역할 때 세상에서 비난하는 사람이 있다면 조금도 두려워하지 마십시오. 우리는 온 세상을 절대주권으로 다스리시는 왕의 제사장입니다. 우리는 하나님의 권능으로 보호하심을 받습니다. 제사장답게 사는 것을 부끄럽게 여기지 마시고 자랑스럽게 여기십시오. 당당하게 하나님의 덕을 전파하고 사람들을 하나님께 인도하십시오.

"거룩한 나라요 그의 소유가 된 백성"이라는 말씀도 앞에서 생각해 본 말씀과 비슷한 뜻입니다. 비슷한 뜻이기 때문에 설명할 필요는 없지만 성경이 이렇게 비슷한 말씀을 반복한 것은 아주 중요한 의미가 있기 때문입니다. 말은 한 번 말하는 것과 두 번 말하는 것이 다릅니다. 찬송가가 4절까지 있을 때 1절만 부르는 것과 4절까지 부르는 것이 서로 다른 느낌을 주는 것과 같습니다. 본문은 이렇게 비슷한 말씀을 네 번이나 반복함으로써 독자가 확신하고 기뻐하며 힘을 얻도록 해줍니다. 우리도 이 말씀을 통해 큰 힘을 얻게 되어야 합니다.

　본문은 마지막으로 우리의 이전 모습과 지금 모습을 비교해 줍니다. 앞에서는 다른 사람들과 우리의 입장을 비교했는데, 여기서는 우리의 이전 모습과 지금 모습을 비교합니다. 우리의 이전 모습은 어땠습니까? 하나님의 긍휼을 얻지 못하고 망할 사람이었습니다. 지금 모습은 어떻습니까? 하나님의 긍휼을 얻어 구원을 받았습니다. 얼마나 많이 바뀌었습니까? 그런데 이전처럼 살 수 있습니까? 절대 그럴 수 없습니다. 사람이 바뀌었는데 어떻게 이전처럼 살 수 있습니까?

　우리는 하나님의 은혜로 구원을 받았습니다. 예수님의 보혈로 죄 씻음을 받았습니다. 하나님의 자녀가 되었고, 특히 왕의 제사장이 되었습니다. 이제 우리는 세상 사람들과 다릅니다. 우리의 이전 모습과도 다릅니다. 그렇다면 우리가 정말 왕의 제사장다운지 생각해 보십시오. 우리의 생각은 예수님을 믿기 전과 다릅니까? 세상의 다른 사람들과 다릅니까? 우리가 사용하는 용어는 어떻습니까? 우리의 행동은 어떻습니까? 우리의 말은 진실합니까? 우리는 사랑의 마음을 품고 있습니까?

　우리를 구원해 주신 하나님은 우리가 거룩하게 살기를 원하십니다. 그리고 그렇게 살도록 도와주십니다. 본문은 그 삶을 하나님의 거룩한 제사장처럼 사는 것이라고 가르쳐 줍니다. 그리고 그렇게 살도록 격려해 줍니다. 우리는 왕의 제사장이 되었다는 것입니다. 우리 모두가 거룩하시고 온 우주의 왕이신 하나님의 제사장답게 거룩한 삶과 헌신적인 사역으로 하나님의 덕을 전파하며 하나님께 영광을 돌릴 수 있기를 바랍니다.

III. 산 소망을 이루려면 거룩하게 살아야 합니다

1. 비난을 이기는 비결(벧전 2:11-12)
2. 준법이 신앙의 척도입니다(벧전 2:13-17)
3. 직장생활도 신앙의 척도입니다(벧전 2:18-25)
4. 행복한 가정을 이루는 비결(벧전 3:1-7)
5. 가정생활을 잘못하면 기도가 막힙니다(벧전 3:1-7)
6. 복을 유업으로 받는 길(벧전 3:8-12)

1. 비난을 이기는 비결(벧전 2:11-12)

"사랑하는 자들아 거류민과 나그네 같은 너희를 권하노니 영혼을 거슬러 싸우는 육체의 정욕을 제어하라 너희가 이방인 중에서 행실을 선하게 가져 너희를 악행한다고 비방하는 자들로 하여금 너희 선한 일을 보고 오시는 날에 하나님께 영광을 돌리게 하려 함이라."

• 교회를 비난하는 사람들

한 청년이 이런 경험을 말해 주었습니다. 그가 어느 직장에서 근무할 때 직장 선배 중에 신앙이 아주 좋은 분이 있었습니다. 알고 보니 신학교까지 졸업한 분이었습니다. 청년은 이 선배로부터 여러 가지를 배우며 잘 지냈습니다. 그런데 하루는 직장동료가 기독교를 비난하기에 청년이 그 사람과 논쟁을 벌이게 되었습니다. 마침 그때 신앙이 좋은 그 선배도 옆에 있었습니다. 논쟁 중에 청년은 교리를 잘 설명하지 못해서 힘든 처지에 빠졌습니다. 그런데도 그 선배는 전혀 거들어 주지 않고 그냥 듣기만 했습니다. 논쟁은 별로 기분 좋지 않게 끝났습니다. 청년은 속이 상해서 그 선배를 원망하며 말했습니다. "왜 안 도와주셨어요? 말씀 좀 해주시지."

그랬더니 그 선배가 대답했습니다. "그런 사람은 말로 해서 안 돼. 그냥 기도로 이겨야 돼."

우리도 사람들이 기독교를 비난하는 말을 듣고 속이 상한 적이 있을 것입니다. 아마 논쟁을 벌인 적도 있을지 모릅니다. 그렇다면 어떻습니까? 이 선배의 대답이 공감이 되십니까? 물론 대화가 필요할 때도 있을 것입니다. 만일 어떤 사람이 기독교에 대해 알고 싶어 한다면 설명해 주는 것이 꼭 필요합니다.

그러나 악의적으로 비난하는 사람은 어떻습니까? 이런 사람과 논쟁을 한다고 얼마나 유익이 되겠습니까? 이럴 때는 오히려 논쟁을 피하고 다른 방법으로 이겨내는 것이 바람직합니다. 거기에는 두 가지 방법이 있습니다. 하나는 성령님의 감동을 바라며 기도하는 것입니다. 그리고 다른 하나는 비난할 근거를 없애 버리는 것입니다. 지극히 선하고 성실하게 살아서 비난하던 사람이 부끄러움을 당하게 만들어 버리는 것입니다.

광주 양림동은 주민의 복음화율이 굉장히 높은 곳입니다. 왜 이렇게 되었을까요? 처음에 선교사들이 양림동에 자리를 잡고 선교 활동을 시작했을 때는 많은 주민들이 선교를 반대했습니다. 특히 선교사들이 한센병자들을 돌보기 시작하면서 한센병자들이 몰려오자 주민들은 더욱 심하게 반대했습니다. 그러나 선교사들의 헌신적인 사랑을 보면서 그 반대가 수그러들기 시작했습니다. 도저히 상상도 못했던 사랑의 행동에 모두 고개를 숙였던 것입니다. 선교사들의 헌신적인 사랑과 선행은 모든 비난을 물리치고 오히려 선교에 큰 열매를 맺었습니다.

베드로전서 2장 5절은 거룩한 제사장이 되라고 합니다. 우리가 앞에서 살펴본 대로 제사장이 되라는 말씀은 세 가지 의미를 가지고 있습니다. 거룩하게 살라는 것, 하나님께 헌신하라는 것, 사람들을 하나님께로 인도하라는 것. 이 세 가지 의미 중에 베드로전서에서 가장 강조하는 것은 거룩하게 살라는 것입니다.

거룩하게 살도록 격려하기 위해 주신 말씀 중에 가장 대표적인 말씀이 2장 9절 말씀입니다. 너희는 택하신 족속이요, 왕의 제사장들이요, 거룩한 나라를 이룬 사람들이요, 하나님이 소유하신 백성이라는 것입니다. 이런 사람이 어떻게 거룩하게 살지 않을 수 있겠습니까? 베드로는 성도들이 거룩하게 살도록 격려해 준 다음 본문에서 다시 하나님이 기뻐하시는 삶을 살도록 가르쳐 줍니다.

2장 9절 말씀은 우리 입장에 대한 긍정적인 표현입니다. 얼마나 좋은 말씀입니까? "너희는 왕의 제사장들이다. 그러니까 거룩하게 살아야 한다." 그러나 이것만으로는 거룩하게 살 힘을 충분히 얻지 못하는 사람들이 있습니다. 베드로는 그런 사람들에게 힘을 주기 위해 이 서신의 첫 부분에서 알려 줬던 내용을 다시 한 번 알려 줍니다. 그것은 "거류민과 나그네 같은 너희를 권하노니"(2:11)라는 표현입니다.

• 나그네 같은 사람

우리는 이 세상에서 나그네 같은 사람입니다. 그러니까 이 세상의 삶에 동화될 수 없습니다. 우리의 본향으로 돌아갈 준비를 갖추고 있어야 합니다. 이것은 우리 입장에 대한 부정적인 표현으로 우리를 격려해 주는 말씀입니다.

여러 해 전에 한 총리 예정자가 이런 말을 했습니다. "내가 총리가 될 줄 알았으면 아들의 한국 국적을 포기하지 않았을 것입니다." 맞는 말입니다. 우리가 꼭 고국에 돌아가서 중요한 직책을 맡고 싶다면 고국의 국적을 포기하지 말아야 합니다. 그 총리후보의 말은 자기 아들의 국적에 대한 말이었습니다. 그렇다면 자신의 국적은 얼마나 더 포기할 수 없겠습니까? 다른 사람들은 다 편하게 살기 위해 국적을 포기해도 고국에 돌아가서 공직자가 되어 고국을 위해 일하고 싶은 사람은 절대 그럴 수 없는 것입니다.

그런데 우리의 진짜 고국은 어디입니까? 하나님 나라입니다. 하나님 나라는 우리가 수십 년 살 고국이 아닙니다. 영원히 살 고국입니다. 그렇다면 우리는 얼마나 더 하나님 나라의 시민권을 포기하지 않아야 하겠습니까? 그러기 위해서는 어떻게 살아야 합니까? 거룩하게 살아야 합니다. 세상과 구별되게 하나님의 뜻을 따라 살아야 합니다. 우리가 세상은 우리의 고국이 아니고 우리는 세상에서 나그네라는 것만 분명히 알아도 우리는 세상과 다른 거룩한 삶을 살 수 있는 것입니다.

본문은 우리를 거류민과 나그네라고 표현합니다. 여기서 거류민은 그냥 길 가는 사람이라기보다 타향에서 살고 있는 사람입니다. 그리고 나그네는 길손이나 임시거주자, 혹은 피난민을 가리킵니다. 이런 사람들은 다 자기 고향을 그리워하며 기회만 주어지면 고향에 돌아가려고 하는 사람들입니다. 이런 사람들이 어떻게 살겠습니까?

유대인들은 주전 587년에 나라가 바벨론에게 망했습니다. 그리고 주전 142년부터 약 80년 동안 나라가 독립했다가 주전 63년에 다시 로마에게 망했습니다. 그리고는 주후 1948년까지 무려 2천년 동안 나라 없는 민족으로 세계 각 곳에 흩어져서 살았습니다. 중간 80년의 독립기간을 빼면 무려 2,500년 동안 나라가 없었습니다. 그러나 이들은 하나님이 나라를 회복해 주실 것으로 믿었습니다. 그리고 그렇게 되면 자기 나라로 돌아가야겠다고 생각하며 살았습니다.

많은 유대인들이 나라가 다시 설 것을 믿고 기다렸습니다. 나라가 서면 속히 돌아가려고 준비하며 살았습니다. 이들은 장사를 해도 재고 처분에 시간이 많이 걸리지 않는 장사를 했습니다. 예를 들어, 채소 장사나 생선 장사를 많이 했습니다. 이런 장사는 재고를 오래 두지 않거든요. 그래서 고국이 세워지면 금방 재고를 정리하고 돌아갈 수 있었던 것입니다. 이런 사람들은 다른 장사에 이익이 많다고 이사람 저사람 뛰어들어도 그 장사에 뛰어들지 않았습니다. 왜냐하면 자기는 언제든지 고국에 돌아갈 준비가 되어 있어야 했기 때문입니다. 이들은 타국에서 사는 동안 거류민과 나그네 같이 살았습니다. 그래서 남들처럼 살지 않은 것입니다. 그러다가 나라가 회복되자 곧장 고국으로 돌아온 것입니다.

• 육체의 정욕

베드로는 바로 앞에서 택하신 족속이요 왕의 제사장이라고 하면서 거룩하게 살도록 격려해 주었습니다. 그리고 여기서 다시 한

번 거류민과 나그네라고 하면서 거룩하게 살도록 격려해 줍니다. 그리고 이제 아주 중요한 명령을 내립니다. "영혼을 거슬러 싸우는 육체의 정욕을 제어하라"고 말입니다.

우리가 어떻게 해야 육체의 정욕을 제어할 수 있을까요? 자기의 처지를 알면 제어할 수 있습니다. 평소에 술을 좋아하여 누가 술 먹으러 가자고 하면 사양할 줄 모르던 사람이 있었습니다. 그런데 하루는 몸이 좋지 않아 병원에 갔더니 간이 많이 나빠졌다는 진단이 나왔습니다. 의사는 당분간 술을 마시지 말라고 했습니다. 병원에 다녀온 다음 날 회사 동료가 좋은 술집을 하나 발견했다고 하며 자기가 한 턱 낼 테니까 퇴근 후에 같이 가자고 합니다. 그러면 이 사람이 가겠습니까? 가지 않을 것입니다.

대학입시를 앞두고 있는 학생은 TV에서 재미있는 쇼를 해도 보지 않습니다. 총리가 되고 싶은 사람은 일찍부터 법을 잘 지킵니다. 사람들은 좀 더 건강하게 살기 위해서 먹고 싶은 것도 절제합니다. 세상에서 성공하기 위해서 보고 싶은 것도 절제합니다. 이렇게 잠시 살다가 사라질 이 세상에서도 좀 더 잘살아 보겠다고 육체의 정욕을 제어한다면 영원한 복을 누리기 위해서는 얼마나 더 많이 육체의 정욕을 제어해야 하겠습니까?

그렇다면 육체의 정욕을 제어하는 것은 구체적으로 어떻게 하는 것입니까? 여기서 말하는 육체의 정욕은 사람의 자연스러운 욕구가 아닙니다. 인간에게 해로운 욕구입니다. 인간은 연약해서 악한 쾌락을 추구할 때가 많습니다. 이것은 인간에게 해로운 욕구입니다. 육체의 정욕은 바로 이런 욕구를 의미합니다. 그래서 본문도 "영혼을 거슬러 싸우는 육체의 정욕"이라고 하는 것입니다. 우리는 이런 육체의 정욕을 제어해야 합니다.

우리는 몸에 해로운 음식을 피합니다. 마찬가지로 우리는 신앙생활에 해로운 행실도 피해야 합니다. 우리가 먹고 싶은 음식 중에 몸에 해로운 음식이 많듯이 우리가 하고 싶은 것들 중에도 영생의 길에 방해가 되는 것이 많습니다. 그런데도 우리는 그것이 당장 즐거움과 편리함을 주기 때문에 그것을 추구하는 경우가 많습니다. 하지만 그것은 결국 우리의 신앙생활에 큰 해가 됩니다. 그래서 그런 육체의 정욕을 제어해야 하는 것입니다.

그렇다면 우리가 육체의 정욕을 제어해야 하는 근본적인 이유가 뭘까요? 첫째, 우리는 택하신 족속이요, 왕의 제사장이요, 거룩한 나라요, 하나님의 백성이기 때문입니다. 우리는 구원받은 사람이기 때문에 당연히 육체의 정욕을 제어하고 거룩하게 살아야 하는 것입니다.

둘째, 우리가 구원의 길을 가기 위해서입니다. 하나님의 자녀가 된 사람은 이제 거룩한 삶으로 구원의 길을 가야 합니다. 그런데 육체의 정욕은 구원의 길을 가는 데 무서운 방해 요소입니다. 그래서 육체의 정욕을 피해야 하는 것입니다.

셋째, 다른 사람들이 우리를 비난하지 못하고 오히려 하나님께 영광을 돌리게 하기 위해서입니다.

"너희가 이방인 중에서 행실을 선하게 가져 너희를 악행한다고 비방하는 자들로 하여금 너희 선한 일을 보고 오시는 날에 하나님께 영광을 돌리게 하려 함이라"(12절).

이것은 달리 말하면, 하나님의 영광과 이웃의 구원을 위한 것입니다.

당시의 성도들은 반대자들에게서 많은 비난을 받았습니다. 물론 대부분 모함하는 비난이었습니다. 당시 성도들이 많이 받은 비난은 크게 세 가지였습니다.

하나는 간음한다는 것이었습니다. 당시 성도들은 박해 때문에 사람이 없는 곳에 모여서 집회를 가졌습니다. 주로 카타콤이라고 하는 지하묘지에 남녀가 모여서 예배를 드렸습니다. 또한 성도의 교제로 거룩한 입맞춤이 있었던 것 같습니다. 기독교를 악의적으로 비난하던 사람들은 이런 것을 모함하여 교인들이 몰래 모여 간음을 행한다고 비난한 것입니다.

다음으로, 살인의식을 행하는 사교집단이라고 비난하는 사람들도 있었습니다. 왜 살인의식을 행한다고 했을까요? 성찬식에 대한 오해 때문이었습니다. 사실 주동자들은 단순한 오해라기보다 악의적으로 모함하여 비난한 경우가 많았습니다.

또한 로마의 반역자라고 비난하는 사람들도 많았습니다. 로마에는 황제숭배가 있었습니다. 황제들 중에는 자기를 신으로 숭배하라고 강요하는 사람도 있었습니다. 그러나 신자들은 황제숭배를 거부했습니다. 이것을 빌미 삼아 교회를 반대하던 사람들은 성도들을 반역자라고 비난한 것입니다.

이런 비난은 성도들의 신앙생활과 선교에 큰 방해가 되었습니다. 그래서 사도행전을 보면 교회가 로마에 반역하는 단체가 아니라는 것을 강조하는 내용이 많이 나옵니다. 예를 들면, 바울이 잡혀서 재판을 받고 로마에 호송되는 것을 설명하면서 로마 총독은 바울이 죄가 없다고 생각하여 놓아주려고 했는데 유대인들이 계속해서 고발하기 때문에 놓아주지 못했다고 자세히 알려 줍니다. 초대교회에서는 교회가 로마의 반역자가 아니라는 것을 알려 주기 위해 많은 노력을 기울였습니다. 이것은 교회를 반역자라고 비난하는 자들이 많았기 때문입니다.

그리고 모든 신자들에게 늘 나타나는 공통된 비난이 있었습니다. 그것은 세상을 따르지 않는다는 것입니다. 자기들처럼 행동하지 않는다는 것입니다. 이것은 피할 수 없는 일입니다. 신자들은 거룩하게 살아야 하기 때문에 그들의 악행에 참여할 수 없습니다. 그러면 그들은 자기들과 어울리지 않는다고 싫어하며 비난하는 것입니다.

이렇게 당시 교회는 박해자들로부터 부도덕하고 반역적이고 반사회적이라는 비난을 많이 받았습니다. 사실 베드로전서를 읽어 보면 당시 교회에 대한 박해는 주로 폭력적인 것이 아니라 이런 중상모략과 비난이었습니다.

• 비난을 막는 비결

이런 비난을 막아내려면 어떻게 해야 합니까? 법적으로 투쟁을 벌입니까? 공개석상에서 논쟁을 벌입니까? 그런 방법도 있겠지만 가장 좋은 방법은 그런 비난이 옳지 않다는 것을 삶으로 보여주는 것입니다. 그래서 베드로는 행실을 선하게 가지라고 하는 것입니다. 우리가 비난을 이겨내는 가장 좋은 방법은 우리도 같이 비난하고 싸우는 것이 아닙니다. 오히려 우리의 행실을 선하게 가짐으로써 그 비난을 다 무효화시키고 소멸시키는 것입니다.

교회의 역사를 보면 이단들이 많이 있었습니다. 그런데 이단이 기승을 부리다가 교회에서 정죄당하고 위기를 맞게 되면 어떻게 하는지 아십니까? 이단이 살아남기 위해 가장 많이 쓰는 방법 중 하나가 윤리적인 행동을 하는 것입니다. 달리 말하면, 외부 사람들이 보기에 선하게 보이려고 노력하는 것입니다. 그러면 이단의 이미지가 좋아지고 이단이 살아남기 쉬워집니다. 선행은 이렇게 힘이 있습니다. 세상에서 교회를 변호하는 데도 선행보다 더 좋은 변호사가 없을 것입니다.

술을 좋아하고 술주정이 심해서 가족들에게 늘 괴로움을 끼치던 사람이 있었습니다. 그런데 이 사람이 복음을 듣고 예수님을 믿게 되었습니다. 그러더니 술을 끊고 아주 성실하게 살기 시작했습니다. 가족들은 마치 꿈만 같습니다. 그런데 술친구들이 이 사람을 가만 두지 않았습니다. 늘 술을 마시자고 권했습니다. 이 사람은 단호히 거절하고 신앙생활을 잘했습니다. 하루는 술친구들이 또 찾아와서 술을 마시러 가자고 했습니다. 이 사람이 거절하자 한 사람이 이렇게 말했습니다. "이 친구야, 정신 차려. 하나님이 어디 있다고 그래? 너는 지금 꿈을 꾸고 있는 거야." 그러자 옆에 있던 어린 딸이 그 친구에게 말했습니다. "아저씨, 우리 아빠가 꿈을 꾸고 있는 거라면 깨우지 마세요. 아빠가 예수님을 믿은 다음부터 우리는 너무 행복해요." 술친구들은 이 말을 듣고 할 말이 없었습니다.

우리도 세상에서 비난받을 때가 있을 것입니다. 디모데후서 3장 12절은 "무릇 그리스도 예수 안에서 경건하게 살고자 하는 자는 박해를 받으리라"고 가르쳐 주고 있습니다. 세상이 악한데 우리가 거룩하게 살면서 비난을 받지 않을 수 있겠습니까? 우리는 그들이 즐기는 것을 즐기지 않습니다. 그들과 어울리지 못할 때가 있습니다. 앞에서 살펴본 대로 우리가 하나님과 사람으로부터 다 선택을 받을 수는 없습니다. 그러므로 우리가 하나님의 선택을 받았으면 세상 사람들로부터는 비난받을 때가 있는 것입니다.

다른 사람 모두가 거짓말을 하는데 혼자 사실을 말해야 할 때도 있습니다. 다들 쾌락을 위해 몰려갈 때 혼자 빠져나와 분위기를 망치기도 합니다. 다들 이제는 다른 종교를 인정해야 한다고 할 때 혼자 다른 종교를 구원의 종교로 인정하지 않고 하나님만 고집해야 할 때도 있습니다. 사람들은 우리의 이런 모습에 진저리를 치며 욕을 합니다. 그러나 그런 비난 때문에 우리가 신앙을 버리고 그들을 따를 수는 없습니다. 끝까지 믿음을 지켜야 합니다. 그런데 그런 비난을 이겨내려면 우리가 선하게 살아야 합니다. 교리가 다른 것은 어쩔 수 없지만 생활에서는 얼마든지 선하게 살 수 있지 않습니까?

우리가 선하게 살면 우리를 악한 사람이라고 욕하던 사람들이 부끄러워하게 됩니다. 언제 그렇게 됩니까? 하나님이 권고하시는 날 그렇게 됩니다. 여기서 권고한다는 말씀은 하나님이 찾아오신다는 뜻입니다. 하나님이 누구를 찾아오신다는 겁니까? 여기에는 두 가지 의미가 있습니다.

하나는 우리를 비난하는 사람들을 찾아오신다는 뜻입니다. 이것은 하나님이 그들을 찾아가 감동을 주셔서 그들이 우리의 선행을 보고 그동안 비난했던 것을 회개하며 하나님께 영광을 돌리게 되는 것을 의미합니다.

다른 하나는 최후 심판 때 모든 사람을 찾아오신다는 뜻입니다. 최후 심판 때가 되면 우리를 비난하던 모든 자들이 우리의 선행을 인정하고 하나님께 영광을 돌릴 수밖에 없는 것입니다. 우리가 아무리 선행을 해도 감동받지 않고 끝까지 우리를 비난하는 사람이 있습니다. 이런 사람도 주님이 재림하실 때에는 할 말이 없어집니다. 심판대 앞에서 징계를 받을 때는 더 이상 거짓말을 할 수 없습니다. 우리의 선행을 인정하고 하나님께 영광을 돌릴 수밖에 없는 것입니다.

우리가 행실을 선하게 가지려면 어떻게 해야 합니까? 그것은 2장 13절 이하의 내용을 통해 가르쳐 줍니다. 물론 그동안도 조금씩 가르쳐 주었습니다. 특히 2장 1절 이하의 본문에서 모든 악독과 모든 기만과 외식과 시기와 모든 비방하는 말을 버리라고 하는 말에서 어느 정도 가르쳐 주었습니다. 그러나 보다 구체적이고 본격적인 교훈은 2장 13절부터 나옵니다. 본문은 선하고 거룩한 삶의 필요성을 강하게 가르쳐 주며 그렇게 살도록 격려합니다. 우리가 그렇게 살기로 결단하는 것이 우선 필요합니다. 그래야 다음에 가르쳐 주는 구체적인 모습을 따를 수 있기 때문입니다.

우리의 신앙생활은 좀 이상한 면이 있습니다. 우리는 거룩한 삶 때문에 세상에서 비난을 받습니다. 그런데 그 비난을 이겨내는 가장 좋은 방법이 바로 더욱더 거룩하게 사는 것입니다. 지금 사회에서 존경받는 신앙인들을 보십시오. 처음에는 별나다고 욕을 먹었습니다. 그러나 꾸준히 경건하게 살면 나중에는 진정한 신앙인이라고 오히려 존경을 받게 됩니다. 특히 종교행위만 잘하는 것이 아니라 삶 자체가 올바를 때 사람들의 존경을 받습니다. 그래서 비난하던 사람들이 오히려 하나님께 영광을 돌리게 되는 것입니다.

우리도 우리의 본향은 천국이라는 것을 기억하고 이 세상의 악에 휩쓸리지 말고 육체의 정욕을 제어하며 선하게 살 수 있기 바랍니다. 이것이 하나님의 자녀답고 제사장다운 삶이며, 구원의 길을 가는 삶입니다. 우리 모두가 이런 삶으로 세상의 비난을 이겨내고 하나님의 영광을 드러내며 세상도 구원할 수 있기를 바랍니다.

2. 준법이 신앙의 척도입니다(벧전 2:13-17)

"인간의 모든 제도를 주를 위하여 순종하되 혹은 위에 있는 왕이나 혹은 그가 악행하는 자를 징벌하고 선행하는 자를 포상하기 위하여 보낸 총독에게 하라 곧 선행으로 어리석은 사람들의 무식한 말을 막으시는 것이라 너희는 자유가 있으나 그 자유로 악을 가리는 데 쓰지 말고 오직 하나님의 종과 같이 하라 뭇 사람을 공경하며 형제를 사랑하며 하나님을 두려워하며 왕을 존대하라."

• 구체적인 교훈

교회에서 존경받는 장로님의 아들이 서리집사로 오랫동안 교회를 섬기다가 안수집사로 임직되었습니다. 임직식이 끝난 후 아버지 장로님은 아들을 축하해 주며 이렇게 말했습니다. "이제 안수집사가 되었으니 안수집사답게 신앙생활을 더 잘해야 해. 세상에 나가서도 경건하게 살고 교회생활에서도 모범이 되어야 해." 그러면 이 아들이 어떻게 하겠습니까? 정말 안수집사답게 신앙생활을 더 잘하려고 할 것입니다.

그런데 아버지의 훈계가 이것으로 끝나면 아들의 신앙생활에 얼마나 도움이 될까요? 안수집사다운 삶이 어떤 것인지 아는 만큼 도움이 됩니다. 아무리 안수집사답게 살려고 해도 그것이 어떤 삶인지 모르면 안수집사답게 살 수 없습니다. 예를 들어, "이제 안수집사가 되었으니 사회에서도 더 거룩하게 살아야 해"라는 말을 들으면 사회에서 거룩하게 사는 것이 어떤 것인지 아는 만큼만 행동하게 되는 것입니다.

술을 먹지 않는 것이 거룩한 삶이라고 생각하면 앞으로는 더욱 술을 멀리할 것입니다. 그러나 거룩한 삶이 교통법규도 잘 지키는 것이라는 것을 모르면 교통법규는 여전히 잘 지키지 않을 것입니다. 아버지 말씀을 듣고 아무리 굳게 결심해도 실제로 신앙생활을 잘하는 것이 어떤 것인지 모르면 그 부분에 대해서는 전혀 개선이 될 수 없는 것입니다.

그러므로 훈계를 할 때는 처음에 총괄적인 훈계를 해서 그렇게 살려는 마음을 굳게 만들어 줘야 합니다. 그러나 거기에 멈추지 말고 그다음에는 구체적인 교훈을 해줘야 합니다. 그래야 실제로 고쳐야 할 것을 고치고, 삶이 바르게 변하여 신앙생활이 성장하는 것입니다.

베드로전서 2장 11-12절과 본문 2장 13-17절의 관계가 바로 이런 관계입니다. 2장 11-12절은 우리가 하나님의 은혜를 입었고 또한 이 세상에서는 나그네와 같으니 본향에 들어가기에 부족함이 없도록 거룩하게 살아야 한다는 교훈이었습니다. 그리고 그러기 위해서는 육체의 정욕을 제어하고 선한 행실을 가져야 한다는 것이었습니다.

이 말씀을 듣고 신자들은 자기를 구원해 주신 하나님의 은혜에 감사하며 그렇게 살려고 굳게 결단할 것입니다. 그러나 아무리 굳게 결심해도 구체적으로 어떻게 살아야 하는지를 모르면 하나님이 원하시는 삶을 살 수 없습니다. 2장 13-17절은 바로 그것을 가르쳐 주는 말씀입니다. 정말 신앙생활을 잘하려면 어떻게 살아야 하는지를 보다 구체적으로 가르쳐 주는 것입니다.

• 한국교회 성도들의 잘못된 생각

우리는 한국교회를 바라보며 신자들의 삶이 불신자들의 삶과 별로 다르지 않은 것 때문에 몹시 안타까워합니다. 신자가 천만 명인데도 사회가 밝아지지 않아 마음 아파합니다. 부정사건마다 교회의 중직자들이 연루되어 있어서 속상해합니다. 도대체 왜 신자들이 사회에 나가서 바르게 살지 않겠습니까? 여러 가지 이유가 있겠지만 아마도 가장 큰 이유는 바른 신앙생활을 하기 위해 구체적으로 어떻게 해야 하는지를 잘 모르기 때문인 것 같습니다.

많은 사람들이 복음을 듣고 하나님을 믿습니다. 그리고 신앙생활을 합니다. 날이 갈수록 더욱 신앙생활을 잘하려고 합니다. 많은 성도들의 기도제목이 신앙생활을 잘하는 것입니다. 정말 신앙생활을 잘하고 하나님께 영광을 돌리고 하나님의 은혜를 받고 싶어 하는 성도들이 많습니다. 그런데 왜 세상에서의 삶은 변하지 않을까요? 그것은 세상에서의 삶은 신앙생활에서 별로 중요한 것이 아니라고 생각하기 때문입니다.

한국교회의 많은 신자들은 신앙생활을 잘하는 것이 교회의 모임에 잘 참석하는 것이라고 생각합니다. 예배와 교회봉사에 잘 참여하는 것이 신앙생활에서 가장 중요하다고 생각합니다. 그래서 그것은 열심히 잘합니다. 그러나 사회에서 바르게 사는 것이 신앙생활에서 얼마나 중요한지는 잘 모릅니다. 그래서 신앙생활을 잘 해야겠다고 생각하면서도 교회만 잘 나가지 사회생활은 전혀 고치지 않는 것입니다.

이것은 심각한 잘못입니다. 베드로전서 2장 1절에서 베드로는 신자들에게 구원을 받았으면 먼저 악독과 기만과 외식과 시기와 비방하는 말을 버리라고 했습니다. 이 말씀은 구원을 받고 거듭난 사람에게는 생활의 변화가 중요하다고 가르쳐 주는 것입니다.

앞에서 살펴본 2장 11-12절도 신자들은 악한 욕심을 제어하고 선하게 살아야 한다고 가르쳐 주었습니다. 그러므로 예수님을 믿어 구원에 이른 우리는 하나님께 예배하는 것도 잘해야 하지만 그에 못지않게 선하게 사는 것도 잘해야 합니다. 우리가 사회에서 선하게 살지 않는 것은 예배에 참석하지 않는 것만큼이나 잘못된 신앙생활입니다.

그러나 대부분의 한국교회 신자들은 이것을 잘 모르고 있는 것 같습니다. 그래서 신앙생활을 잘하려고 하면서도 사회생활을 바로잡으려는 노력은 별로 하지 않는 것입니다. 많은 신자들이 이렇게 생각하고 있습니다. '우리의 모든 죄는 예수님의 십자가 은혜로 용서받는다. 어차피 우리는 죄를 짓지 않을 수 없는 사람들이다. 우리는 죄를 짓지 않음으로써 구원받는 것이 아니라 예수님의 은혜로 죄를 용서받고 구원받는다. 그러니까 죄를 짓는 것은 별로 큰 문제가 아니다. 예수님의 은혜를 입는 것이 중요하다. 그런데 예수님의 은혜를 입으려면 교회에 나가야 한다.' 이렇게 생각하기 때문에 교회에는 열심히 나오지만 바르게 살지는 않는 것입니다. 이것은 잘못된 것입니다. 죄를 용서받고 구원받은 사람은 죄를 떠나려고 노력해야 합니다. 하나님 뜻대로 바르게 살려고 노력해야 하는 것입니다.

여기에 덧붙여서 우리는 또 한 가지 크게 잘못된 생각을 버려야 합니다. 그것은 돈을 많이 버는 것이 하나님이 주신 복이라고 생각하는 것입니다. 물론 돈은 하나님이 주신 복입니다. 그러나 돈을 받은 것만큼 복을 받은 것은 아닙니다. 많이 번 것은 큰 복이고 적게 번 것은 작은 복이 아닙니다. 얼마를 벌었든 내가 받은 것이 하나님이 나에게 주신 복입니다.

그런데 이상하게도 한국교회에는 돈을 많이 번 것은 복이고 벌지 못한 것은 복이 아니라고 생각하는 경향이 강하게 있습니다. 이것은 예수님 시대의 유대 종교 지도자들이 가지고 있던 생각입니다. 예수님은 이것이 잘못되었다고 고쳐 주셨습니다. 그런데 어쩌다가 우리가 이렇게 생각하게 되었는지 모르겠습니다. 이것은 한국교회의 큰 비극입니다.

만일 돈이 복의 기준이라면 예수님이 역사상 가장 큰 부자로 살았을 것이고, 12제자도 큰 부자가 되었을 것이며, 바울도 희대의 갑부가 되었을 것입니다. 그런데 그랬습니까? 전혀 아닙니다. 돈은 하나님이 우리에게 주신 여러 가지 선물 중 하나일 뿐입니다. 돈이나 재능이나 시간이나 건강이나 하나님이 각 사람에게 주신 선물입니다. 내가 무엇을 받았든 그것은 나에게 주신 복입니다. 사람들 중에는 돈은 많으나 노래를 못하는 사람도 있고, 돈은 없으나 노래를 잘하는 사람도 있습니다. 다 각각 자기에게 적합한 복을 받은 것입니다. 그런데도 우리는 하나님의 복을 돈의 액수로만 환산하는 경향이 있습니다.

이렇게 되면 돈을 많이 버는 것이 신앙생활을 잘한 증거라고 생각하게 됩니다. 이런 사람들은 악하게 살아도 교회에 잘 나가고 돈을 많이 벌면 신앙생활을 가장 잘하고 있는 것이라고 생각합니다. 그래서 교회에 열심히 나가면서 사회에서는 악한 방법으로라도 돈을 많이 벌려고 합니다. 이런 사람들은 뇌물을 받아도 하나님이 주신 복이라고 생각합니다. 많은 사람이 줄을 서 있는 곳에서 아는 사람을 만나 새치기를 하면 여호와 이레라고 합니다. 어쩌다가 그 많은 돈의 일부로 구제라도 하면 자기가 최고의 신자라고 생각합니다.

이렇게 생각하는 사람이 어떻게 사회에서 바르게 살겠습니까? 어떻게 사회를 변화시키겠습니까? 어떻게 세상의 소금과 빛의 역할을 하겠습니까? 우리는 이렇게 잘못 알고 있는 것들을 바로잡아야 합니다. 그래야 신앙생활을 바로 할 수 있습니다. 신앙생활을 열심히 하겠다고 결심했으면 이제 거룩한 삶이 무엇인지 알아야 합니다. 그래야 우리의 삶을 고치고 세상을 변화시키며 정말 하나님을 기쁘시게 하는 성도가 될 수 있는 것입니다.

• 법을 지키는 삶

그러면 본문이 가르쳐 주는 선행이 무엇입니까? 신자의 바른 삶이 무엇입니까? 세상에서 법을 지키며 사는 것입니다. 본문 13절 상반절에서 "인간의 모든 제도를 주를 위하여 순종하되"라고 가르쳐 줍니다. 즉 모든 제도에 순종하라는 것입니다. 그리고 왕과 총독에게도 순종하라고 합니다. 제도에 순종하는 것은 법을 따르는 것입니다. 왕과 총독에게 순종하는 것도 법에서 정한 권세에 순종하는 것입니다. 그래서 이 말씀은 결국 법을 지키라는 것입니다.

여기서 왕이나 총독은 선한 관리라는 것이 전제되어 있습니다. 그래서 베드로는 이렇게 말합니다. "혹은 위에 있는 왕이나 혹은 그가 악행하는 자를 징벌하고 선행하는 자를 포상하기 위하여 보낸 총독에게 하라"(13-14절)고 합니다. 이 말씀은 왕이나 방백이 선을 이루기 위해 일하는 존재라는 뜻입니다. 이 말씀에는 우리가 법을 따를 때 선한 법을 따라야 한다는 의미가 포함되어 있습니다.

그렇다고 법이 내 마음에 들지 않으면 따르지 않아도 된다는 뜻이 아닙니다. 이 말씀은 기본적으로 법을 따르라는 뜻입니다. 다만 법의 입장에서는 바른 법이어야 한다는 것입니다. 물론 법이 잘못되었을 때는 문제를 제기해야 합니다. 그러나 그것도 될 수 있으면 합법적으로 해야 합니다. 예를 들어, 법의 문제점은 헌법소원을 통해 고칠 수 있을 것입니다. 그러지 않고 개인의 주관적인 생각으로 법을 무시해서는 안 되는 것입니다.

사실 지금 우리의 심각한 문제는 특정한 법을 지키느냐 안 지키느냐가 아닙니다. 근본적으로 준법정신이 있느냐 없느냐입니다. 본문은 분명히 이렇게 가르쳐 줍니다. 우리가 신앙인으로서 하나님의 영광을 드러내고, 우리도 구원의 길을 가고, 우리를 비방하는 사람들의 입을 막으려면 행실을 선하게 가져야 합니다. 그런데 이를 위해서 첫 번째로 해야 할 일이 바로 법을 잘 지키는 것입니다.

법을 지키는 것은 바른 삶의 최소한의 기준이기 때문입니다. 예수님은 열매를 보아 나무를 안다고 하셨습니다. 이 말씀은 행실이 바른 사람이 신앙이 좋은 사람이라는 뜻입니다. 그렇다면 법을 잘 지키는 사람이 신앙이 좋은 사람인 것입니다.

우리나라 초대 선교사 중 한 분인 언더우드 선교사에게 이런 일화가 있습니다. 한번은 고종이 언더우드 선교사를 불러 우리나라 사람들에게 세례를 주지 말라고 했습니다. 당시 여러 가지 사정 때문에 언더우드는 그러겠다고 약속했습니다.

그리고 얼마 지나지 않아 평안도 지방에서 언더우드를 초청했습니다. 결신자들이 많으니 세례를 베풀어 달라는 것입니다. 언더우드가 어떻게 했는지 아십니까? 언더우드는 그곳에 갔습니다. 그리고 교인들에게 자기가 고종과 약속한 것을 말해 주었습니다. 교인들은 크게 실망했습니다. 그러자 언더우드가 말했습니다. "국법도 지키고 하나님의 법도 지키는 방법이 있습니다." 그러고는 세례 받을 사람들을 이끌고 압록강으로 갔습니다. 거기서 국경을 넘어가 세례를 베풀고 돌아왔습니다.

언뜻 생각하면 그런 약속이야 신앙생활에 반대되는 거니까 어겨도 되지 않느냐고 생각할 수 있습니다. 복음을 전하라는 하나님의 법은 국법보다 더 중요합니다. 예수님도 가이사의 것은 가이사에게 바치고 하나님의 것은 하나님께 바치라고 하셨습니다. 하나님의 것을 가이사가 내놓으라고 한다고 가이사에게 바칠 수는 없습니다. 나라가 금한다고 신앙생활을 포기할 수는 없습니다. 그러나 할 수만 있으면 국법을 지키는 것이 올바른 신앙생활입니다. 언더우드는 이 점에서 우리에게 귀한 모범을 보여주고 있는 것입니다.

특히 베드로전서가 기록될 당시에 교회가 받은 비방이 국가에 반역하는 무리라는 비방이었습니다. 그래서 당시에는 더욱 법을 잘 지킬 필요가 있었습니다. 그래서 본문도 우리가 제도에 잘 순종하여 교회에 대한 비방을 막아야 한다고 가르쳐 주는 것입니다. 그러나 이런 상황이 아니더라도 우리는 법을 잘 지켜야 합니다. 그것이 세상 사람들에게 하나님의 영광을 드러내는 선행이기 때문입니다. 특히 우리나라는 신자들이 불신자들과 다를 것이 없다는 평가가 팽배해 있으므로 신자들은 더욱더 법을 잘 지켜야 할 것입니다.

법을 잘 지키기 위해서 우리가 쉽게 어기는 법을 생각해 봅시다. 우리는 사회에서 법을 어기고 부정부패를 일삼는 사람들을 보면 욕을 합니다. 그러나 우리가 습관적으로 어기는 법에 대해서는 심각하게 생각하지 않는 것 같습니다. 자기가 어기는 것은 괜찮고 남이 어기는 것은 잘못이라고 해서는 안 됩니다. 이런 모습은 정의를 모르는 사람에게나 있을 일입니다. 공의의 하나님을 믿는 성도들에게는 절대 있을 수 없는 일입니다.

우리가 쉽게 어기는 법이 어떤 것일까요? 아마 가장 대표적인 것이 도로교통법일 것입니다. 도로교통법은 어겨도 몇만 원의 범칙금만 내기 때문에 별것 아니라고 생각하기 쉽지만 사실은 그렇지 않습니다. 왜냐하면 도로교통법을 어기면 사람들의 생명이 위태로워지기 때문입니다. 이것은 사람의 생명을 무시하는 무서운 죄입니다.

언젠가 한 목사님으로부터 이런 말을 들었습니다. 자기가 부목사로 시무하던 교회의 담임목사님은 한국의 대표적인 목사님이었는데 담임목사님이 운전을 하다가 교통위반으로 걸리면 교통경찰에게 이렇게 말한다는 것입니다. "나, 외국에서 온 지 얼마 안 돼 잘 몰라서 그랬어." 워낙 풍채가 좋은 어른이 이렇게 점잖게 말하면 대부분의 교통경찰은 그러시냐고 하며 그냥 보내준다고 합니다. 심지어 길까지 친절하게 가르쳐 준다고 합니다. 저는 전도사 때 이 말을 듣고 얼마나 실망했는지 모릅니다.

새벽기도회에 다니는 성도님들이 이런 말을 전해 주었습니다. 새벽기도회를 위해 운행하는 교회 차량들이 교회 이름을 큼지막하게 써 붙이고는 교통법규를 위반하며 위험하게 달리는 모습을 자주 본다는 것입니다. 이래서는 안 됩니다. 우리가 이런 식으로 신앙생활을 한다면 교회에서 아무리 뜨겁게 예배를 드려도 하나님께 영광도 되지 않고, 전도도 되지 않을 것입니다. 오래 전에 한 TV 프로에서 장애인 부부가 한밤중에 교통신호를 지키는 모습을 보여주었는데, 많은 사람이 이 방송을 보고 큰 감동을 받았습니다. 우리 사회에서 교회들이 이 정도로 법을 지키면 사회에 큰 반향을 불러일으킬 수 있을 것입니다.

군사독재 시절에 사회정의를 많이 외쳐서 늘 감시 대상이었던 목사님이 한 분 계셨습니다. 이분이 한번은 미국에 부흥강사로 초대되었습니다. 정보기관이 보내주지 않을 줄 알았는데 어떻게 다녀오시게 되었습니다. 목사님은 다녀오면서 달러를 많이 남겨가지고 왔습니다. 목사님을 감시하던 기관원들이 이상하게 생각하여 물어봤습니다. "남들은 달러를 숨겨서라도 가지고 나가서 외제 물건을 사오려고 하는 판에 달러를 다시 남겨 온 이유가 뭡니까?" "우리나라가 빚이 얼만데 달러를 낭비하겠소? 그래서 될 수 있는 대로 아껴 쓰고 다시 가져온 거요." 이 모습을 본 후로는 기관원들이 목사님을 다시 보게 되었다고 합니다. 목사님이 국가원수를 독재자라고 비난하니까 목사님을 반국가적인 인물이라고 비난했었는데 이 모습을 본 후로는 그런 말을 하지 않았다고 합니다.

우리는 사회법을 지키는 것이 신앙생활의 핵심이라는 것을 분명히 알아야 합니다. 베드로도 이렇게 가르쳐 주지만 바울도 로마서에서 이것을 아주 강하게 가르쳐 줍니다. 로마서는 1장부터 11장까지 교리를 가르쳐 주고 12장부터 바른 삶을 가르쳐 주는데, 먼저 12장 1-2절에서 포괄적으로 바르게 살라고 가르쳐 줍니다. 그리고 12장 3절부터 구체적으로 바르게 사는 길을 가르쳐 줍니다. 이때 12장 3-21절에서는 서로 존중하고 섬기며 사랑의 삶을 살라고 가르쳐 줍니다. 그리고 13장 1-7절에서는 사회제도에 순종하라고 가르쳐 줍니다. 법을 지키는 것을 이렇게 중요하게 여기는 것입니다.

우리가 교인들과 약속한 것은 지켜야 하고 세상 사람들과 약속한 것은 지키지 않아도 됩니까? 지켜야 한다면 교회의 약속을 지키는 것 못지않게 사회의 약속도 지켜야 하는 것입니다. 예배시간을 지키듯이 출근시간을 지켜야 합니다. 십일조를 바치듯이 세금을 내야 합니다.

이 말씀은 하나님을 섬기는 것이 세상의 법을 지키는 것과 같은 정도로 중요하다는 뜻이 아닙니다. 우리는 하나님을 섬기기 위해 필요하다면 세상의 관습이나 법을 어길 수도 있습니다. 세상이 악을 행할 때는 절대 따를 수 없습니다. 우리는 세상에서 거류민과 나그네 같은 사람입니다. 우리의 진짜 시민권은 세상에 있는 것이 아니라 하늘에 있습니다. 그래서 우리는 세상 사람들과 달리 거룩하게 살아야 합니다. 그러나 이웃의 평안을 위해 지켜야 할 법은 철저히 지켜야 하는 것입니다.

• 성도의 자유

우리는 세상의 법보다 하나님의 법을 더 중요하게 생각해야 합니다. 하나님의 법을 지키기 위해서는 세상의 법을 어겨야 할 때도 있습니다. 이것을 베드로는 "자유가 있으나"라고 표현합니다. 우리는 분명히 세상에서 자유를 얻은 사람입니다. 그런데 중요한 것은 그 자유를 악행하는 데 사용하지 말고 오직 하나님의 종답게 사는 데 사용해야 한다는 것입니다.

우리는 세상을 따를 필요가 없으니 세상의 법을 어겨도 되는 것이 아닙니다. 하나님 나라를 위해 교회당을 짓는 거니까 건축법을 어기며 지어도 되는 것이 아닙니다. 선교활동이니까 세상의 법을 어기면서 해도 되는 것이 아닙니다. 목사가 바쁘니까 질서를 무시하고 특혜를 받아도 되는 것이 아닙니다. 우리의 자유가 세상의 정당한 질서를 어기는 데 사용되어서는 안 됩니다.

그러면 우리의 자유는 언제 사용되어야 합니까? 세상 사람들이 다 방종으로 갈 때 그것을 거부하는 데 사용되어야 합니다. 세상 사람들이 악을 행할 때 그들에게 휩쓸리지 않는 데 사용되어야 합니다. 세상 사람들이 자기 이권에 얽매여 어려운 사람을 돕지 못할 때 마음껏 이웃을 돕고 사랑하는 데 사용되어야 합니다. 이것이 우리가 하나님의 종답게 자유를 사용하는 방법입니다.

본문은 하나님의 종이 사는 길을 가르쳐 줍니다. 그것은 이웃을 사랑하는 것입니다. 이웃을 사랑하면 이웃을 보호하고 유익하게 해줘야 합니다. 그래서 우리는 뭇사람을 공경하고 법과 제도를 지키는 것입니다. 우리가 법을 지키는 것은 사회적 의무이기 때문이기도 하지만 그보다 더 중요한 것은 진정으로 이웃을 사랑하고 존중하기 때문입니다. 법은 사회의 모든 사람이 약속한 것입니다. 더욱이 법은 약한 사람을 보호하기 위해 만들어진 것입니다. 그런데 약속을 지키고 약한 사람들을 사랑해야 할 성도들이 법을 어기겠습니까? 절대 그럴 수 없습니다. 아무쪼록 우리 모두가 사회의 제도와 법을 잘 지켜 하나님의 영광을 드러내고 세상 사람들에게도 유익을 끼치는 귀한 신앙생활을 할 수 있기를 바랍니다.

3. 직장생활도 신앙의 척도입니다(벧전 2:18-25)

"사환들아 범사에 두려워함으로 주인들에게 순종하되 선하고 관용하는 자들에게만 아니라 또한 까다로운 자들에게도 그리하라 부당하게 고난을 받아도 하나님을 생각함으로 슬픔을 참으면 이는 아름다우나 죄가 있어 매를 맞고 참으면 무슨 칭찬이 있으리요 그러나 선을 행함으로 고난을 받고 참으면 이는 하나님 앞에 아름다우니라 이를 위하여 너희가 부르심을 받았으니 그리스도도 너희를 위하여 고난을 받으사 너희에게 본을 끼쳐 그 자취를 따라오게 하려 하셨느니라 그는 죄를 범하지 아니하시고 그 입에 거짓도 없으시며 욕을 당하시되 맞대어 욕하지 아니하시고 고난을 당하시되 위협하지 아니하시고 오직 공의로 심판하시는 이에게 부탁하시며 친히 나무에 달려 그 몸으로 우리 죄를 담당하셨으니 이는 우리로 죄에 대하여 죽고 의에 대하여 살게 하려 하심이라 그가 채찍에 맞음으로 너희는 나음을 얻었나니 너희가 전에는 양과 같이 길을 잃었더니 이제는 너희 영혼의 목자와 감독 되신 이에게 돌아왔느니라."

• 성경의 해석

성경을 해석하는 데는 크게 두 가지 단계가 있습니다. 하나는 본문의 의미를 바로 이해하는 것이고, 다른 하나는 그 의미를 나의 삶에 바르게 적용하는 것입니다. 성경이 바르게 이해되고 바르게 적용될 때 우리의 삶을 변화시키는 하나님의 말씀으로 우리에게 다가오는 것입니다.

물론 우리가 오해하든 이해하든 성경 자체는 하나님의 말씀입니다. 하지만 우리가 그 의미를 오해하면 성경말씀이 우리에게 하나님의 말씀으로 역사하지 못하게 됩니다. 많은 이단들이 성경을 믿고 심지어 많은 부분을 외우고 있지만 바른 신앙생활을 하지 못하는 것은 성경을 바르게 이해하지 못했기 때문입니다. 이런 경우에는 성경이 그들을 살리지도 못하고 삶에 아무 유익도 주지 못하는 것입니다.

사실 성경을 아무리 많이 읽고 외워도 그 뜻을 바로 알지 못하면 차라리 성경을 모르는 것만 못합니다. 왜냐하면 성경을 모르는 사람은 바른 말씀을 들을 때 그런가 하는 생각이라도 해보지만 성경을 잘못 이해하고 있는 사람은 바른 말씀을 들어도 아예 거부해 버리기 때문입니다. 이것은 마치 이단에게 전도하는 것이 불신자에게 전도하는 것보다 더 어려운 것과 같습니다.

그렇다면 성경을 바로 이해하고 적용하기 위해서는 어떻게 해야 할까요? 먼저 성경을 바로 이해하기 위해서는 두 가지가 특별히 중요합니다. 하나는 성경을 많이 읽는 것입니다. 특히 성경 66권 전체를 골고루 읽어야 합니다. 부분적으로 골라 읽으면 성경의 의미를 왜곡할 위험이 있습니다. 자기가 좋아하는 성경구절이나 특정인이 정해 주는 부분만 읽으면 더 위험합니다.

다른 하나는 올바른 지도자의 도움을 받는 것입니다. 물론 누가 올바른 지도자인지 판단하는 것도 쉽지 않습니다. 그러나 대체로 오랜 역사를 가진 정상적인 교단이 인정하는 목사라면 올바른 지도자일 가능성이 큽니다. 반면에 우리가 평소에 성경을 읽고 설교를 들으며 배워 온 신앙상식과 다른 내용을 전하는 지도자는 위험한 사람입니다.

그러나 아무리 성경을 바르게 이해하고 있어도 그 말씀을 실제로 자기 삶에 바르게 적용하지 못하면 아무 도움도 안 됩니다. 한 집사님이 기차를 타고 여행을 하게 되었습니다. 한참 가다가 배가 출출해졌는데 옆에 앉은 사람이 짐을 풀더니 닭튀김을 꺼냈습니다. 집사님은 이 사람이 몇 조각은 줄 것으로 기대했는데 한 조각도 주지 않고 혼자만 먹는 겁니다. 집사님은 이 사람에게 훈계를 해주고 싶어서 성경을 꺼내 큰 소리로 읽었습니다. "네 이웃을 네 몸과 같이 사랑하라." 그런데도 그 사람은 전혀 주지 않고 마지막 조각까지 혼자 다 먹었습니다. 다 먹은 후에 그 사람도 성경을 꺼냈습니다. 집사님이 의아해하며 쳐다보는데 그 사람이 큰 소리로 성경을 읽었습니다. "네 이웃의 물건을 탐내지 말라."

성경의 내용과 의미를 아무리 잘 알아도 그것이 바르게 적용되지 않으면 신앙생활에 아무 도움도 되지 않습니다. 오히려 남을 비난하고 싸우는 도구밖에 되지 않습니다. 성경을 바로 적용하기 위해서는 특히 두 가지에 유념해야 합니다. 하나는 그 말씀을 누가 했는가이고, 다른 하나는 그 말씀을 누구에게 했는가입니다.

"너에게 해를 끼친 사람을 용서하라"는 말씀은 예수님이 하신 말씀입니다. 그런데 이 말씀을 해를 끼친 사람이 해를 당한 사람에게 했다고 생각해 보십시오. 그 말씀이 설득력이 있겠습니까? 내가 어느 집사님의 돈을 떼어먹었더니 그 집사님이 나를 미워합니다. 그런데 내가 그 집사님에게 "집사님, 예수님은 원수를 사랑하고 자기에게 빚진 자를 용서해 주라고 하셨습니다. 집사님도 나를 사랑해야 합니다." 이렇게 말하면 되겠습니까? 이런 말은 제3자가 채권자와 채무자 사이를 화목하게 만들어야 할 때 할 수 있는 말입니다.

또한 그 말씀이 누구에게 하신 말씀인지도 알아야 합니다. 예를 들어, 아내가 남편을 존중해야 한다는 것은 아내에게 하신 말씀입니다. 아내들이 그 말씀을 듣고 자기의 부족한 모습을 고쳐야 합니다. 그런데 남편이 그 말씀을 아내 공격하는 데 사용해서야 되겠습니까? 남편에게 주신 말씀도 마찬가지입니다. 하나님의 말씀은 남을 정죄하는 데 사용하는 것이 아닙니다. 내가 반성하고 나의 삶을 고치는 데 사용하는 것입니다.

• 근로자에게 주시는 말씀

본문 말씀도 이것을 잘 이해하며 읽어야 합니다. 본문을 오늘 우리에게 적용하자면 주로 근로자에게 적용되는 말씀입니다. 그렇다면 누가 이 말씀을 자기에게 주시는 말씀으로 받아야 하겠습니까? 근로자입니다. 만일 사용자가 본문 말씀을 이용해서 근로자를 비판한다면 이 말씀을 듣지 않은 것보다 못하게 됩니다. 우리는 말씀을 들을 때 우리 삶에 바르게 적용해야 합니다. 남을 비판하는 데 사용해서는 안 됩니다.

본문은 사환들에게 주시는 말씀입니다. 사환은 당시의 노예를 가리킵니다. 노예 중에서 특히 집안일을 하던 노예를 가리킵니다. 우리는 노예라고 하면 아주 비참하게 살던 사람이라고 생각하지만 꼭 그렇지는 않습니다.

당시에 노예와 주인 중 누가 더 똑똑하고 교양이 있었을까요? 당연히 주인일 것 같지만 꼭 그런 것은 아닙니다. 주인보다 더 똑똑한 노예들이 많았습니다. 이솝 우화로 유명한 이솝도 노예였습니다. 당시에는 전쟁에서 패하여 노예가 되는 사람이 많았습니다. 그리스의 많은 사람들이 로마에 패하여 로마인의 노예가 되었습니다. 그리스 사람들이 학식이 많고 상업에 능숙하다는 것은 다 아는 얘기입니다. 특히 이들 중에는 귀족들도 있었습니다. 그래서 노예 중에는 주인 이상으로 똑똑한 사람이 많았습니다.

특히 집안일을 하던 노예들은 광산 노예들이나 노 젓는 노예들과는 다른 대우를 받았습니다. 집안일을 하던 노예들은 판단력도 있고 교양도 있었습니다. 재능이 뛰어나서 주인의 재산을 관리하던 노예들도 많았습니다. 이런 노예들 중에는 자기 능력에 따라 주인으로부터 수당을 받아 자기 재산을 불릴 수 있는 노예도 있었고, 심지어 자기 노예를 둔 노예도 있었습니다. 노예들이 자기가 번 돈으로 몸값을 지불하고 자유를 얻는 경우도 있었습니다. 심지어 노예들이 사보타주를 하는 경우까지 있었습니다. 맡은 일을 하는 척하면서 제대로 하지 않아 능률을 떨어뜨리거나 심하면 기구들을 망가뜨리는 것입니다. 하지만 노예는 노예입니다. 언제든지 주인으로부터 모멸을 당하거나 해를 당할 위험이 있습니다.

본문은 이런 사람들에게 주는 교훈의 말씀입니다. 그 교훈의 내용이 무엇입니까? 주인의 말을 잘 듣고 열심히 일하라는 것입니다. 어떤 주인에게 잘하라는 겁니까? 선한 주인에게만이 아니라 못된 주인에게도 잘하라는 것입니다. 노예로 일하다 보면 억울하게 고난을 당할 때도 있을 것입니다. 그럴 때도 화를 내며 저주하거나 사보타주를 하는 것이 아니라 억울함을 참고 최선을 다해 자기가 맡은 일을 잘하라는 것입니다.

우리는 앞에서 바른 신앙생활의 중요한 모습으로 사회제도에 순종하는 것을 배웠습니다. 본문도 사회제도에 순종하는 모습 중 하나라고 볼 수 있습니다. 노예는 사회의 노예제도에 따라 자기의 사명을 잘 수행하라는 것입니다.

이 말씀은 납득하기 어렵습니다. 원래 노예제도는 하나님의 정의에 맞지 않습니다. 노예제도는 없어져야 할 제도입니다. 그런데 본문은 그런 노예제도에 순종하라고 가르칩니다. 그것도 악한 주인에게까지 순종하라고 가르칩니다.

그렇다면 우리는 사회의 불의에 순응해야 하는 것입니까? 그렇지 않습니다. 우리는 사회의 불의를 없애고 사회를 밝혀야 합니다. 그래서 주님은 우리를 세상의 소금과 빛이라고 하신 것입니다. 그러면 노예제도에 순응하라는 말씀은 도대체 무슨 뜻입니까?

우리는 이 말씀이 노예들에게 주신 말씀이라는 것을 기억해야 합니다. 베드로전서에는 주인에게 주는 교훈이 없지만 다른 성경에는 주인에게 주는 교훈이 따로 있습니다. 성경이 주인에게는 뭐라고 가르칩니까? 노예들이 악한 주인에게도 순종해야 하니까 주인은 마음대로 노예들을 대하라고 합니까? 악하게 다루어도 좋고 억울하게 처우해도 좋다고 합니까? 절대 그렇지 않습니다. 에베소서 6장 5-9절은 이렇게 가르칩니다.

"종들아 두려워하고 떨며 성실한 마음으로 육체의 상전에게 순종하기를 그리스도께 하듯 하라 눈가림만 하여 사람을 기쁘게 하는 자처럼 하지 말고 그리스도의 종들처럼 마음으로 하나님의 뜻을 행하고 기쁜 마음으로 섬기기를 주께 하듯 하고 사람들에게 하듯 하지 말라 이는 각 사람이 무슨 선을 행하든지 종이나 자유인이나 주께로부터 그대로 받을 줄을 앎이라 상전들아 너희도 그들에게 이와 같이 하고 위협을 그치라 이는 그들과 너희의 상전이 하늘에 계시고 그에게는 사람을 외모로 취하는 일이 없는 줄 너희가 앎이라"(엡 6:5-9).

주인은 주인대로 노예들을 사랑과 정의로 대해야 하는 것입니다. 심지어 형제나 가족처럼 대해야 합니다. 실제로 초대교회에서는 그렇게 했습니다.

"무릇 멍에 아래에 있는 종들은 자기 상전들을 범사에 마땅히 공경할 자로 알지니 이는 하나님의 이름과 교훈으로 비방을 받지 않게 하려 함이라 믿는 상전이 있는 자들은 그 상전을 형제라고 가볍게 여기지 말고 더 잘 섬기게 하라 이는 유익을 받는 자들이 믿는 자요 사랑을 받는 자임이라 너는 이것들을 가르치고 권하라"(딤전 6:1-2).

이 말씀은 예수님을 믿는 노예들이 예수님을 믿는 주인에게 형제라고 함부로 대하지 말고 더욱 잘 섬겨 주라고 가르칩니다. 이것은 예수님을 믿는 주인들이 노예를 형제처럼 대해 주었다는 것을 의미합니다. 주인은 노예를 형제처럼 대해 주어야 합니다. 그러나 노예가 그것을 빌미 삼아 게으르고 불량한 노예가 되어서는 안 되는 것입니다.

본문은 개혁의 한 가지 원리를 가르쳐 줍니다. 그것은 올바른 삶을 통한 개혁입니다. 물론 우리는 잘못된 제도를 고치기 위해 노력해야 합니다. 그러나 그보다 더 먼저 해야 할 것은 우리 자신이 그런 잘못된 제도를 넘어서 올바른 삶을 사는 것입니다. 초대교회는 노예제도를 없애기 위해 제도적인 노력을 하지 않았습니다. 그러나 실제로 교회 안에는 노예제도가 없었습니다. 서로 사랑하며 형제같이 지냈습니다. 초대교회가 크게 부흥했던 이유 중 하나도 이런 놀라운 형제 사랑이 사람들에게 감동을 주었기 때문입니다.

노예들이 이런 제도 안에서 주인을 잘 섬겨야 한다는 말씀을 읽을 때 우리는 이런 상황을 알고 읽어야 합니다. 노예제도가 좋다는 것이 아닙니다. 노예는 영원히 노예로 살라는 것도 아닙니다. 우리는 노예제도가 있는 사회에서 살아도 우리 안에는 노예제도가 없어야 합니다. 그러나 그런 사회에서 사는 동안 우리는 사람들에게 진짜 감동을 줄 만한 삶을 살아야 합니다. 주인은 노예를 형제처럼 대해 주고, 노예는 주인을 다른 어떤 노예보다 더 잘 섬겨야 합니다. 이것이 남달리 바르게 사는 모습입니다.

우리는 잘못된 제도를 이렇게 고쳐야 합니다. 우리의 삶으로 먼저 다른 삶을 살아야 합니다. 잘못된 제도와는 다른 올바른 법에 따라 살아야 합니다. 그리고 최선을 다해 합법적으로 그 잘못된 제도를 고쳐야 합니다. 다른 사람들의 공감을 얻어가며 고쳐야 합니다. 그렇게 해야 사람들의 오해를 불러일으키지 않고 사회를 밝혀 나갈 수 있는 것입니다.

예수님은 하나님 나라를 누룩에 비유한 적이 있습니다. 하나님 나라는 누룩이 반죽을 부풀리는 것같이 세상을 변화시킨다는 것입니다. 본문의 교훈도 이와 비슷합니다. 우리가 세상을 변화시키는 방법은 악한 사회 속에 살면서 사회를 속으로부터 조용히 변화시키는 것입니다. 겉으로 폭력을 쓰고 위압적으로 변화시키는 것이 아닙니다. 요시야의 종교개혁이 실패한 이유가 무엇입니까? 속사람은 변화시키지 못한 채 제도만 변화시켰기 때문 아닙니까?

이런 배경을 이해하고 본문을 읽으면 우리가 어떻게 살아야 하는지 알 수 있습니다. 노예들마저 그 제도 안에서 주인들에게 충성을 다해야 한다면 자유인으로서 계약에 의해 근무하는 근로자들은 얼마나 더 직장에 충성을 다해야 하겠습니까! 노예들이 애매히 고난을 받아도 참고 충성을 다해야 한다면 우리는 얼마나 더 어려움이나 억울함을 극복하고 회사의 규범을 존중하며 최선을 다해 충성스러운 직장인이 되어야 하겠습니까!

• 은혜로운 삶

본문은 이렇게 억울한데도 하나님을 생각하며 참고 주인을 잘 섬기는 모습을 아름답다고 합니다. 여기서 '아름답다'는 말은 문자적으로 '은혜'라는 뜻입니다. 2장 19절을 우리말 성경은 "어떤 사람이 억울하게 고난을 당하고 하나님을 생각하며 슬픔을 참으면 이것은 은혜입니다"라고 번역합니다. 이 말씀은 이런 행동이 아름답고 귀한 일이기도 하지만 동시에 하나님으로부터 은혜받는 길이라고 알려 주는 것입니다. 세상에서 억울하게 고난을 받으면 하나님이 직접 은혜를 베풀어 주시고 위로해 주신다는 뜻입니다.

우리는 세상에서 악한 일을 당할 때 우리가 직접 원수를 갚으려고 해서는 안 됩니다. 원수 갚는 것은 하나님께 맡기고 우리는 최선을 다해 사랑과 선으로 대해야 합니다. 그렇다면 직장의 근로자들이 어떻게 해야 하겠습니까? 직장에서 억울한 일을 당해도 여전히 최선을 다해 직장 일에 충성해야 하는 것입니다.

반면에 잘못을 저지르고 고난을 당하는 것은 전혀 아름다운 일이 아닙니다. 정말 직장에서 게으르게 일하기 때문에 게으르다고 비난을 받으면 안 된다는 것입니다. 열심히 일하면서도 단지 신앙을 지키기 위해 그들의 악을 따르지 않는 것 때문에 직장 일에 충성하지 않는다고 비난을 받는다면 그것은 은혜받을 일이라는 것입니다. 그럴 때는 억울하게 생각하지 말고, 말로 싸우지 말고, 오히려 더 열심히 일함으로써 그런 비난을 이겨내라는 것입니다.

본문은 예수님의 고난을 보여주면서 교훈을 마무리합니다. 예수님의 고난은 우리에게 두 가지 의미가 있습니다. 하나는 모범의 고난이고, 다른 하나는 치유의 고난입니다.

먼저 본문은 예수님의 고난을 모범으로 가르쳐 줍니다. 우리가 세상에서 억울하게 고난을 받을 때 우리는 예수님의 고난을 기억하며 고난을 이겨내야 한다는 것입니다. 예수님은 죄 없이 고난을 받으셨지만 참고 이겨내셨습니다. 예수님은 그 고난 속에서도 전혀 남을 속이지 않고 고스란히 고난을 받으셨습니다. 남을 원망하거나 비난하지 않으셨습니다. 이런 모습이 우리에게 모범이 되는 것입니다. 우리도 사회나 직장에서 어려움을 겪을 때 남을 비방하거나 원망하지 않고 오직 우리의 사명에 충성을 다해야 하는 것입니다.

다음으로, 본문은 예수님의 고난을 통해 나타난 치유를 가르쳐 줍니다. 예수님이 고난을 받으신 것은 우리를 고쳐 주기 위해서였습니다. 예수님이 우리를 위해 채찍에 맞으시고 십자가에서 죽으신 것은 우리가 죄에 대하여 죽고 의에 대하여 살게 하기 위해서였습니다. 예수님의 고난 때문에 우리가 나음을 입었습니다.

본문에서 나음을 입은 것은 무엇을 의미합니까? 육체의 병이 나았다는 뜻입니까? 그렇지 않습니다. 24절 상반절에서 예수님의 고난은 우리가 죄에 대해 죽고 의롭게 살게 하기 위해서라고 가르쳐 줍니다. 그리고 24절 하반절에서 우리가 이제 나음을 얻었다고 합니다. 이것은 죄악된 인간의 모습이 치유되어서 이제는 선하게 살 수 있는 사람이 되었다는 뜻입니다.

도대체 본문에서 왜 갑자기 병 낫는 내용이 나올까요? 본문은 악을 악으로 대항하지 않고 선으로 대하는 바른 삶을 가르쳐 줍니다. 예수님의 고난을 통해 죄를 용서받고 죄에서 떠난 삶을 살 수 있다고 가르쳐 줍니다. 본문은 예수님의 고난 때문에 우리가 영적으로 나음을 입어 이제 놀라운 사랑과 선행의 삶을 살 수 있다고 가르쳐 주는 것입니다. 물론 예수님은 육신의 병도 고쳐 주십니다. 그러나 본문이 가르쳐 주는 것은 예수님이 육신의 병을 고쳐 주신다는 것이 아닙니다. 영혼의 병을 고쳐 주신다는 것입니다.

예수님을 믿는 사람은 세상 사람들과 달라야 합니다. 단지 교회에 다니느냐 안 다니느냐로만 달라서는 안 됩니다. 식사시간에 기도를 하느냐 안 하느냐로만 달라서도 안 됩니다. 세상에서 살아가는 모습이 달라야 합니다. 그 첫 번째 모습이 법을 지키고 사회제도를 존중하는 태도에서 달라야 한다는 것입니다. 우리는 준법정신이 불신자와 다른 수준이어야 합니다. 사회에서 월등히 법을 잘 지키는 것이 신자에게 요청되는 삶인 것입니다.

특히 본문은 근로자에게 주는 교훈입니다. 예수님을 믿는 근로자는 직장에서 일하는 태도가 달라야 합니다. 불신자와는 비교도 되지 않게 더 성실해야 합니다. 그런데 언제 그 성실함에서 차이가 나타나겠습니까? 회사 일이 잘되어 갈 때는 차이가 나타나지 않습니다. 회사 일이 잘 안 될 때 차이가 나타납니다. 이럴 때 불신자들은 자기 살 궁리만 하고 회사에 충성하지 않습니다. 그러나 신자들은 이럴 때에도 최선을 다해 성실하게 일합니다. 그 일이 사람이 맡긴 일이 아니라 하나님이 맡겨 주신 일이라고 믿기 때문입니다.

기업주가 악할 때도 차이가 납니다. 억울한 일을 당하면 불신자들은 참지 못합니다. 대항하여 싸웁니다. 그러나 신자들은 그런 경우에도 최선을 다해 일합니다. 억울한 일이 있다고 싸우기보다 그런 가운데서도 성실히 회사를 위해 일함으로써 선으로 악을 감화시키고 변화시킵니다. 이것이 선으로 악을 이기는 모습입니다.

반면에 악한 대우를 받을 때 악으로 대항하는 것은 악에게 지는 것입니다. 왜냐하면 내가 악해진 것이기 때문입니다. 우리도 과거에는 이렇게 악에게 졌습니다. 그러나 이제 우리는 예수님의 고난을 통해 악한 모습을 치유 받은 사람입니다. 우리에게는 악이 아니라 선이 있습니다. 그래서 우리는 악을 악으로 대하지 않고 선으로 대하여 악을 감화시키고 변화시켜 악을 정복하는 것입니다.

근로자에게 최선의 삶은 바로 근무지에서 성실히 자기의 사명을 다하는 것입니다. 억울한 상황에서도 그렇게 하는 것입니다. 우리는 고난 속에서도 선으로 악을 갚으신 예수님을 본받아야 합니다. 더욱이 우리는 예수님의 고난을 통해 나음을 받은 새사람입니다. 그래서 우리는 선으로 악을 이기는 사람입니다. 우리 모두가 참 신자답게 직장에서 성실한 삶으로 하나님께 영광을 돌리고 악한 사람을 변화시키며, 우리 자신도 큰 복을 누릴 수 있기를 바랍니다.

4. 행복한 가정을 이루는 비결(벧전 3:1-7)

"아내들아 이와 같이 자기 남편에게 순종하라 이는 혹 말씀을 순종하지 않는 자라도 말로 말미암지 않고 그 아내의 행실로 말미암아 구원을 받게 하려 함이니 너희의 두려워하며 정결한 행실을 봄이라 너희의 단장은 머리를 꾸미고 금을 차고 아름다운 옷을 입는 외모로 하지 말고 오직 마음에 숨은 사람을 온유하고 안정한 심령의 썩지 아니할 것으로 하라 이는 하나님 앞에 값진 것이니라 전에 하나님께 소망을 두었던 거룩한 부녀들도 이와 같이 자기 남편에게 순종함으로 자기를 단장하였나니 사라가 아브라함을 주라 칭하여 순종한 것같이 너희는 선을 행하고 아무 두려운 일에도 놀라지 아니하면 그의 딸이 된 것이니라 남편들아 이와 같이 지식을 따라 너희 아내와 동거하고 그를 더 연약한 그릇이요 또 생명의 은혜를 함께 이어받을 자로 알아 귀히 여기라 이는 너희 기도가 막히지 아니하게 하려 함이라."

• 성도의 결혼

제가 지도한 청년 중에 목사님 따님이 있었습니다. 한번은 이 자매가 결혼 문제로 저와 상담을 하게 되었습니다. 그런데 불신 청년과 선을 봤다는 겁니다. 저는 좀 의아했습니다. '목사님 따님이 불신자와 선을 보다니…….' 저는 아버님이 선을 보도록 허락하셨느냐고 물어봤습니다. 자매는 그렇다고 하면서 자기 아버님은 꼭 신자가 아니어도 사람이 좋으면 괜찮다고 하셨다는 것입니다.

그래서 선을 본 청년이 어떻더냐고 물어보니까 사람은 좋아 보인다고 했습니다. 아마 유능한 청년이었던 것 같았습니다. 제가 보기에는 이 자매가 별로 싫지 않으면서도 좀 염려하는 눈치였습니다. 저도 마음속으로는 달갑지 않았지만 뭐라고 말하기가 어려워서 잠시 생각하다가 그 청년이 술을 먹느냐고 물어보았습니다. 그렇다고 했습니다. 그래서 이렇게 물어봤습니다. "자매님이 결혼한 후에 남편이 친구들을 데리고 와서 술상을 봐달라고 할 텐데 술상을 차려 줄 수 있겠어요?" 그랬더니 자매가 좀 놀라면서 말했습니다. "정말 그런 일이 생기겠네요. 그건 못할 것 같아요." 그리고는 더 이상 그 청년을 결혼상대로 생각하지 않았습니다.

저는 불신자와 결혼하여 큰 어려움을 겪는 신자들을 여러 명 봤습니다. 물론 신자와 결혼한다고 꼭 어려움이 없다는 보장은 없습니다. 그러나 신자에게 임하는 어려움은 하나님의 연단이며 결국 선을 이룹니다. 그래서 신자의 가정은 믿음을 지키면 평화를 누릴 수 있습니다. 하지만 불신자에게 임하는 고통은 연단일 경우도 있지만 징계인 경우도 많이 있습니다. 그래서 불신자와 결혼하는 것은 불행의 폭탄을 안고 사는 것과 같습니다. 불행한 사건이 터지지 않을 수도 있지만 늘 그런 위험을 안고 있는 것입니다.

다행히 불행한 사건이 일어나지 않는다고 해도 불신자인 배우자가 신앙을 가지게 되기까지 신자인 배우자가 얼마나 애타며 고통 속에 살겠습니까? 이것이 벌써 불행 아닙니까? 그래서 성경은 기본적으로 불신자와 결혼하지 말라고 가르칩니다. 고린도후서 6

장 14절 상반절의 "너희는 믿지 않는 자와 멍에를 함께 메지 말라"는 말씀이 이런 뜻을 가지고 있습니다.

아마 이렇게 생각하는 분이 있을지도 모릅니다. '그래도 불신자와 결혼해서 그 사람을 전도하면 되지 않습니까?' 물론 그럴 수도 있습니다. 그러나 성경은 기본적으로 그렇게 가르치지 않습니다. 성경에도 불신 배우자와 같이 살면서 그를 전도하면 좋겠다는 내용이 있습니다. 하지만 그것은 결혼할 때는 둘 다 불신자였다가 결혼 후에 한 사람이 먼저 믿은 경우를 가리키는 것입니다. 이런 경우는 어쩔 수 없이 부부 중 한 사람은 신자, 한 사람은 불신자 아닙니까? 이럴 때 불신자와 살지 않기 위해 이혼해야 합니까? 그렇지 않다는 것입니다. 이럴 때는 불신 배우자가 헤어지자고 하지 않는 한 같이 살면서 위해서 기도하고 전도하는 것이 좋다는 것입니다. 그러나 심지어 이럴 때에도 불신 배우자가 갈라지자고 하면 갈라질 수 있다고 가르칩니다. 이것이 고린도전서 7장 12-17절이 가르쳐 주는 내용입니다. 아마 특별한 사명을 받아서 불신자와 결혼해야 할 때도 있을 것입니다. 그러나 성경이 결혼에 대해 가르쳐 주는 기본자세는 신자와 결혼하라는 것입니다.

"그 나머지 사람들에게 내가 말하노니 (이는 주의 명령이 아니라) 만일 어떤 형제에게 믿지 아니하는 아내가 있어 남편과 함께 살기를 좋아하거든 그를 버리지 말며 어떤 여자에게 믿지 아니하는 남편이 있어 아내와 함께 살기를 좋아하거든 그 남편을 버리지 말라 믿지 아니하는 남편이 아내로 말미암아 거룩하게 되고 믿지 아니하는 아내가 남편으로 말미암아 거룩하게 되나니 그렇지 아니하면 너희 자녀도 깨끗하지 못하니라 그러나 이제 거룩하니라 혹 믿지 아니하는 자가 갈리거든 갈리게 하라 형제나 자매나 이런 일에 구애될 것이 없느니라 그러나 하나님은 화평 중에서 너희를 부르셨느니라 아내 된 자여 네가 남편을 구원할는지 어찌 알 수 있으며 남편 된 자여 네가 네 아내를 구원할는지 어찌 알 수 있으리요 오직 주께서 각 사람에게 나눠 주신 대로 하나님이 각 사람을 부르신 그대로 행하라 내가 모든 교회에서 이와 같이 명하노라" (고전 7:12-17).

만일 불신자를 전도하고 싶으면 그 사람과 결혼하지 않고 그냥 전도하는 것이 좋습니다. 신자가 불신자와 결혼하는 것이 전도를 위한 전략으로 하는 것은 아니지 않습니까? 자기가 좋아서 결혼하는 것 아닙니까? 그런 마음으로 불신자와 결혼하면서 전도하면 되지 않느냐고 그럴듯한 이유를 붙이는 것은 바람직한 모습이 아닙니다. 이런 결혼은 위험을 안고 있습니다. 우리는 호세아처럼 특별히 하나님의 명령을 받지 않는 한 불신자와 결혼하지 않는 것이 좋습니다. 불신자를 전도해서 신자로 변화시킨 후에 결혼하는 것은 물론 좋은 일입니다. 그러나 불신자가 단순히 교회 한두 번 나오거나 교회 다니겠다고 말로 약속한 정도로는 아직 신자가 된 것으로 보기 어렵습니다.

현대인들은 개인의 생각을 존중하기 때문에 결혼에 대해서도 너그럽습니다. 그래서 종교 때문에 결혼을 막을 수는 없다고 생각합니다. 불신자와 결혼하지 말라는 것은 고리타분한 교훈이라고 생각하며 대수롭지 않게 생각합니다. 그러나 그것은 성경의 가르침을 무시하는 태도입니다. 그런 태도는 불행을 자초할 위험이 크다는 것을 잊지 말아야 합니다.

• 성도의 가정생활

우리는 성경의 가르침이 지금 우리의 상식이나 관행과 다르면 무시하는 경향이 있습니다. 이것은 지극히 위험한 모습입니다. 성경이 진리이지 우리의 상식이 진리가 아니기 때문입니다. 우리가 무시하기 쉬운 성경말씀 중 하나가 가정생활에 대한 교훈입니다. 성경은 아내가 남편에게 복종해야 한다고 가르칩니다. 하지만 이것은 현대인의 눈에 좀 이상하게 보입니다. 마치 남존여비 사상에서 온 것 같습니다. 그래서 이런 교훈은 무시하기 쉬운 것입니다.

그러나 그렇지 않습니다. 우리는 이런 말씀도 귀하게 여겨야 합니다. 만일 우리가 불신자와 결혼하는 것을 대수롭지 않게 생각하듯이 아내가 남편에게 순종해야 한다는 가르침을 무시한다면 우리는 또 다른 불행의 폭탄을 안고 가정생활을 하게 됩니다.

본문이 가르쳐 주는 내용이 무엇입니까? 아내는 남편에게 순종하라는 것입니다. 이것이 남존여비입니까? 그렇지 않습니다. 우리는 아내에게 주는 말씀만 보고 이것을 남존여비라고 생각해서는 안 됩니다. 앞에서 살펴봤듯이 성경은 노예에게 주인을 성실히 섬기라고 가르칩니다. 그렇다고 성경이 노예제도를 찬성합니까? 주인이 노예를 마구 부리며 살라고 가르칩니까? 전혀 그렇지 않습니다. 성경은 노예는 노예대로, 주인은 주인대로 상대방을 사랑하며 성실한 삶을 살라고 가르칩니다. 심지어 형제처럼 서로 사랑하라고 가르칩니다. 교회는 실제적으로 노예제도를 거부합니다. 그러나 사회의 제도를 바꾸기 전에 먼저 내 삶을 바꾸라고 가르칩니다. 그리고 사회의 제도는 최대한 합법적으로 고쳐 가라고 합니다.

가정생활에 대한 말씀도 마찬가지입니다. 본문은 아내가 남편에게 순복해야 한다고 가르칩니다. 그러나 이 말씀이 남편은 아내에게 군림하고, 아내는 종처럼 남편을 섬기라는 뜻이 절대 아닙니다. 이것은 아내가 남편을 대하는 태도에만 해당되는 것입니다. 예수님이 "너희를 핍박하는 자를 위하여 기도하라"고 하신 말씀은 핍박을 받는 자에게만 해당되는 말씀 아닙니까? 핍박을 하는 자는 어떻게 해야 합니까? 핍박을 중지해야 합니다. 핍박하는 자가 계속 핍박하면서 "나를 위해 기도하라"고 해서야 되겠습니까? 아내가 남편에게 순복하는 것은 아내의 태도만 가르치는 것입니다. 남편이 악을 행하면서 아내에게 순복하라고 요구해서는 안 되는 것입니다.

왜 아내가 순복해야 합니까? 이것은 신자들이 사회제도를 존중해야 하는 것과 일맥상통하는 교훈입니다. 이것이 세상 사람들의 기대이기 때문입니다. 아내가 이렇게 해야 사람들이 교회를 비방하지 않고 오히려 교인들의 삶에 감동을 받기 때문입니다. 아내가 이렇게 해야 남편이 감동을 받고 복음을 받아들이며 구원을 받을 수 있기 때문입니다.

이 말씀이 좋은 남편에게만 순복하라는 것입니까? 아닙니다. 앞에서는 노예에게 악한 주인을 위해서도 성실히 일하라고 가르쳤습니다. 똑같습니다. 악한 남편에게도 순복하고 잘 대하라는 것입니다. 물론 남편은 좋은 남편이 되어야 합니다. 그러나 아내의 입장에서는 악한 남편에게도 순복해야 하는 것입니다. 그럴 때 남편도 감동을 받고, 세상 사람들도 감동을 받는 것입니다. 그리고 교회는 비방을 받지 않고 오히려 복음이 전파되는 것입니다.

옛날에 젊은 며느리가 새로 들어왔는데 시어머니가 며느리를 못살게 굴었습니다. 며느리도 고분고분하지 않아 고부간의 갈등이 심했습니다. 이 경우 누가 제일 고통스럽겠습니까? 아들입니다. 견디지 못한 아들이 하루는 꾀를 내어 장에 가서 밤을 잔뜩 사왔습니다. 그리고는 아내에게 말했습니다. "이것을 어머니에게 매일 열 개씩 삶아 드리면 어머니가 이것을 먹고 살이 쪄 빨리 죽게 된다오. 아무에게도 욕먹지 않고 어머니를 빨리 보내는 방법이니 그렇게 하시오." 며느리는 좋아하면서 그날 저녁부터 혹시라도 시어머니가 먹지 않을까봐 밤을 정성껏 잘 삶아서 열 개씩 드렸습니다.

못된 며느리로 생각하던 시어머니는 매일 맛있는 밤을 정성껏 대접하는 며느리가 예뻐지기 시작했습니다. 그래서 점점 며느리를 사랑하며 잘 대해 주었습니다. 여러 날이 지난 후 며느리는 남편에게 울면서 말했습니다. "앞으로는 어머니께 밤을 안 드리겠어요. 어머니가 저렇게 좋은 분인지 몰랐어요. 돌아가시면 안 돼요." 그러자 남편이 말했습니다. "어머니는 이미 죽었소." 며느리가 놀라서 되물었습니다. "아니, 어머니가 돌아가시다니요?" 남편이 말했습니다. "당신을 못살게 굴던 나쁜 시어머니는 죽었단 말이오."

이렇게 외형적으로 존경과 사랑의 모습을 보여도 시어머니가 감동을 받습니다. 하물며 진실로 존경과 사랑을 보이면 남편이 어떻게 감동을 받지 않겠습니까? 이런 가정을 이루면 이웃도 감동을 받습니다.

• 아내의 치장

그러면서 본문은 아내의 아름다움은 외모의 단장으로 되는 것이 아니라고 가르쳐 줍니다. 외모를 아무리 잘 꾸며도 그것으로 남편을 감동시킬 수는 없다는 것입니다. 물론 자기 아내가 예쁘기를 바라지 않는 남편은 없습니다. 남편은 다 아내가 아름다운 모습으로 있어 주기를 바랍니다. 아내의 입장에서도 그것은 당연한 예절입니다. 그런데 문제는 그것만으로는 남편을 감동시키지 못한다는 것입니다. 남편이 정말 아내에게 감동을 받고 사랑하게 되는 것은 아내의 아름다운 외모를 볼 때가 아니라 아내가 자기를 존경한다는 것을 느낄 때입니다.

언젠가 신문에 이런 글이 났습니다. 아내가 남편에게 가장 원하는 것은 사랑을 받는 것이고, 남편이 아내에게 가장 원하는 것은 존경을 받는 것이라고 합니다. 그래서 남자는 예쁜 여인만이 아니라 자기를 존경해 주는 여인에게 유혹받기 쉽다고 합니다.

이것은 사실 성경의 가르침과도 잘 맞습니다. 아담과 하와가 선악과를 먹은 후에 하나님이 하와에게 하신 말씀이 무엇입니까? "너는 남편을 사모하고 남편은 너를 다스릴 것이니라"(창 3:16 하, 개역한글)라고 하셨습니다. 이 말씀을 보십시오. 아내는 남편을 사모합니다. 남편의 사랑을 받고 싶어 하는 것입니다. 반면에 남편은 아내를 다스려야 합니다. 그래서 아내의 존경을 받고 싶어 하는 것입니다. 이렇게 아내의 존경이 남편에게 가장 귀한 선물입니다. 아내는 남편을 사랑할 때도 존경의 사랑을 해야 합니다. 그런데 존경하면 자연히 순복하게 됩니다. 그래서 베드로는 아내에게 순복을 가르치는 것입니다.

  본문은 아내에게 머리를 꾸미고 금으로 장식하고 아름다운 옷을 입는 외모로 단장하지 말고 마음에 숨은 사람을 단장하라고 합니다. 이 말씀은 마음을 단장하라는 뜻입니다. 마음을 단장하는 것은 어떻게 하는 것입니까? 바로 남편에게 순복하는 것입니다. 마음의 단장이 순복이라면 순복도 겉으로만 해서는 안 됩니다. 진정한 마음에서 우러나오는 존경과 사랑으로 해야 하는 것입니다.

  이것은 마음의 단장을 온유하고 안정한 심령의 썩지 않을 것으로 하라는 말씀에도 잘 나타나 있습니다. 아내가 남편에게 순복하는 것은 온유한 마음과 정숙한(안정한) 마음으로 하는 것입니다. 이것이 썩지 않을 참사랑의 모습입니다. 우리가 모르는 사람은 외모만 보고 평가합니다. 그러나 친구들도 외모로 평가합니까? 우리가 친구를 잘생긴 순서대로 사랑합니까? 우리가 친구를 만날 때 친구가 아름다운 옷을 입은 날에는 친하게 지내고, 덜 고운 옷을 입으면 친하지 않게 지냅니까?

  아는 사람에게는 외적인 치장이 전혀 영향을 미치지 못합니다. 그 사람의 인품이 어떤지와 나를 얼마나 사랑하고 인정해 주느냐가 중요한 것입니다. 하물며 속으로 남편을 무시하는 아내가 치장을 잘한다고 사랑스러워지겠습니까? 겉으로 치장하는 것은 금방 사라집니다. 진짜 중요하고 썩지 않는 것은 내적으로 남편을 사랑하며 존경하는 마음입니다.

  본문에는 좀 이상한 표현이 있습니다. 그것은 선을 행하고 두려운 일에도 놀라지 않으면 사라의 딸이 된 것이라는 말씀입니다(6절). 사라의 딸이 되었다는 것은 남편을 존중하는 좋은 아내가 되었다는 뜻입니다. 그렇다면 남편을 두려워해야 남편을 존중하는 좋은 아내가 될 것 같은데 본문은 "아무 두려운 일에도 놀라지 아니하면" 좋은 아내가 될 것이라고 합니다.

이 말씀이 무슨 뜻입니까? 이 말씀은 부부 사이에 어려움이 생겨도 그런 일로 놀라지 않고 실망하지 않으면 남편을 잘 대할 수 있다는 뜻입니다. 가정생활을 하다 보면 남편에게 불미스러운 일이 생길 수도 있고, 남편이 사회에서 실패할 수 있습니다. 어떤 아내는 이런 일이 생기면 실망해서 이혼하려고 하거나 남편을 무시할 수도 있습니다. 그러나 본문은 이런 일에도 놀라지 말고 여전히 남편을 사랑하며 존경하라고 가르치는 것입니다.

여기서 우리가 유념해야 할 것이 있습니다. 그것은 실제 우리 사회에서는 아내가 무시당하는 경우가 많다는 것입니다. 그래서 아내가 남편에게 순복하는 것보다 남편으로부터 존중받는 것이 더 시급합니다. 그러니까 우리 사회에서는 여성의 권리를 찾기 위해 애쓰는 분들이 존중되어야 합니다. 아내가 남편에게 순복해야 한다고 해서 아내가 가정에서 무시당하고 고통받는 것을 내버려 두는 것은 큰 죄악입니다.

이런 것을 감안할 때 본문이 가르쳐 주는 것은 아내의 권리가 아니라 아내의 미덕입니다. 우리는 본문에서 아내의 미덕을 배워야 합니다. 우리가 아내의 권익을 찾기 위해 아내의 아름다운 미덕을 무시해서는 안 됩니다. 아내는 여전히 남편에 대한 사랑과 존경을 지녀야 하는 것입니다.

아내의 권익을 찾기 위해서는 남편에게 아내를 존중하고 사랑하라는 교훈을 강조해야 합니다. 남편이 아내를 무시한다고 해서 아내가 자기의 권리를 찾기 위해 같이 남편을 무시하고 싸우는 것은 참으로 어리석은 일입니다. 아내의 입장에서는 남편을 존중하며 남편이 아내를 사랑하게 만듦으로써 부부관계를 바로잡아야 하는 것입니다.

미국에 한 명문 신학교가 있습니다. 명문이라고 해서 전 분야가 다 세계적으로 명성이 있는 것은 아닙니다. 신학에는 여러 분야가 있습니다. 예를 들면, 성서학, 조직신학, 역사신학, 실천신학 등이 있습니다. 그런데 이 신학교는 특별히 성서학으로 유명합니다. 세계적인 성서학 교수들이 이 학교에 많이 있습니다.

그런데 새 총장이 부임했습니다. 총장은 학교에 와서 여러 가지 실정을 파악한 후에 이런 말을 했습니다. "왜 이 학교는 성서학 분야만 발전했느냐? 왜 그쪽에만 예산이 많이 나가느냐?" 성서학에 유명한 교수들이 많으니까 연봉도 높고 예산도 많이 나갔던 것입니다. 그러면서 새 총장은 학교의 여러 분야를 평준화하겠다고 했습니다.

그러자 한 학생이 이렇게 말했습니다. "학교를 평준화하는 것은 대찬성이다. 그러나 어떻게 평준화할 것이냐가 중요하다. 성서학 분야를 낮춰서 평준화할 것인가, 아니면 다른 분야를 높여서 평준화할 것인가? 성서학 분야의 세계적인 명성을 지키며 다른 분야를 발전시켜 평준화하는 것은 좋지만 성서학 분야의 질을 낮춰서 평준화하는 것은 절대 반대다."

당신 생각은 어떻습니까? 낮은 부분을 높여서 평준화하는 것이 바람직하겠죠? 부부관계도 마찬가지입니다. 행복한 가정을 이루려면 아내는 남편을 존중하고 남편은 아내를 아껴야 합니다. 그런데 남편이 아내를 무시한다고 해서 아내도 같이 남편을 무시함으로써 평등해지는 것은 마치 학교의 수준을 낮춰서 평준화하는 것과 같습니다. 한국의 가정이 좋아지려면 남편이 아내를 사랑하는 수준을 높여야 합니다. 그렇게 하기 위해서도 제일 좋은 방법은 아내가 더욱더 남편을 사랑하며 존경하는 것입니다.

우리가 원수를 대할 때도 제일 좋은 방법은 그를 사랑하는 것입니다. 그렇게 함으로써 그의 머리에 숯불이 쌓이고, 그가 부끄러워하며 결국 우리와 화목하게 되는 것입니다. 하물며 남편은 어떻게 해야 하겠습니까? 존경과 사랑으로 감동시켜야 합니다. 물론 어려움이 있을 것입니다. 그러나 이것이 하나님이 가르쳐 주신 방법입니다. 이렇게 하면 하나님의 은혜 속에 반드시 좋은 열매를 맺을 것입니다.

오래 전에 미국에서 행복한 가정생활을 위해 쓴 책 하나가 돌풍을 일으킨 적이 있습니다. 책 제목이 뭔지 아십니까? 《항복한 아내》(The Surrendered Wife)입니다. 매우 도발적인 제목이지 않습니까? 이 책의 저자는 로러 도일이라는 여인인데, 이 사람은 자칭 여권운동가이며 동시에 바가지 긁는 아내였다고 합니다. 그러나 그렇게 사는 중에 결혼생활이 파경으로 치닫게 되었습니다. 저자가 가정의 주도권에 집착하고 남편에게 잔소리를 해대는 중에 가정은 엉망이 되어 버렸습니다.

그러다가 행복하게 사는 친구들로부터 이런 조언을 들었습니다. "경제의 주도권을 남편에게 넘겨줘라. 남편을 비난하지 마라." 도일은 또한 책을 보며 여러 가지를 배웠습니다. 그래서 결국 '항복한 아내' 라는 개념을 만들어냈습니다. 물론 항복한 아내라는 표현은 부적절합니다. 아마도 투쟁적인 여권운동에 대응해서 지은 제목 같습니다. 그러나 그 정신은 이해할 수 있을 것 같습니다.

행복한 가정생활을 위해서 아내가 할 일은 남편을 존경하고 사랑하는 것입니다. 그리고 그런 존경과 사랑에서 순복의 모습을 보여주는 것입니다. 이 말씀만 보면 분명히 현대인의 사고에 맞지 않습니다. 그러나 이 말씀이 아내에게만 주신 삶의 기준이고 사회의 제도로 주신 것이 아니라는 것을 알면 이해할 수 있습니다. 이것은 법으로 정하거나 남편이 아내에게 강요할 수 있는 것이 아닙니다. 아내가 믿음 안에서 하나님의 뜻을 생각하며 하나님의 영광을 위해, 그리고 남편의 구원과 행복한 가정을 이루기 위해 스스로 따라야 할 하나님의 말씀인 것입니다.

우리는 이 단원에서 사회의 법을 지키는 삶, 근로자가 성실히 일하는 삶, 아내가 남편을 존중하고 순복하는 삶에 대해 살펴보았습니다. 베드로전서는 권력자의 삶, 주인의 삶, 남편의 삶에 대해서 이만큼 많이 가르치지는 않습니다. 그러나 기본적으로 중요한 것은 가르칩니다. 이에 대해서는 다음 장에서 살펴볼 것입니다. 본문의 말씀만 들으면 여성들이 서운할지도 모릅니다. 그러나 하나님께서 우리에게 이런 말씀을 주신 것은 진정으로 우리가 행복하게 살고, 또한 하나님의 영광을 드러내며 남편과 이웃을 감동시키는 은혜의 삶을 살도록 하기 위해서입니다.

아무쪼록 우리 모두가 성경의 짧은 교훈까지도 무시하지 않고 지키기 위해 노력하는 복된 삶을 살 수 있기를 바랍니다. 하나님이 주신 행복한 가정을 이루는 비결은 신자들끼리 결혼하여 아내는 남편을 존경하고 사랑하며 순복하고, 남편은 그 이상으로 아내를 잘 대하는 것입니다. 우리가 이렇게 하여 행복한 가정을 이루면 우리 가족은 모두 교회와 사회에서 힘차게 맡은 사명을 잘 감당하며 위대한 삶을 살게 될 것입니다.

5. 가정생활을 잘못하면 기도가 막힙니다
(벧전 3:1-7)

"아내들아 이와 같이 자기 남편에게 순종하라 이는 혹 말씀을 순종하지 않는 자라도 말로 말미암지 않고 그 아내의 행실로 말미암아 구원을 받게 하려 함이니 너희의 두려워하며 정결한 행실을 봄이라 너희의 단장은 머리를 꾸미고 금을 차고 아름다운 옷을 입는 외모로 하지 말고 오직 마음에 숨은 사람을 온유하고 안정한 심령의 썩지 아니할 것으로 하라 이는 하나님 앞에 값진 것이니라 전에 하나님께 소망을 두었던 거룩한 부녀들도 이와 같이 자기 남편에게 순종함으로 자기를 단장하였나니 사라가 아브라함을 주라 칭하여 순종한 것같이 너희는 선을 행하고 아무 두려운 일에도 놀라지 아니하면 그의 딸이 된 것이니라 남편들아 이와 같이 지식을 따라 너희 아내와 동거하고 그를 더 연약한 그릇이요 또 생명의 은혜를 함께 이어받을 자로 알아 귀히 여기라 이는 너희 기도가 막히지 아니하게 하려 함이라."

• 성차별

저는 미국에서 공부하는 동안 아주 귀한 것을 몇 가지 배웠습니다. 물론 신학을 공부하러 갔기 때문에 신학에 대해서도 많이 배웠습니다. 그러나 그 이상으로 배운 것이 있습니다. 그것은 어려운 사람을 더 잘 이해할 수 있게 된 것입니다. 두 가지만 소개해 드리면, 우선 꼴찌의 심정을 이해할 수 있게 되었습니다. 제가 처음 미국에 갔을 때는 강의실에서 저보다 영어를 못하는 사람이 없었습니다. 저는 그냥 반에서 꼴찌 노릇을 할 수밖에 없었습니다. 강의를 잘 못 알아듣고 다른 학생들보다 뒤처지는 게 어떤 것인지 뼈저리게 느꼈습니다. 그래서 저는 공부 못하는 사람의 마음을 이해할 수 있는 사람이 되었습니다.

다음으로, 차별당하는 사람들을 이해할 수 있게 되었습니다. 미국에는 인종차별이 있습니다. 사실 어느 나라나 다 인종차별이 있다고 합니다. 지금 우리나라도 외국인 근로자에 대한 차별이 얼마나 심합니까? 그러나 미국은 흑인노예제도가 오랫동안 있었기 때문에 흑인에 대한 인종차별이 심한 편입니다. 물론 1960년대 이후 많이 좋아지기는 했지만 그래도 여전히 심각한 문제입니다.

인종차별에는 백인이 흑인을 차별하는 것만 있는 것이 아닙니다. 아시아계 사람들도 그 이상으로 차별을 당합니다. 저도 인종차별을 여러 번 당했습니다. 그러나 이런 경험을 통해 인종차별 당하는 사람들을 더 잘 이해하게 되었습니다. 그전까지 제가 보아 왔던 차별은 주로 사회적인 지위로 사람을 차별하는 것이었습니다. 이런 차별도 나쁘지만 그래도 이런 차별은 만회할 기회가 있지 않습니까? 많은 사람이 돈을 벌어서 이런 차별을 극복합니다. 혹시 자기는 못해도 자녀들은 돈과 권력을 얻어서 사회적 지위를 역전시킬 수 있습니다. 그러나 인종은 그것이 안 됩니다.

인종차별을 당하는 사람이 불쌍한 것은 평생 그 차별을 극복할 수 없기 때문입니다. 심지어 그 후손들까지 계속해서 차별을 당하며 살아야 합니다. 저는 인종차별을 겪으면서 이런 생각을 해본 적이 있습니다. '나야 몇 해 고생하다가 한국에 돌아가면 그만이지만 대대로 이곳에서 살아야 하는 사람들은 참 안됐다.'

그런데 인종차별 못지않게 무서운 차별이 뭔지 아십니까? 성차별입니다. 신기한 것은 흑인 남성이 백인들에게 인종차별을 당하면서도 자기는 흑인 여성을 성차별한다는 것입니다. 그래서 흑인 여성은 인종차별과 성차별의 이중적인 고난을 겪습니다.

그때까지 저는 여성신학을 별로 탐탁지 않게 여겼습니다. 그 이유는 여성신학자들의 성경해석방법이 마음에 들지 않았기 때문입니다. 여성신학자들은 대체로 성경의 많은 본문을 여권신장이라는 측면에서 해석하려고 합니다. 이렇게 하면 그동안 본문에서 발견하지 못한 메시지를 발견할 수도 있습니다. 이것은 유익한 모습입니다. 그러나 성경 본문을 의도적으로 여성의 권리를 가르쳐 주는 뜻으로 해석하게 되면 본문의 원래 의미를 왜곡할 위험이 있습니다. 그래서 저는 여성신학을 별로 좋아하지 않았습니다.

그러나 제가 인종차별을 당하게 되자 차별당하는 사람들을 좀 더 잘 이해하게 되었습니다. 특히 여성의 입장을 생각하게 되었습니다. 생각해 보십시오. 여자라는 사실은 평생 바꿀 수 없지 않습니까? 그래서 여성들이 성차별의 피해를 해소하기 위해 노력하는 것을 많이 이해하게 되었습니다. 여성신학이 성경을 왜곡하는 것은 반대하지만 성차별을 없애려고 노력하는 마음은 이해할 수 있게 된 것입니다.

세상에는 차별 때문에 어려움을 겪는 사람들이 많습니다. 그중에 가장 대표적인 세 가지 차별은 아마도 성차별, 인종차별, 빈부차별일 것입니다. 제가 이렇게 보는 이유는 신학에서 어려운 사람들의 권익을 보호하기 위해 생긴 신학이 있는데, 그 대표적인 것이 바로 이 세 가지 사람들을 위한 것이기 때문입니다. 인종차별의 불의를 고치기 위해 생긴 신학이 흑인신학입니다. 성차별에 대항해서 생긴 신학이 여성신학입니다. 빈부차별에 대항해서 생긴 것이 해방신학과 민중신학입니다. 이런 신학들의 내용이 다 옳다는 것은 아닙니다. 다만 그런 신학들이 생길 만큼 이런 차별과 억압이 심각한 문제라는 것입니다.

그런데 여성신학과도 비슷하고 흑인신학과도 비슷한데 이 두 신학과 다른 독자적인 신학이 있습니다. 이 두 신학을 합쳐 놓은 것 같은 신학입니다. 그게 바로 흑인여성신학입니다. 이 신학은 흑인여성들이 2중적으로 차별당하는 것을 해결하기 위해 생긴 신학입니다. 흑인여성은 흑인이라고 차별당하는 데다가 또다시 여자라고 차별당합니다. 이와 비슷한 모습은 가난한 가정에서도 나타납니다. 부자들에게 차별당하는 가난한 가정에서 여자들은 또다시 성차별을 당하는 것입니다.

이렇게 볼 때 여성은 참으로 어려운 입장에 서 있습니다. 서구라고 해서 여성이 제대로 존중받는 것이 아닙니다. 서양에서 '레이디 퍼스트'(lady first)라고 하며 여성에게 먼저 자리를 내어준다고 해서 진짜 여성을 존중하는 것은 아닙니다. 그런 나라에도 여자는 여러 분야에서 남자보다 못하다고 생각하는 사람들이 많습니다. 그래서 여권운동이 서구에서 일어난 것입니다. 어떻게 보면 그 정도의 여권운동이라도 할 수 있는 게 그만큼 존중받고 있다는 증거이기도

합니다. 아예 무시당하면 그 정도도 할 수 없을 것입니다. 그렇다면 그 정도도 못하고 있는 우리나라 여성들은 얼마나 큰 차별을 당하고 있는지 짐작할 수 있습니다.

• 남편에게 주는 교훈

베드로전서는 신자들이 세상에서 하나님의 영광을 드러내고 사람들을 감동시키는 삶을 살아야 한다고 가르쳐 줍니다. 그런데 당시 교회에는 사회적인 약자들이 많았습니다. 그래서 노예나 여성 같은 약자들에게 어려운 중에도 주인이나 남편을 잘 섬겨서 사람들을 감동시키라고 가르쳐 주는 것입니다.

그러나 베드로전서가 불평등을 가르치는 것은 절대 아닙니다. 힘 있는 사람이 계속해서 힘없는 사람을 억압하고 착취하라는 것은 아닙니다. 다만 힘없는 사람이 억울하다고 해서 분노하고 폭력으로 대항한다면 그것은 예수님을 믿는 사람의 모습도 아니고, 오히려 교회에 욕이 되며 선교에도 해가 될 것이기 때문에 사랑과 섬김으로 그들을 감동시키라고 가르치는 것입니다.

하지만 본문 7절에서는 남편에게 교훈을 줍니다. 당시처럼 남녀 차별이 심했을 때는 남편이 권력층입니다. 그래서 이 말씀은 권력층에게 주는 교훈입니다. 비록 간단한 교훈이지만 남편들의 신앙생활에 아주 귀중한 지침이며, 또한 모든 권력층에게 유익한 말씀입니다.

다른 권력층은 누구일까요? 바로 그 노예들을 부리는 주인입니다. 빈부차별이 심한 세상이었으니 부자도 권력층입니다. 본문에는 안 나오지만 인종차별이 있는 세상에서는 인종적인 특권을 누리는 사람도 권력층입니다. 우리나라에도 이런 모습이 있습니까? 부자가 힘이 있다는 것은 다 느끼는 사실입니다. 인종차별은 어떻습니까? 우리나라에서도 많은 사람이 외국인 근로자나 조선족을 무시합니다. 그렇다면 인종차별을 하는 사람들도 권력층입니다. 본문은 이런 모든 사람들에게 해당되는 말씀입니다.

다만 본문이 남편의 자세에 대해 가르쳐 주므로 남편과 아내의 관계에 대해 주로 살펴보겠습니다. 베드로전서 3장 7절에서 남편에게 주는 교훈은 한마디로 아내를 사랑하고 존중하며 잘 대해 주라는 것입니다. 그런데 이것이 어렵습니다. 사람은 자기가 어려움에 처해보지 않으면 어려움에 처한 사람을 이해하기 어렵기 때문입니다.

여자가 되어 보지 못한 남편이 어떻게 아내의 어려움을 이해할 수 있겠습니까? 부자가 가난한 사람을 어떻게 이해할 수 있겠습니까? 회사의 사용주가 근로자를 어떻게 이해할 수 있겠습니까? 남을 이해하기 위해서는 그 사람의 입장을 알아야 합니다. 그런데 그 사람의 입장이 되어 보기가 어렵습니다. 그래서 우리는 남을 이해하기가 어려운 것입니다.

그러나 본문은 남을 이해하는 새로운 방법을 가르쳐 줍니다. 그것은 하나님의 말씀에 따라 이해하는 것입니다. 본문은 남편이 아내를 이해하는 방법으로 "지식을 따라" 이해하라고 합니다. 남편이 아내를 이해하기 위해서는 지식이 있어야 한다는 것입니다. 여기서 지식은 어떤 지식을 의미할까요? 당시 세상 사람들은 아내를 무시했습니다. 여자는 남자보다 못하다고 생각했습니다. 심지어 여자를 단순히 성욕 충족의 대상으로 봤을 정도입니다. 본문은 그런 세상적인 지식으로는 아내를 바로 이해할 수 없다고 가르쳐 주는 것입니다. 하나님이 가르쳐 주시는 지식을 따라야 아내를 바로 이해할 수 있다는 것입니다.

하나님이 가르쳐 주시는 지식이 무엇입니까? 하나님이 가르쳐 주시는 지식은 여자도 하나님의 형상이라는 것입니다. 우리는 하나님을 생각할 때 남성으로 생각하는 경향이 있는데 그것은 잘못된 생각입니다. 하나님은 남성이 아닙니다. 하나님은 신입니다. 하나님을 아버지라고 하는 것은 당시 사회에서 아버지의 이미지가 하나님을 알려 주는 데 더 적합했기 때문입니다. 그러나 이것 때문에 하나님을 남성이라고 생각하는 것은 큰 잘못입니다. 이렇게 생각하면 남자는 하나님의 형상이고 여자는 아니라고 생각할 위험성이 있습니다. 그러면 여자를 무시하게 되는 것입니다.

이것은 마치 하나님을 백인이라고 생각하는 것과 같습니다. 만일 어떤 백인이 하나님은 백인과 같다고 하면 우리가 뭐라고 하겠습니까? 절대로 그렇지 않다고 할 것입니다. 하나님은 신이시고 모든 인간이 하나님의 형상이라고 할 것입니다. 마찬가지입니다. 하나님은 남성이 아니라 신입니다. 그리고 여성과 남성 모두가 하나님의 형상입니다. 창세기 1장 27절에서 뭐라고 가르쳐 줍니까? "하나님이 자기 형상 곧 하나님의 형상대로 사람을 창조하시되 남자와 여자를 창조하시고"라고 말합니다.

하나님의 말씀이 남편과 아내에 대해서는 뭐라고 가르쳐 줍니까? 둘이 합하여 한 몸이 된다고 가르쳐 줍니다. 한 몸이 되면 어떻게 됩니까? 나눌 수 없습니다. 그래서 예수님도 이렇게 가르쳐 주셨습니다. "하나님이 짝지어 주신 것을 사람이 나누지 못할지니라."

그러나 한 몸이 되었다는 것은 이렇게 이혼만 하지 말라는 뜻이 아닙니다. 한 몸의 지체 중에 어떤 지체가 더 잘났습니까? 손이 발보다 낫습니까? 귀가 코보다 낫습니까? 아닙니다. 이미 한 몸의 지체가 되었으면 다 평등합니다. 한 몸의 지체들이 할 일은 서로 힘을 모아 행복하게 사는 것뿐입니다. 마찬가지로 이혼만 하지 않는다고 좋은 신앙의 가정이 아닙니다. 한 몸처럼 서로 평등하고 존중하며 협력해야 참된 신앙의 가정입니다.

그리고 결혼은 일부일처제입니다. 하나님이 남자를 만드신 후에 여자를 몇 명 만드셨습니까? 하나만 만드셨습니다. 일부일처제가 하나님의 뜻입니다. 그래서 다른 여인에게 한눈을 파는 것은 하나님의 뜻을 정면으로 거역하는 죄악입니다. 하나님이 그런 행동을 얼마나 큰 악으로 보십니까? 십계명에서 간음 금지가 살인 금지보다는 뒤에 나오지만 도둑질 금지보다는 앞에 나올 만큼 큰 악으로 보십니다.

남편이 다른 여인에게 한눈을 파는 것보다 아내에게 더 큰 고통은 없습니다. 예부터 남자가 결혼을 허락받기 위해 여자의 부모님을 만나면 가장 중요하게 약속하는 것이 뭐였습니까? "결혼하면 절대 마음고생은 시키지 않겠습니다" 하는 것입니다. 마음고생이 뭡니까? 남편이 다른 여인을 가까이해서 아내를 속상하게 하는 것입니다. 이런 약속을 하는 이유는 마음고생이 아내에게 가장 큰 고통이기 때문입니다. 또한 세상에서 그런 일이 많이 일어났기 때문입니다. 그러나 우리는 세상과 다른 지식으로 사는 사람입니다. 절대 이런 일 없이 마음으로부터 일부일처의 삶을 살아야 하는 것입니다.

베드로는 남편들에게 이런 사실을 상기시켜 줍니다. 이렇게 하나님이 주신 지식을 가지고 올바르게 아내를 대하라는 것입니다. 우리가 이런 지식을 가지고 여성을 보면 여성이 지금 얼마나 억울하게 지내는지 알 수 있습니다. 다 같은 하나님의 형상이요, 서로 한 몸이 되었는데 어째서 여성은 남성보다 못한 존재처럼 차별을 당하는 것입니까?

• **연약한 그릇**

제가 아는 부부 중에는 신학생 부부가 많습니다. 그런데 제가 보기에는 아내가 학문적 소양이 훨씬 뛰어나 보여도 막상 결혼하고 나면 아내는 더 이상 공부도 하지 못하고 사역도 하지 못하는 경우가 대부분입니다. 죄송한 표현이지만 별로 더 공부할 필요가 없을 것 같은 남편은 더 공부하고, 더 공부하면 대성할 것 같은 아내는 뒷바라지만 하는 경우가 많습니다.

이런 모습을 베드로는 여자가 남자보다 더 연약한 그릇이라고 표현합니다. 본문에서 여자가 더 연약한 그릇이라는 말씀은 여자가 영적으로 더 무지하다는 뜻이 아닙니다. 바로 앞에서 아내에게 교훈하는 말씀을 보십시오. 아내가 믿음을 잘 지켜 남편을 구원하게 되는 모습을 보여주지 않습니까? 여자가 영적으로 떨어진다는 것은 예부터 교회의 모습과는 잘 맞지 않습니다. 지금 한국교회를 봐도 그렇지 않습니까? 본문에서 여자가 더 연약한 그릇이라는 말씀은 여자가 영적으로 더 연약하다는 뜻이 아닙니다.

이 말씀은 여자가 사회적 지위에 있어서나 경제력에 있어서 더 어려운 처지에 있다는 뜻입니다. 아내가 공부를 하고 싶어도 사회통념상 공부하기가 어렵습니다. 사회활동을 하고 싶어도 주위 사람들이 반대합니다. 이렇게 억울한 일이 어디 있습니까? 여성은 달란트를 안 받았습니까? 물론 가정을 돌보는 일도 중요합니다. 그런 일을 사명으로 잘하는 것도 참으로 귀한 일입니다. 그러나 특별한 재능이 있어서 다른 일을 할 수 있는데도 사회의 통념 때문에 못하게 하는 것은 잘못입니다. 그것은 세상의 지식을 따른 것이지 하나님이 주신 지식을 따른 것이 아닙니다.

우리 사회에서 여성이 겪는 어려움에는 어떤 것이 있을까요? 가사를 돌보는 것은 무조건 여성의 일이라고 생각하는 것이 있습니다. 그래서 여성은 직업을 가져도 가사까지 다 감당하느라고 많은 고생을 합니다. 잔치할 때 여성들이 겪는 고생은 새삼스럽게 말할 필요도 없습니다.

여성의 또 한 가지 연약한 모습은 임신의 문제입니다. 제가 주례를 한 전도사 부부가 있습니다. 아내가 어느 교회의 교육전도사로 사역하게 되었습니다. 그런데 임신을 하니까 같은 부서의 교사들이나 성도들 중에 못마땅하게 생각하는 사람들이 있었습니다. 이 전도사님이 저에게 상담을 하러 왔을 정도였습니다. 결국 그 전도사님은 그런 점이 불편해서 교회를 옮겼습니다. 다른 교회에서는 임신한 전도사님을 청빙한 것입니다. 전도사님은 다른 교회에 가서 몇 달 후에 해산을 했습니다. 그러자 그 교회에서도 교사들과 성도들 중에 자기들의 활동에 도움이 되지 않는다고 눈치를 주기 시작했습니다. 그래서 전도사님은 담임목사님께 사의를 표명했습니다. 담임목사님은 단호하게 그러면 안 된다고 하며 전도사님이 편안히 사역하도록 도와주었습니다. 저는 이 말을 듣고 그 목사님을 존경하게 되었습니다. 임신해서 불편해지는 것도 여성의 연약함입니다. 사회생활에 장애가 될 수 있기 때문입니다.

여기까지 생각하다 보면 지금은 여권이 많이 신장되지 않았는가 하는 생각이 들 것입니다. 지금은 사회에서 여권이 많이 신장되었습니다. 사회에서는 출산휴가가 3개월입니다. 또 임신이나 출산을 이유로 차별하지 못하게 되어 있습니다. 세상에서도 여성의 연약함을 돌보고 있는데 교회에서 여성의 연약함을 돌보지 않는다면 말이 됩니까?

여성의 권리가 많이 신장되었지만 아직도 세계 거의 모든 나라에서 여성은 어려움을 겪습니다. 우리나라는 말할 것도 없습니다. 남편은 자기 아내가 이렇게 어려운 여건 속에서 살아가고 있다는 것을 기억하고 잘 돌봐 주어야 합니다. 아내가 남편에게 순복해야 한다는 말만 하는 사람은 하나님의 뜻을 모르는 사람입니다. 아내는 남편에게 순복해야 한다고 가르쳐 주시는 하나님이 남편에게는 아내를 존중하고 아끼며 사랑하라고 가르쳐 주시는 것입니다.

- **평등한 부부**

그러면서 베드로는 다시 남녀가 평등하다는 것을 가르쳐 줍니다. 그것은 함께 유업을 받을 것이라는 말씀입니다. 이것만큼 평등한 것은 없습니다. 어떤 사람이 고아를 양자로 입양하여 키웠습니다. 이 사람은 양자를 자기의 친아들과 똑같이 대우하며 키웠습니다. 그런데 나중에 유산을 나누어 줄 때는 친아들에게 많이 주고 양자에게는 적게 주었습니다. 이 사람이 두 아이를 공평하게 대한 것입니까? 아닙니다. 유산까지 똑같이 나누어 주어야 공평하게 대한 것입니다.

하나님은 우리에게 말씀하십니다. 남편과 아내가 같이 하나님 나라를 유업으로 받는다는 것입니다. 이 말씀은 하나님이 여성을 전혀 차별하지 않으신다는 것을 보여줍니다. 그러므로 남편은 아내를 절대 무시해서는 안 됩니다. 오히려 귀하게 여겨야 합니다. 여기서 귀하게 여긴다는 것은 보석을 아끼는 모습과는 다릅니다. 이것은 인격적으로 존중하고 명예롭게 해주는 것을 의미합니다. 남편은 아내가 연약하다고 돌봐 주는 마음을 가질 뿐 아니라 자기와 동등하다는 것을 인정하고 존중해 줘야 하는 것입니다.

본문은 마지막으로 이렇게 해야 하는 이유를 가르쳐 줍니다. 그 이유가 무엇입니까? 물론 아내를 사랑하는 마음으로 이렇게 해야 합니다. 그러나 사람이 사랑만으로는 제대로 하나님의 뜻을 따르지 못하기 때문에 경고를 해줍니다. 사실 아내를 사랑해서 할 수 있는 사람이라면 이런 교훈이 필요하겠습니까? 사람이 다 연약해서 그렇게 하지 못하기 때문에 베드로는 경고를 합니다. 그것은 만일 아내를 이렇게 대하지 못하면 기도가 막힌다는 것입니다.

하나님께 드리는 기도가 막히면 어떻게 됩니까? 하나님과의 교제가 끊어집니다. 하나님은 어떤 분입니까? 복의 근원입니다. 생명의 근원입니다. 잠수부들이 배에서 공기공급선을 달고 바다 속에 내려가 작업하는 것을 본 적이 있습니까? 저는 어렸을 때 부산에서 살았기 때문에 자주 봤습니다. 배 위에서는 사람들이 펌프질을 하여 공기를 공급해 줍니다. 아래에 내려간 사람은 그 공기공급선을 통해 숨을 쉬며 일합니다. 공기공급선이 막히면 그냥 죽는 것입니다. 하나님께 드리는 기도가 막힌다는 것은 이런 것과 같습니다.

그런데 어떤 사람이 이렇게 된다고 합니까? 아내를 박대하는 사람입니까? 아닙니다. 본문을 잘 보면, 아내를 존중하지 않는 사람이 이렇게 된다고 합니다. 어려운 아내를 잘 돌보지 않으면 이렇게 된다는 것입니다. 부자와 나사로 비유에서 부자가 왜 지옥에 갑니까? 나사로를 박해해서 갑니까? 어려운 나사로를 돕지 않아서 지옥에 갑니다. 세상의 잘못된 관습 때문에 어렵게 지내는 아내를 그냥 내버려 두는 것은 기도가 막히는 일입니다. 우리는 세상의 관습을 넘어서 아내를 존중하며 잘 대해 주어야 하는 것입니다.

노예제도가 있는 사회에서 노예를 그냥 노예로 대하는 주인은 참 신자가 아닙니다. 노예를 형제처럼 대해야 참 신자입니다. 마찬가지로 여인이 무시당하는 세상에서 여인을 세상의 관습대로 대하는 남편은 참 신자가 아닙니다. 근로자를 착취하는 세상에서 남들과 똑같이 근로자를 대하는 기업주는 참 신자가 아닙니다. 우리는 하나님이 주신 지식에 따라 여성을 대하고, 아내를 대하고, 근로자를 대하고, 외국인을 대해야 합니다. 진정한 사랑으로 아끼고 보살펴 주어야 합니다. 이것이 우리가 하나님을 높이고 세상 사람들에게 감동을 주며 세상을 구원하는 길입니다. 이것이 우리가 하나님과 교통하며 복된 삶을 살 수 있는 길입니다.

6. 복을 유업으로 받는 길(벧전 3:8-12)

"마지막으로 말하노니 너희가 다 마음을 같이하여 동정하며 형제를 사랑하며 불쌍히 여기며 겸손하며 악을 악으로, 욕을 욕으로 갚지 말고 도리어 복을 빌라 이를 위하여 너희가 부르심을 받았으니 이는 복을 이어받게 하려 하심이라 그러므로 생명을 사랑하고 좋은 날 보기를 원하는 자는 혀를 금하여 악한 말을 그치며 그 입술로 거짓을 말하지 말고 악에서 떠나 선을 행하고 화평을 구하며 그것을 따르라 주의 눈은 의인을 향하시고 그의 귀는 의인의 간구에 기울이시되 주의 얼굴은 악행하는 자들을 대하시느니라 하였느니라."

• 거룩한 교회생활

구원받은 성도들은 거룩한 삶을 살아야 합니다. 사회에서도 거룩하게 살아야 하고, 교회에서도 거룩하게 살아야 합니다. 그런데 베드로전서는 성도들의 거룩한 삶을 가르쳐 주면서 먼저 사회에서 거룩하게 사는 것을 세 가지 가르쳐 줍니다.

첫째, 2장 13-17절에서는 사회질서와 규범을 지키라고 가르쳐 줍니다. 쉽게 말해서 법을 지키라는 것입니다. 사회 법과 질서를 지키는 것이 올바른 신앙생활이고 거룩한 삶입니다. 둘째, 2장 18-25

절에서는 직장에서 성실히 일하라고 가르쳐 줍니다. 특히 약자인 근로자들에게 악한 기업주까지 사랑으로 대하며 성실하게 일하라고 합니다. 약자가 억울해도 악을 악으로 갚지 않고 사랑으로 섬겨 주는 것이 거룩한 삶입니다. 셋째, 3장 1-7절에서는 가정에서 서로 존중하고 사랑하며 살라고 가르쳐 줍니다. 특히 여성들에게 어려운 상황에서도 사랑과 섬김으로 남편을 잘 대해 줌으로써 남편과 이웃을 감동시키는 위대한 삶을 살라고 합니다.

이렇게 베드로전서가 근로자나 여성에게 섬김을 강조하는 것은 마치 불공평한 교훈 같지만 사실은 그렇지 않습니다. 베드로전서는 반대로 남편들도 진실로 아내를 사랑하고 아끼며 존중하라고 가르칩니다. 그렇게 하지 않으면 하나님과의 교제가 끊어진다고 경고합니다. 그리고 이것은 세상의 모든 권력자가 약한 이웃을 잘 보살펴야 한다는 교훈이기도 합니다.

이렇게 사회생활의 세 가지 분야에 대해 가르친 후 베드로는 비로소 교회생활에 대해 가르쳐 줍니다. 그것이 본문 말씀입니다. 본문 3장 8절에서 "너희가 다"라는 말씀이나 "형제를 사랑하며"라는 말씀은 다른 이웃도 포함하지만 우선적으로는 교회 안에 있는 성도들 간의 삶에 대해 가르치는 말씀입니다.

그러면 교회 안에서 성도들은 서로 어떻게 대해야 합니까? 본문에서는 첫째, 마음을 같이하라고 합니다. 교회에서는 모두가 마음을 같이해야 합니다. 여기서 마음을 같이한다는 것은 서로의 마음을 모아 한마음을 가지는 것입니다. 이렇게 되면 같은 생각을 하며 같은 목표를 가지게 됩니다.

여기서 유의해야 할 것은 큰 목표도 같아야 하지만 구체적인 목표도 같아야 한다는 것입니다. 예를 들면, 이 세상 모든 교회의 목표는 하나님을 영화롭게 하고 하나님의 뜻을 이루어 드리는 것입니다. 그러나 각 교회는 각각의 독특한 사명과 목표가 있습니다. 그래서 교회마다 한 해의 표어도 있고 실천방안도 있는 것입니다. 이런 구체적인 목표는 교회마다 다릅니다. 그러나 한 교회에서는 모든 성도가 같은 목표를 가져야 하는 것입니다.

모든 성도가 같은 마음으로 같은 목표를 향해 가도 그것을 성취하기 위해서 각 성도가 받은 사명은 서로 다릅니다. 어떤 분은 친절한 안내로 교회의 목표를 이룹니다. 어떤 분은 주방봉사를 통해서 그렇게 합니다. 어떤 분은 심방을 통해 교회가 하나 되도록 돕습니다. 어떤 분은 전산이나 방송을 통해서 모든 성도들이 한마음으로 예배를 드리도록 돕습니다. 각 성도가 섬기는 방법과 역할은 다릅니다. 그러나 한 교회의 목표와 마음가짐은 같아야 하는 것입니다. 이것이 참된 교회의 모습이고, 이런 교회가 거룩한 교회입니다.

둘째, 동정하라고 합니다. 동정하라는 단어의 원래적인 뜻은 아픔을 함께 나누는 것입니다. 보다 포괄적으로 말하면 같은 감정을 가지는 것입니다. 그러니까 아픈 사람이 있으면 같이 아파하고, 기쁜 사람이 있으면 같이 기뻐하는 것입니다. 마음을 같이하는 것이 이성적으로 하나가 되는 것이라면 동정하는 것은 감성적으로 하나가 되는 것입니다. 교회는 이성적으로 뜻을 모으고 힘을 합하는 것만으로는 부족합니다. 감성적으로도 하나가 되어야 합니다. 의기투합하는 정도가 아니라 끈끈한 정으로 뭉쳐야 하는 것입니다.

사업을 하는 사람들은 뜻이 같으면 뭉칩니다. 그래서 힘을 모아 함께 사업을 합니다. 그러나 뜻이 달라지면 곧 헤어집니다. 이들을 결속하는 것은 오직 '같은 뜻' 뿐이기 때문입니다. 그러나 가족은 항상 뭉칩니다. 뜻이 달라도 뭉칩니다. 왜냐하면 한 핏줄이라는 끈끈한 정으로 뭉쳐 있기 때문입니다. 교회는 항상 같은 뜻을 품어야 하지만 그게 쉽겠습니까? 그러지 못할 때도 있습니다. 그럴 때는 끈끈한 정이 교회의 하나 됨을 지켜야 하는 것입니다.

셋째, 형제사랑이 필요합니다. 형제사랑의 특징은 평등하고 공평한 사랑이라는 것입니다. 우리가 세상에서 경험하는 사랑은 차별이 있습니다. 세상에서는 능력이나 지위나 미모에 따라 차별된 사랑을 합니다. 그러나 가정에서는 그런 차별이 없습니다. 부모님이 권세 있는 자녀와 권세 없는 자녀를 차별합니까? 큰형이 돈 있는 동생과 돈 없는 동생을 차별합니까?

교회 안에서는 가정 이상의 평등한 사랑을 해야 합니다. 교회는 하나님을 아버지로 모신 영적 가정이기 때문입니다. 평등한 사랑을 할 때 교회가 하나 될 수 있습니다. 만일 교회에 차별이 있다면 그 자체가 이미 하나 되지 못했다는 증거입니다. 게다가 차별하면 더욱더 하나 됨이 깨어집니다. 교회 안에서는 어떤 여건으로도 서로 차별하면 안 됩니다. 심지어 교회의 직분으로도 차별하면 안 됩니다. 교회의 직분은 일을 효율적으로 하기 위해 서로 다른 사명을 받은 것일 뿐입니다. 결코 계급처럼 차별대우의 요건이 아닙니다.

넷째, 불쌍히 여겨야 합니다. 여기서 '불쌍히 여긴다'는 말은 '내장'(內臟)이라는 말에서 나왔습니다. 그래서 이 단어는 내장처럼 사람의 깊은 속에 있는 감정을 의미합니다. 특히 이 단어에는 '좋은'이라는 뜻을 가진 접두어가 붙어 있습니다. 그래서 불쌍히 여기는 것은 마음 속 깊은 곳에서 우러나오는 따뜻하고 좋은 감정으로 이웃을 생각해 주는 것을 의미합니다.

사람이 속으로부터 사랑하면 어떻게 될까요? 속이 탑니다. 내가 겉으로만 사랑하는 사람에 대해서는 그 사람이 고통을 당해도 약간의 동정과 도움만 주지 그 사람의 고통 때문에 내 속까지 상하지는 않습니다. 그러나 내가 정말 온 마음을 다해 사랑하는 사람이 고통을 당하면 내 속까지 쓰리게 됩니다. 마음이 아파서 음식을 먹을 수 없을 정도가 됩니다. 정말 내장까지 아프고 속이 타게 됩니다. 그래서 속으로부터 진심으로 불쌍히 여기는 것은 '단장(斷腸)의 슬픔'(창자가 끊어지는 것처럼 아픈 슬픔)과 상당히 비슷한 의미를 가지고 있습니다.

단장의 슬픔이라는 말은 다음과 같은 중국고사에서 나온 말입니다(《두산백과사전》 참고). 옛날 중국 진나라의 환온이라는 사람이 군사를 거느리고 양자강 협곡을 지나게 되었습니다. 이때 한 병사가 잠깐 육지에 내렸다가 새끼 원숭이를 한 마리 잡아왔습니다. 배가 출발한 후에 원숭이 어미가 따라왔습니다. 어미 원숭이는 100리 이상을 슬피 울며 따라오다가 배가 육지와 가까운 곳을 지날 때 배에 뛰어올랐습니다. 그러나 새끼를 구하려는 일념으로 애를 태우며 달려왔기 때문에 배에 오르자마자 죽었습니다. 병사들이 죽은 원숭이의 배를 갈라 보니 창자가 토막토막 끊어져 있었습니다. 여기서 단장의 슬픔이라는 말이 나온 것입니다.

정말 내 마음속으로부터 뜨겁게 사랑하는 사람이 있으면 그가 고통을 당할 때 단장의 슬픔을 겪게 됩니다. 이것이 어려움을 겪는 이웃을 향해 우리가 가져야 할 불쌍히 여기는 마음입니다. 마태복음 9장 36절이 보여주는 예수님의 마음도 바로 이런 마음입니다.

"무리를 보시고 불쌍히 여기시니 이는 그들이 목자 없는 양과 같이 고생하며 기진함이라." 우리가 이렇게 서로 불쌍히 여기면 얼마나 서로 잘 돕고 보살피겠습니까?

다섯째, 겸손해야 합니다. 겸손은 남을 나보다 낮게 여기는 마음입니다. 서로 남을 나보다 낮게 여기면 절대 다툼이 일어나지 않습니다. 다툼은 서로 자기가 더 잘났다고 생각하며 더 높은 자리를 차지하려고 할 때 생기는 것입니다. 우리는 어디서나 겸손해야 하지만 교회에서는 특별히 더 겸손해야 합니다.

그런데 뜻밖에도 교회에서 겸손하기가 더 어렵습니다. 세상에서는 외적인 지위로 등급이 매겨져 있어서 어쩔 수 없이 남을 높여 주며 살아야 합니다. 지위가 낮은 사람이 세상에서 어떻게 큰소리를 칩니까? 그러나 교회는 다릅니다. 교회에서는 모든 사람이 세상의 지위와 관계없이 평등합니다. 물론 교회도 완전히 평등하지는 않지만 그래도 세상의 계급사회보다는 훨씬 더 평등합니다. 그러니까 세상에서는 기를 펴지 못하던 사람이 교회에서는 기를 펼 수 있는 것입니다.

여기까지는 참 좋은데, 문제는 이런 평등을 기회로 교만을 떠는 사람이 있다는 것입니다. 세상에서 지위가 높다고 교회에서 교만해지는 모습도 문제지만 그보다 더 큰 문제는 세상에서 눌리던 사람이 교회에서 한 번 큰소리쳐 보려고 교만하게 구는 모습입니다. 다른 곳에서 인정받지 못하는 사람이 교회에서 신앙생활로 인정받으면 더 교만해져서 함부로 행동하는 경우가 많습니다. 이것은 교회를 망치고 많은 성도들에게 큰 시험거리가 되는 모습입니다.

여섯째, 악을 악으로 갚지 말고 오히려 복을 빌어 주라고 합니다. 교회에 다 좋은 사람만 있으면 얼마나 좋겠습니까? 그러나 불행히도 교회 안에는 못된 행동을 하는 사람도 적지 않습니다. 이럴 때 참 신자는 어떻게 해야 합니까? 그 모든 악한 모습을 다 참고 오히려 복을 빌어 주어야 합니다. 그래야 교회가 하나 되고 천국의 모습을 세상에 보여줄 수 있습니다. 교회가 이런 모습을 보여주어야 세상 사람들이 감동을 받고 교회에 나오게 되는 것입니다.

지금까지 살펴본 여섯 가지 모습은 성도들의 교회생활에 대한 교훈입니다. 성도들이 교회에서 이런 삶으로 하나가 되는 것이 바로 거룩한 교회를 이루는 길입니다. 이렇게 되면 교회가 세상에서 칭찬을 받고 하나님께 영광을 돌리게 됩니다. 뿐만 아니라 모든 성도들이 구원의 길을 가게 됩니다. 이것을 베드로는 복을 유업으로 받는 길이라고 가르쳐 줍니다. 사실 우리는 복을 유업으로 받기 위해 부르심을 받았습니다. 그래서 우리가 이렇게 교회생활을 하는 것이 하나님께서 우리를 부르신 뜻입니다.

• **강한 자와 약한 자**

베드로전서의 문맥은 이런 교회생활의 모습을 통해 또 한 가지의 교훈을 줍니다. 그것은 강한 자와 약한 자 사이의 화목입니다. 8절을 보십시오. 같은 마음을 품고, 동정하며, 형제사랑으로 사랑하고, 불쌍히 여기며, 겸손하라고 합니다. 이 말씀은 하나가 되라는 교훈이기도 하지만, 강한 사람이 약한 사람에게 해줘야 할 것을 가르쳐 주는 교훈이기도 합니다.

동정하는 것은 원래 남의 고통을 함께 느끼는 것입니다. 그렇다면 고통을 덜 받는 강한 사람이 고통을 많이 받는 약한 사람을 이렇게 대해 주어야 한다는 뜻이 됩니다. 또 높은 사람과 낮은 사람이 있을 때 누가 먼저 형제사랑을 보여주어야 하겠습니까? 사장이 비서에게 한 식탁에서 함께 식사를 하자고 해야지, 비서가 사장의 식탁에 함께 앉겠다고 하기는 어렵지 않습니까? 불쌍히 여기는 것도 어려움을 당하지 않는 사람이 어려움을 당하는 사람에게 가지는 자세입니다. 겸손하라는 교훈도 마찬가지입니다. 남을 나보다 낮게 여기라는 말씀은 낮은 사람보다 높은 사람에게 훨씬 더 필요한 교훈입니다.

이에 반해 9절 상반절을 보십시오. "악을 악으로, 욕을 욕으로 갚지 말고 도리어 복을 빌라"고 합니다. 이 말씀은 주로 누구에게 해당됩니까? 악행을 당하고 모욕을 당하는 사람에게 해당됩니다. 그래서 이것은 주로 약한 사람들에게 주는 교훈입니다. 앞에서 노예나 아내에게 주신 말씀과 비슷합니다. 아무리 억울한 일을 당해도 그것을 악한 방법으로 되갚지 말고 보복하지 말라는 것입니다. 도리어 그들을 축복해 주라는 것입니다. 남을 축복해 주는 사람이 어떤 행동을 하겠습니까? 그가 잘되도록 최선을 다합니다. 그러니까 근로자라면 최선을 다해 성실히 일하고, 아내라면 최선을 다해 남편을 존경하며 사랑하는 것입니다. 교회에서도 약한 자가 섭섭함을 당하게 되면 이런 사랑으로 강한 자를 대하라는 것입니다.

8-9절에서는 재미있는 모습을 발견할 수 있습니다. 그것은 2장 13절-3장 7절에서는 주로 약한 자들에게 억울해도 참으라는 교훈을 주었는데, 여기서는 순서를 바꿔서 강한 자들이 조심해야 할

것을 먼저 가르쳐 준다는 것입니다. 여기에는 두 가지 의미가 있습니다.

첫째, 2장 13절부터 약한 자들을 주로 훈계했기 때문에 혹시라도 강한 자들의 편을 들어주는 듯한 인상이 있었다면 그것을 불식시켜 주는 것입니다. 이 문단에서는 강한 자에게 더 먼저, 더 많은 교훈을 주고 있기 때문입니다.

둘째, 교회 안에서는 강한 자가 약한 자를 섬기는 것이 더 중요하다는 것을 알려 줍니다. 교회는 거룩한 공동체입니다. 세상과 다른 생각을 가지고 다른 질서 속에서 삽니다. 세상의 질서는 강한 자가 약한 자에게 힘을 휘두르는 것입니다. 이런 세상에서는 약한 자가 사사건건 자기 권리를 주장하고 정의를 외치며 싸우는 것보다 오히려 자기 할일을 더 잘하며 희생적인 사랑을 보여주는 것이 하나님의 영광을 드러내고 세상을 변화시키는 더 좋은 방법입니다.

그러나 교회는 다릅니다. 교회의 질서는 서로 섬기는 것입니다. 서로 섬긴다고 하는 것은 더 많이 가진 자가 더 많이 섬기는 것을 의미합니다. 더 높은 자가 더 먼저 섬기는 것을 의미합니다. 그래서 본문은 교회생활에 대해 가르치면서 강한 사람들에게 먼저 교훈을 주는 것입니다. 그들이 먼저 약한 사람들을 사랑으로 대하라는 것입니다.

교회가 이렇게 서로 섬기고 강한 자가 약한 자를 섬기는 공동체라고 해서 교회에서는 약한 자가 악하게 행동해도 되는 것은 아닙니다. 모든 성도들은 강한 자나 약한 자나 억울하고 섭섭한 일이 있어도 악으로 악을 갚으려고 해서는 안 됩니다. 세상에서도 그러지 말아야 한다면 교회에서는 더욱더 그러지 말아야 합니다. 그런데 잘못하면 세상에서는 질서를 지키는 사람이 교회에서는 오히려 질서를 지키지 않고 못되게 굴 수도 있습니다. 교회의 질서는 세상의 질서처럼 강제적인 질서가 아니기 때문입니다.

• 말조심

우리가 본문 말씀대로 살기 위해서는 특별히 주의해야 할 것이 있습니다. 그것은 말을 조심하는 것입니다. 베드로는 성도들이 이렇게 살도록 돕기 위해 두 가지 교훈을 줍니다. 하나는 말을 조심하라는 것이고, 다른 하나는 행동을 선하게 하라는 것입니다.

그런데 두 교훈 중에 말을 조심하라는 교훈이 먼저 나오고, 더 구체적으로 나옵니다. 이것은 말의 중요성을 다시 한 번 보여줍니다. 말은 모든 행동 중에 가장 쉽게 할 수 있으면서도 어떤 행동 못지않게 강한 영향력을 가지고 있습니다. 그래서 말은 우리가 가장 크게 실수할 수 있는 분야입니다. 남을 사랑하는 데도 말을 잘 사용해야 합니다. 남을 비판하는 데도 말이 가장 위험한 것이니 조심해야 합니다.

베드로는 우리가 모든 말과 행동에서 추구해야 할 선이 화평이라고 합니다. 어떤 말을 하든, 어떤 행동을 하든 화평을 위해 해야 한다는 것입니다. 교회는 화평의 공동체가 되는 것이 가장 먼저 이루어야 할 선입니다. 이를 위해서는 강하고 높은 사람이 먼저 섬겨야 합니다.

이런 삶이 하나님이 주시는 복을 유업으로 받는 길입니다. 또 영생의 길이고 동시에 이 세상에서도 복을 받는 길입니다. 12절에서 주의 눈이 향한다는 말씀은 하나님이 늘 보시고 은혜를 베풀어 주신다는 뜻입니다. 주의 얼굴이 향한다는 말씀은 주의 눈이 향한다는 말씀과 같은 뜻일 때도 있지만 여기서는 주의 분노가 임한다는 뜻입니다. 우리가 이런 삶을 살지 않으면 복을 받지 못할 뿐 아니라 하나님의 진노와 징계를 받게 됩니다.

본문은 주로 교회생활에 대해 가르쳐 줍니다. 그 가르침은 마음을 같이하여 같은 목표를 가지고 교회를 섬기는 것이고, 아픔과 기쁨을 같이하며 하나가 되는 것입니다. 진심으로 사랑하며 평강의 교회를 이루는 것입니다. 이를 위해 특별히 필요한 것은 강한 자가 약한 자를 먼저 섬기는 것입니다. 믿음이 강한 자, 세상의 지위가 높은 자, 재물이 많은 자, 교회의 중직을 맡은 자, 교회에 오래 다녀 아는 사람이 많은 자, 이런 사람들이 그렇지 않은 사람들을 먼저 섬기며 자기는 낮아져야 합니다.

반면에 약한 사람들이 섭섭함을 당했다고 남을 비난하는 것도 옳지 않습니다. 우리는 모두 서로 사랑하고 섬기며 주님의 평강을 이루어 가야 합니다. 우리가 이렇게 살면 하나님은 우리를 돌보시고 우리의 간구에 귀를 기울여 주십니다. 그래서 우리는 주님의 은혜와 능력과 축복이 넘치는 교회를 이룰 수 있습니다. 아울러 교회에서 이런 삶을 익힌 성도들은 세상에 나가서도 약한 자를 보살피고, 악한 자에게 보복하지 않는 거룩한 삶을 살게 됩니다. 우리 모두가 교회와 가정과 사회에서 이런 삶을 통해 하나님께 영광을 돌리고, 세상을 구원하며, 우리 자신도 큰 은혜와 복을 누릴 수 있기를 바랍니다.

IV. 산 소망을 이루려면 고난을 이겨내야 합니다

1. 어두움 속에서 더욱 빛나는 신앙생활(벧전 3:13-16)
2. 신자는 선한 양심으로 삽니다(벧전 3:17-22)
3. 죄의 천적은 고난입니다(벧전 4:1-6)
4. 내일 종말이 온다면 어떻게 하시겠습니까?(벧전 4:7-11)
5. 부끄러운 일과 자랑스러운 일(벧전 4:12-19)
6. 서로 겸손으로 허리를 동이십시오(벧전 5:1-6)
7. 잠시 고난 후에 영원한 영광이 있습니다(벧전 5:7-14)

1. 어두움 속에서 더욱 빛나는 신앙생활
(벧전 3:13-16)

"또 너희가 열심으로 선을 행하면 누가 너희를 해하리요 그러나 의를 위하여 고난을 받으면 복 있는 자니 그들이 두려워하는 것을 두려워하지 말며 근심하지 말고 너희 마음에 그리스도를 주로 삼아 거룩하게 하고 너희 속에 있는 소망에 관한 이유를 묻는 자에게는 대답할 것을 항상 준비하되 온유와 두려움으로 하고 선한 양심을 가지라 이는 그리스도 안에 있는 너희의 선행을 욕하는 자들로 그 비방하는 일에 부끄러움을 당하게 하려 함이라."

• 가치를 증명하는 길

제가 아는 사람이 미국에서 차를 타고 가다가 큰 교통사고를 당했습니다. 많이 다쳤지만 다행히 생명에는 지장이 없었고 결국 잘 회복되었습니다. 그런데 그 사람 말이 자기가 이 차를 탔기 때문에 그래도 목숨을 건졌다는 것입니다. 만일 이 차가 아니라 다른 차였다면 그런 사고에서 틀림없이 죽었을 것이라고 했습니다. 그 사람이 탔던 차는 세계적으로 튼튼하고 안전하기로 유명한 차였습니다.

차가 좋은 차인지 나쁜 차인지 언제 알 수 있습니까? 사고를 당했을 때 알 수 있습니다. 아니, 꼭 사고가 나지 않아도 어려운 상황을 만나 보면 알 수 있습니다. 오래 전에는 우리나라에서 운행되던 버스들이 낡고 힘이 없었습니다. 나이 드신 분들은 아마 이런 경험이 있을 것입니다. 낡은 버스가 평지에서는 잘 달리다가 경사진 곳에서는 올라가지 못해 승객들이 내려서 경사진 지역을 걸어간 다음에 다시 버스를 탔습니다. 어떨 때는 버스를 밀어 주기도 했습니다. 그러나 지금은 그런 일이 없습니다. 왜냐하면 버스가 좋아졌기 때문입니다. 차가 좋은지 나쁜지는 험한 길을 만나 봐야 알 수 있는 것입니다.

신앙도 이와 비슷합니다. 신앙이 좋은지 나쁜지는 어려움을 겪어 봐야 압니다. 우리가 욥의 신앙을 보고 감탄하는 이유가 어디 있습니까? 그가 모든 재산을 잃고, 10명의 자녀를 잃고 온몸에 지독한 피부병이 났는데도 여전히 하나님을 찬양하는 것을 보고 그러는 것 아닙니까? 다니엘의 신앙이 훌륭하다는 것은 언제 확인되었습니까? 하나님께 기도하면 사자굴에 던져진다는 것을 알고도 기도했다가 사자굴에 던져졌을 때 아닙니까?

다니엘이 사자굴에서 보호를 받았기 때문에 위대한 것입니까? 죽었으면 시시한 사람입니까? 그렇다면 주기철 목사님은 왜 우리가 존경합니까? 감옥에서 보호를 받았기 때문이 아니라 신사참배를 거부하다가 순교했기 때문이 아닙니까? 다니엘이나 주기철 목사님의 신앙이 위대한 것은 그 어려운 상황에서도 목숨을 걸고 믿음을 지켰기 때문입니다.

위대한 신앙은 어려움을 겪을 때 나타납니다. 그러나 위대한 신앙인이라고 해서 어려울 때 다 기적적인 보호를 받는 것은 아닙니다. 보호를 받은 사람이나 받지 못한 사람이나 어려움 속에서 믿음을 지킨 것으로 신앙의 위대함이 드러나는 것입니다. 우리는 보호를 받았느냐 못 받았느냐에 따라 상급을 받는 것이 아니라 믿음을 지켰느냐 지키지 못했느냐에 따라 상급을 받는 것입니다.

앞에서 베드로는 하나님의 섭리를 이렇게 가르쳐 줍니다.

"주의 눈은 의인을 향하시고 그의 귀는 의인의 간구에 기울이시되 주의 얼굴은 악행하는 자들을 대하시느니라 하였느니라"(벧전 3:12).

이 말씀은 하나님이 의인에게는 은혜를 베푸시고 악인에게는 벌을 내리신다는 뜻입니다.

그리고 본문에서는 이렇게 묻습니다.

"또 너희가 열심으로 선을 행하면 누가 너희를 해하리요"(벧전 3:13).

우리가 세상에서 선하게 살면 우리를 해치는 사람이 없습니까? 디모데후서 3장 12절은 "무릇 그리스도 예수 안에서 경건하게 살고자 하는 자는 박해를 받으리라"고 말합니다. 세상에서 하나님의 뜻대로 바르게 산다고 해를 받지 않는 것은 아닙니다.

그런데도 베드로는 "너희가 열심으로 선을 행하면 누가 너희를 해하리요"라고 합니다. 이 말씀에는 두 가지 의미가 있습니다. 첫째, 아무리 세상이 악해서 예수님을 믿는 우리를 해친다고 해도 우리가 정말 계속해서 선을 행하면 그들이 그렇게까지 악하게 굴지는 못한다는 뜻입니다. 우리가 꾸준히 선을 행하면 악한 사람도 감동을 받아 우리를 덜 해치게 된다는 뜻입니다.

둘째, 우리가 선을 행하면 하나님이 보호해 주신다는 뜻입니다. 우리가 선을 행하면 누가 우리를 해치겠습니까? 하나님이십니까? 아닙니다. 하나님은 우리가 선을 행하면 우리를 보살펴 주시고 우리의 기도를 들어주십니다. 그렇다면 선을 행하는 우리를 해치는 것은 누구입니까? 사탄입니다.

그러면 어떻게 되겠습니까? 우리가 선을 행할 때 우리를 해치려는 존재는 사탄이고, 우리를 보호해 주시는 분은 하나님이십니다. 누가 더 강합니까? 말할 필요도 없습니다. 그래서 이 말씀은 이런 뜻입니다. '우리가 선을 행하면 누가 우리를 해치겠느냐? 하나님이 아니라 사탄이 아니냐? 그런데 그보다 더 강하신 하나님은 무엇을 하시느냐? 하나님은 우리를 보호하시고 우리의 기도를 들으신다. 그러니까 우리가 선을 행하면 하나님의 보호와 축복을 받을 것이다.'

그렇다고 문제가 전혀 없는 것은 아닙니다. 우리가 선을 행해도 세상에서 고난을 받을 수 있기 때문입니다. 그러나 그렇다고 해서 그 고난이 우리를 망하게 하는 것은 아닙니다. 오히려 우리에게 유익이 됩니다. 사실은 우리가 어떤 이유로 고난을 받아도 그것은 우리에게 유익이 됩니다. 우리에게는 모든 것이 합력하여 선을 이루기 때문입니다. 특히 우리가 의를 위하여 고난받는 것은 더 큰 복이 됩니다. 의를 위하여 선을 행하다가 당하는 고난에 대해서는 하나님이 큰 상을 주시기 때문입니다. 그래서 본문 14절 상반절은 이렇게 가르쳐 줍니다.

"그러나 의를 위하여 고난을 받으면 복 있는 자니"(벧전 3:14 상).

의를 위해서 고난을 받는 것이 무엇을 의미합니까? 하나님을 사랑한다는 것을 의미합니다. 하나님 뜻대로 살면 어려움을 당한다는 것을 알면서도 하나님 뜻에 순종하는 것이야말로 정말 하나님을 사랑한다는 증거 아닙니까? 또 그런 어려움을 각오하고 하나님 뜻에 순종하는 것이야말로 정말 하나님을 믿는 것 아닙니까? 이런 사람을 하나님이 어떻게 그냥 두시겠습니까? 복을 주실 수밖에 없습니다.

군인이 언제 빨리 승진하고 훈장을 많이 받겠습니까? 전쟁 때입니다. 물론 전쟁이 없어야 하겠지만 군인은 전쟁이 없으면 승진하거나 훈장 받을 일이 적어집니다. 그러나 전쟁이 터지면 훈장 받고 승진할 일이 많아집니다. 특히 나라가 어려울 때 위험을 무릅쓰고 싸우면 큰 상을 받습니다.

우리가 세상에서 의를 이루기 위해 고난을 받는 것은 군인이 나라를 위해 위험한 전투를 하는 것과 같습니다. 상 받을 기회인 것입니다. 우리와 군인의 다른 점이 있다면 군인은 이길 수도 있고 질 수도 있지만 우리는 질 수가 없다는 것입니다. 우리는 하나님의 은혜로 반드시 이깁니다. 고난은 받아도 믿음을 지키고 하나님 나라에 들어갑니다. 우리가 의를 위해 고난을 받으면 틀림없이 하나님의 복을 받는 것입니다.

• 고난의 축복

이렇게 의를 위한 고난이 하나님의 복이라는 것을 알면 두려움이 없어집니다. 두려움은커녕 기쁨 속에서 의를 위해 살게 됩니다. 14절 "그들이 두려워하는 것을 두려워하지 말며"라는 말에는 두 가지 의미가 있습니다.

첫째, '저희가 너희를 위협하는 것을 두려워하지 말라' 는 뜻입니다. 교회를 비난하는 자들은 성도들이 하나님의 뜻대로 살 때 그렇게 살지 못하도록 위협합니다. 이럴 때 그 협박을 두려워하지 말고 담대히 신앙을 지키라는 것입니다. 왜 그들의 협박을 두려워하지 말라고 합니까? 온 세상의 주인이신 하나님이 도와주시기 때문입니다.

둘째, '저희가 두려워하는 것을 두려워하지 말라' 는 뜻입니다. 세상 사람들은 무엇을 두려워합니까? 다른 사람들의 이목이나 세상권세의 위협을 두려워합니다. 그러나 베드로는 우리에게 그런 것을 두려워하지 말라고 합니다. 왜 그렇습니까? 우리가 의를 행하면 천지의 주인이신 하나님이 우리를 보호해 주시기 때문입니다. 우리는 오직 하나님만 두려워하며 하나님 뜻대로 의롭게 살면 됩니다. 세상은 우리를 해치지 못합니다. 하나님이 지켜 주시는데 세상이 우리를 어떻게 하겠습니까?

그러면서 베드로는 이렇게 교훈합니다.

"너희 마음에 그리스도를 주로 삼아 거룩하게 하고"(벧전 3:15 상).

이 말씀은 주님을 모시고 거룩하게 살라는 뜻이 아닙니다. 이 말씀은 내 마음 속에 주님을 거룩한 분으로 모시라는 뜻입니다. 이것은 참으로 중요한 자세입니다. 예수님은 거룩하신 분입니다. 우리는 예수님을 믿을 때 거룩하신 분으로 믿어야 합니다. 예수님을 믿는 것은 예수님을 위인으로 보고 따르는 것이 아닙니다. 세상의 다른 것들과는 전혀 다른 존재로 구별하여 믿는 것입니다. 이것이 예수님을 믿는 신앙입니다.

예수님은 하나님의 아들입니다. 그런데 요즈음 교회에 심각한 문제가 생겼습니다. 그것은 신학공부를 좀 했다는 사람들이 예수님을 거룩한 하나님의 아들로 믿지 않는다는 것입니다. 이들은 예수님을 그냥 위대한 신앙인으로 봅니다. 저도 신학교에서 교수생활을 했던 사람입니다만 어떤 신학교는 예수님을 우리가 믿는 것처럼 하나님의 아들로 믿는 것은 아주 무식한 믿음이라고 생각하는 분위기가 팽배합니다. 서양은 말할 것도 없습니다.

예수님의 이름을 팔면서도 성경이 가르쳐 주는 예수님을 믿지 않는 신학자들이 많아지고 있습니다. 책도 이상한 책들이 많이 나오고 있습니다. 《예수는 없다》, 《예수는 신화다》 이런 책들이 상당히 잘 팔리고 있습니다. 많은 사람들이 호기심 때문에, 혹은 교회에 대한 반감 때문에 이런 책을 즐겨 읽습니다. 약 20년 전에는 《인도에 간 예수》라는 책이 나와서 센세이션을 일으킨 적이 있습니다. 이 책의 내용은 이미 19세기 말에 다른 사람이 주장했던 것이고, 신학자들 사이에서 "엉터리로 끼워 맞춘 잘못된 이론"이라는 결론이 난 것입니다. 그럼에도 불구하고 100여 년 만에 또다시 나와 한국에서는 많이 읽힌 것입니다.

지금은 다른 종교에도 구원이 있다는 사상이 점점 세력을 얻고 있습니다. 이것이 바로 종교다원주의입니다. 다른 종교에도 구원이 있으면 예수님은 어떤 분이시라는 것입니까? 세상을 구원하실 유일한 하나님의 독생자가 아니라는 말이 됩니다. 이것은 예수님을 거룩하게 모시는 것이 아닙니다. 그런데 이런 분위기가 서구에서는 상당히 발달되어 있습니다. 미국의 많은 신학교에서는 예수님만 구원자라고 하며 다른 종교에는 구원이 없다고 하면 무식한 사람으로 치부되는 분위기가 생겼습니다. 앞으로 우리의 신앙생활에 가장 큰 위협이 되는 우상숭배는 다른 종교에도 구원이 있다고 믿는 종교다원주의가 될 것입니다.

우리는 예수님을 거룩하게 모시기가 몹시 어려운 세상에 살고 있습니다. 예수님을 믿는다고 박해를 받지는 않지만 예수님을 성경대로 믿기는 매우 어려운 시대에 살고 있습니다. 도대체 왜 그런 신학자들이나 신자들은 예수님을 거룩하게 믿지 못할까요? 예수님이 주시는 신비한 은혜를 체험하지 못했기 때문입니다. 예수님의 이름으로 기도하여 응답을 받아 보지 못했거나, 예수님의 십자가 은혜로 나의 죄를 용서받는 은혜를 체험하지 못했기 때문일 것입니다. 이런 신비한 은혜를 분명히 체험했다면 어떻게 예수님을 거룩하게 모시지 않을 수 있겠습니까?

• 거룩한 성도의 삶

이런 세상에서 우리는 어떻게 살아야 합니까? 지금 세상은 하나님 뜻대로 사는 사람을 비난하고 욕하는 세상입니다. 베드로전서가 쓰일 당시에는 사람들이 방탕한 잔치를 벌인 후에 음란한 짓을 많이 했습니다. 그러나 성도들은 그들의 방탕한 잔치와 음행에 참여하지 않았습니다. 그래서 이들은 성도들이 자기들처럼 살지 않는다고 비난한 것입니다.

지금도 이런 경우가 많습니다. 언젠가 몇몇 교회 지도자들과 대화를 나누다가 이제는 우리나라 교회에서 술을 금하는 것을 다시 검토해 봐야 할 것 같다는 말이 나왔습니다. 술 자체가 악이라고 보기도 어렵고, 또한 지금은 성도들도 술을 마시는 경우가 많은데 이런 금령은 괜히 성도들을 정죄하기 때문이라는 것입니다. 그랬더니 한 장로님이 이렇게 말했습니다. 자기가 주위에서 본 바로는 술을 먹으면 결국 성적 부도덕으로 가게 될 때가 많더라는 것입니다. 그래서 술은 계속해서 금하는 것이 좋겠다는 것입니다.

술이 성적 부도덕만 일으킵니까? 술에 취해서 악을 행하는 사람이 얼마나 많습니까? 술을 하나의 음식으로 본다면 절대적으로 금할 필요가 없을지 모릅니다. 그러나 이렇게 성적 부도덕을 불러일으키고 다른 악을 행하게 만든다면 심각한 문제 아닙니까? 세상은 이렇게 술과 방탕과 음행의 삶을 삽니다. 그러니 신자들이 거룩하게 살면 욕을 먹지 않겠습니까? 심지어 이런 말까지 듣습니다. "예수 믿는 사람들은 꼭 그렇게 살아야 하느냐?"

그리고 많은 사람이 예수님을 하나님의 아들로 믿지 않습니다. 예수님을 거룩하게 모시는 사람을 무식하다고 합니다. 세상 사람들만 그러는 것이 아닙니다. 신자들 중에서도 적지 않은 사람들이 그렇습니다. 더 무서운 것은 신학공부를 한 사람들도 그런다는 사실입니다. 그들은 이렇게 말합니다. "예수가 하나님의 아들이고 예수를 믿어야만 구원받는다고 믿는 것은 유치하고도 이상한 믿음이다." 그러면서 우리에게 이런 질문까지 합니다. "도대체 너희들은 예수를 제대로 알고 믿느냐?"

이런 질문을 들을 때 어떻게 해야 합니까? 베드로는 당시에 이런 질문과 비난을 많이 받았기 때문에 그에 답하는 방법을 알고 있었습니다. 어떻게 대답해야 합니까? 소망으로 대답해야 합니다. 왜냐하면 그들의 질문 자체가 우리의 소망에 대한 질문이기 때문입니다. 그들이 묻습니다. "꼭 그렇게 살아야 돼?" 이 말은 '무엇 때문에 그렇게 살아? 그렇게 살면 뭐가 좋은데?' 이런 뜻입니다. 소망에 대해 묻는 것입니다. 그들은 또 묻습니다. "예수가 누구라고 생각하고 그렇게 믿어?" 이 말은 '예수가 무엇을 해준다고 생각해?' 라는 뜻입니다. 결국 이런 질문들은 신앙의 소망에 대해 묻는 질문입니다.

베드로는 이런 질문에 대해 항상 소망 가운데 답변을 준비해 두라고 가르쳐 줍니다. 그들의 질문은 신앙의 소망에 대한 질문입니다. 그래서 예수님을 믿는 소망을 가지고 대답해야 합니다. 그 소망이 무엇입니까? 영생의 소망입니다. 우리의 소망이 이 세상에만 있으면 절대 하나님의 뜻대로 살 수 없습니다. 왜냐하면 하나님은 영생을 염두에 두고 우리를 인도하시는데, 우리는 이 세상만 염두에 두고 있다면 하나님의 인도하심을 받아들일 수 없기 때문입니다.

2002년 대한민국 최고의 영웅은 히딩크 감독일 것입니다. 사실, 그만이 아니라 그의 지도를 따라 준 코치들과 선수들도 영웅이라고 할 만합니다. 그런데 감독으로 부임한 히딩크는 최종 목표를 2002년 6월의 월드컵 경기에 두고 훈련을 시켰습니다. 그러니까 2001년 경기에서는 져도 괜찮습니다. 2002년 6월 경기에서 이기면 되는 것입니다. 그러나 대한민국의 많은 사람들은 히딩크가 2001

년 경기에서 좋은 성적을 내기 바랐습니다. 그런데 2001년 경기의 성적이 좋지 않자 많은 비난을 했습니다. 이런 사람들이 히딩크의 지도를 받을 수 있겠습니까? 2001년에는 져도 2002년에 이기면 된다고 믿고, 히딩크가 그렇게 이끌 수 있다고 믿어야 히딩크의 지도를 받을 수 있는 것입니다.

2002년에 이기기를 소망하는 사람과 2001년에 이기기를 소망하는 사람도 이렇게 다릅니다. 2001년에 좋은 성적을 얻고 싶은 사람은 2002년에 좋은 성적을 얻도록 훈련시키는 지도자를 따르기 어렵습니다. 하물며 하나님은 영원한 소망을 이루어 주려고 하시는데 우리가 이 세상의 소망을 이루려고 한다면 어떻게 하나님의 인도를 따를 수 있겠습니까? 우리는 영생의 소망을 가지고 있어야 하나님의 뜻을 따라 의롭게 살 수 있는 것입니다.

그리고 영생의 소망으로 설명해야 세상 사람들의 질문에 답변이 됩니다. "왜 세상의 쾌락을 마다하는 거야? 왜 예수를 그렇게 믿어?" "우리는 영생을 바라보고 있기 때문에 지금 세상의 방탕한 쾌락을 중요하게 생각하지 않아. 지금 방탕하게 살다가 영생을 잃는 것은 정말 어리석은 짓이야." 이렇게 말해야 대답이 되는 것입니다.

이렇게 대답할 때 각별히 유의해야 할 것이 있습니다. 그것은 온유와 두려움으로 대답해야 한다는 것입니다. 우리의 목적은 세상 사람들과 대결하는 것이 아닙니다. 그들은 우리의 원수가 아닙니다. 사실 원수라도 사랑해야겠지만 그들은 우리가 구원해야 할 우리의 이웃입니다. 그래서 그들에게 반감이 생기지 않도록 말해야 합니다. 우리를 비난하는 사람에게 대답할 때도 우리의 대답은 항상 그들의 적개심을 녹일 만큼 부드러운 답변이어야 합니다. 더욱이 우리는 하나님 앞에서 항상 겸손할 수밖에 없는 사람입니다. 마치 내가 잘나서 구원받는 것처럼 행동하면 안 됩니다. 그래서 두려움과 온유함으로 대답해야 하는 것입니다.

오래 전에 저희 부부가 제 친구 하나와 함께 다른 친구의 집을 방문한 적이 있습니다. 저희 부부와 함께 간 친구는 모두 신자였습니다. 그러나 방문했던 그 집 친구 부부는 아직 불신자였습니다. 식사를 하다가 교회 얘기가 나와서 저희 셋이 전도를 했습니다. 그랬더니 믿지 않는 친구의 부인이 여러 가지 질문을 했습니다. 그래서 우리는 그냥 기독교의 교리를 가르쳐 준다고 말했는데 갑자기 이 부인이 화를 내는 것입니다. 그러면서 하는 말이 예수 믿는 사람들은 자기들만 구원받는다고 하며 잘난 체한다는 것이었습니다. 남편 친구들을 그렇게 몰아세우는데 참 난처했습니다. 감사하게도 그 부부가 지금은 예수님을 잘 믿고 있습니다.

나중에 친구 부인이 왜 그렇게 화를 냈는지 이유를 생각해 봤습니다. 그날 우리는 그 부인이 우리가 왜 믿는지 우리의 소망에 대해 물었을 때 두려움과 온유함으로 우리의 소망을 말하지 않았던 것 같습니다. 그래서 무례하게 보였던 것 같습니다. 이 부인은 원래 교회를 비난하는 사람이 아니었습니다. 그런데도 그렇게 화를 냈습니다. 그렇다면 교회를 비난하는 사람에게는 얼마나 더 두려움과 온유함으로 우리의 소망을 말해야겠습니까?

우리의 목표는 논쟁의 승리가 아닙니다. 상대방을 하나님께로 인도하는 것입니다. 우리가 말로 이기면 우리의 권리는 찾을 수 있을지 몰라도 사람을 얻기는 어렵습니다. 오히려 온유와 사랑으로 대해야 사람을 얻을 수 있습니다. 이런 자세로 이웃을 대하며 늘 선한 양심으로 사는 것이 우리를 비난하는 사람을 감동시키는 길입니다. 물론 성령님의 역사로 구원이 이루어지지만 성령님은 이런 방법으로 구원을 이루어 가시는 경우가 많습니다.

하나님은 의인을 지켜 주십니다. 우리가 선하게 살면 누가 우리를 해치겠습니까? 하나님은 우리를 해치지 않으십니다. 오히려 지켜 주십니다. 그러니까 의롭게 살려고 하다가 세상에서 어려움을 당해도 염려하지 마십시오. 그런 어려움은 오히려 우리의 믿음과 사랑이 드러나는 기회입니다. 어두움 속에서 등불이 더욱 빛나는 것과 같습니다. 어려움 때문에 우리의 믿음은 더 큰 칭찬을 받고 우리는 더 큰 복을 받게 되는 것입니다. 어떤 상황에서도 항상 믿음을 지키며 바르게 사시기 바랍니다. 그리고 우리의 거룩한 삶을 비난하거나 혹은 궁금하게 생각하며 질문하는 사람들에게는 언제든지 우리의 산 소망을 두려움과 온유함으로 설명해 줌으로써 그들에게도 큰 덕을 끼치시기 바랍니다.

2. 신자는 선한 양심으로 삽니다(벧전 3:17-22)

"선을 행함으로 고난받는 것이 하나님의 뜻일진대 악을 행함으로 고난받는 것보다 나으니라 그리스도께서도 단번에 죄를 위하여 죽으사 의인으로서 불의한 자를 대신하셨으니 이는 우리를 하나님 앞으로 인도하려 하심이라 육체로는 죽임을 당하시고 영으로는 살리심을 받으셨으니 그가 또한 영으로 가서 옥에 있는 영들에게 선포하시니라 그들은 전에 노아의 날 방주를 준비할 동안 하나님이 오래 참고 기다리실 때에 복종하지 아니하던 자들이라 방주에서 물로 말미암아 구원을 얻은 자가 몇 명뿐이니 겨우 여덟 명이라 물은 예수 그리스도께서 부활하심으로 말미암아 이제 너희를 구원하는 표니 곧 세례라 이는 육체의 더러운 것을 제하여 버림이 아니요 하나님을 향한 선한 양심의 간구니라 그는 하늘에 오르사 하나님 우편에 계시니 천사들과 권세들과 능력들이 그에게 복종하느니라."

• 어려운 성경 구절

제가 신학생일 때 한 학생이 교수님께 이런 질문을 했습니다. "예수님에 대해 전혀 들어 보지도 못한 사람은 최후 심판 때 어떻게 됩니까?" 교수님은, 그 문제는 우리가 잘 알 수 없다고 대답하셨습니다. 그러자 뒤에 앉은 한 학생이 불만스럽게 투덜거렸습니다.

"그걸 왜 몰라? 성경에 나오잖아. 베드로전서 3장 19-20절을 보면 다 알 수 있는데. 참 교수들이 성경을 몰라서 큰일이야."

이 학생의 투덜거리는 말을 들은 저는 몹시 당황했습니다. '이 학생은 너무 교만한 것 아닌가? 교수님을 이렇게 무시하다니…….' 사람들은 자기가 알고 있는 약간의 지식이 전부인 줄 알고 다른 사람을 무시하는 경우가 많이 있습니다. 제 생각에는 이 학생도 그랬던 것 같습니다.

이 학생이 무슨 뜻으로 이런 말을 했는지 아시겠습니까? 이 학생의 말은 이런 뜻입니다. 베드로전서 3장 19절에 "그가 또한 영으로 가서 옥에 있는 영들에게 선포하시니라"라는 말씀이 나옵니다. 학생은 이 말씀의 뜻을 예수님에 대해 듣지 못하고 죽어서 음부에 있는 사람들에게는 예수님이 영으로 가서 복음을 전하신다는 뜻으로 생각한 것입니다. 그리고는 교수님이 그것도 모르느냐고 불만을 터뜨린 것입니다. 그러나 이 학생의 말이 꼭 맞다고 보기는 어렵습니다.

베드로전서 3장 19-20절은 성경에서 가장 난해한 구절 중 하나로 꼽힙니다. 마르틴 루터는 성령님의 역사 가운데 그렇게 위대한 종교개혁을 이루고 또 수많은 성경해석서를 썼지만 베드로전서 3장 19절을 신약성경에서 가장 어려운 구절이라고 했습니다. 그러면서 자기는 아직도 그 뜻을 모르겠다고 했습니다. 미국의 저명한 신약학자 브루스 메츠거(Bruce M. Metzger) 교수님이 한국에 와서 강의를 할 때 이 구절에 대해서 자기도 그 의미를 모르겠다고 하면서 이렇게 말했습니다. "어느 날은 이런 뜻 같고 그다음 날은 저런 뜻 같다."

그렇다면 저는 얼마나 잘 설명할 수 있을까요? 물론 잘 못합니다. 혹시 평소에 이 성경구절의 뜻이 몹시 궁금했는데 이 책을 통해 배울 수 있을 것이라고 기대하신 분이 있다면 좀 실망하게 되실지도 모르겠습니다. 우리는 이 구절의 명확한 뜻은 모르고 다만 희미하게 그 뜻을 알아볼 것입니다. 그러나 이 문단 전체가 가르쳐 주는 의미는 명확히 배울 수 있을 것입니다.

• 성도의 고난

먼저 본문이 가르쳐 주는 핵심 메시지를 생각해 보겠습니다. 바로 앞 문단에서 베드로는 우리가 의롭게 살면 하나님이 보호해 주신다고 했습니다. 혹 의를 행하다가 고난을 받아도 염려할 것 없다고 했습니다. 그것은 오히려 하나님을 믿고 사랑한다는 증거이므로 복 받을 일이라고 했습니다. 그리고 우리의 신앙생활을 이해하지 못하고 우리에게 왜 그렇게 사는지 묻는 사람에게는 산 소망을 말해 주라고 했습니다. 다만 두려움과 온유함으로 대답하라고 했습니다. 그리고 선한 양심을 따라 살라고 가르쳐 주었습니다.

본문에 들어와서는 선을 행하다가 고난을 받는 것이 좋은 일이라고 합니다. 베드로는 우리가 이런 삶을 살 수 있도록 다시 한 번 격려해 줍니다. 그것은 예수님이 그런 고난의 삶을 사셨기 때문에 우리도 그렇게 사는 것이 당연하다는 것입니다.

십자가에는 두 가지 의미가 있습니다. 하나는 예수님이 지신 십자가입니다. 나의 죄를 씻어 주는 십자가입니다. 이것은 우리가 믿어야 할 십자가입니다. 우리는 모두 이 십자가를 믿습니다. 이 십자가를 믿지 않으면 신앙인이 아닙니다. 구원도 받지 못합니다. 나는 죄를 지어 죽을 수밖에 없었는데 예수님이 나 대신 십자가에서 죽으셨습니다. 이런 예수님의 은혜로 나는 살 수 있게 되었습니다. 이것이 십자가의 가장 중요한 의미입니다.

다른 하나는 내가 져야 할 십자가입니다. 예수님은 이렇게 말씀하셨습니다. "누구든지 나를 따라오려거든 자기 십자가를 지고 나를 따르라." 우리는 우리의 십자가를 지고 예수님을 따라야 합니다. 자기 십자가를 지고 따른다는 것이 무슨 뜻일까요? 십자가가 뭐 하는 것입니까? 십자가는 사형기구입니다. 자기 십자가를 지고 예수님을 따른다는 것은 자기를 죽이고 예수님을 따른다는 뜻입니다. 그래서 예수님은 자기 십자가를 지고 따르라고 하실 때 자기를 부인하고 따르라고 하신 것입니다. 자기의 욕심, 명예, 평안, 감정, 고집을 다 부인하고, 자기를 죽이고 따르라는 것입니다.

십자가가 이렇게 두 가지 의미가 있듯이 예수님의 고난도 두 가지 의미가 있습니다. 하나는 우리의 죄를 씻어 주는 고난입니다. 다른 하나는 우리가 배우고 본받아야 할 고난입니다. 우리는 예수님을 본받아야 합니다. 예수님처럼 고난이 닥쳐와도 의를 지키는 것이 의를 위하여 고난을 받는 것이고, 십자가를 지고 예수님을 따르는 것입니다.

본문은 예수님의 고난 중에서 우리가 배우고 따라야 할 고난을 가르쳐 줍니다. 예수님이 이렇게 의를 위하여 고난을 받으시고 어떻게 되셨습니까? 우리를 구원하셨습니다. 그리고 예수님 자신도 영원한 하나님 나라의 영광을 받으셨습니다. 우리가 예수님의 고난을 본받아 의롭게 살면 어떻게 되겠습니까? 우리도 하나님 나라의 영광을 얻게 되는 것입니다. 그리고 이웃을 구원하게 되는 것입니다.

우리가 남의 죄를 대속해 줄 수는 없습니다. 그러나 이웃의 유익을 위해 양보하고 악한 사람도 선하게 대해 줄 수는 있습니다. 그렇게 하면 많은 사람이 그 모습에서 감동을 받고 변하게 됩니다. 우리가 의를 위해 받는 고난은 이웃을 구원하는 도구가 되는 것입니다.

한국교회가 부흥하는 데 중요한 역할을 한 것이 두 가지 있습니다. 하나는 교회가 축복을 약속해 준 것이고, 다른 하나는 교회가 고난을 받은 것입니다. 이 두 가지를 상징적으로 잘 보여주는 사건은 이런 것입니다. 1960-1970년대에 우리나라가 산업화되면서 농촌의 많은 사람들이 도시로 와서 어려운 근로자 생활을 하게 되었습니다. 이때 하나님의 물질적인 축복을 약속해 준 교회들이 크게 부흥했습니다. 대표적인 교회가 순복음교회입니다. 하나님의 축복을 약속해 주는 것은 나쁜 것이 아닙니다. 하지만 하나님의 축복을 물질적인 것에만 집중한다면 바른 신앙생활에 큰 방해가 될 수 있습니다.

반면에 1970-1980년대에는 군사독재 때문에 고통받는 사람이 많았습니다. 그리고 민주화의 갈망이 컸습니다. 이때 사회정의를 외치고 어려운 사람들 편에서 애쓴 교회들이 또한 부흥했습니다. 혹은 이런 교회 때문에 사람들이 교회를 좋게 보고 교회에 나오기도 했습니다. 대표적으로 가톨릭 교회를 들 수 있습니다. 저는 가톨릭이 교리적으로 문제가 많이 있지만 그래도 아직은 기독교에

속한다고 생각합니다. 이렇게 교회가 의를 위해 고난받는 것은 복음을 전파하고 사람들을 구원으로 인도하는 데 유익한 것입니다.

의를 위한 고난은 이웃에게만 유익한 것이 아니라 우리의 신앙생활에도 유익합니다. 그 고난이 우리의 믿음을 연단하고 성장시켜 주기 때문입니다. 군대에서 병사들을 훈련할 때 많이 쓰는 말이 있습니다. "훈련에서 땀 한 방울은 전쟁에서 피 한 방울과 같다." 훈련이 고되지만 훈련을 제대로 받은 사람은 전쟁에서 승리할 수 있습니다. 신앙생활도 비슷합니다. 고난을 통해 신앙이 연단된 사람은 어려운 시험이 닥쳐와도 이겨낼 수 있는 것입니다.

제가 어렸을 때 구슬놀이를 많이 했습니다. 그때는 유리구슬이 드물었고 사기로 만든 구슬이 많았습니다. 그런데 하루는 아버님 공장의 직원 한 사람이 제가 구슬놀이 하는 것을 보고는 자기가 구슬을 만들어 주겠다는 것입니다. 저는 귀가 번쩍 뜨여서 만들어 달라고 했습니다. 그 사람이 진흙을 이기더니 동글동글하게 만들었습니다. 그리고는 그것을 숯불에다 집어넣었습니다. 그리고 하는 말이 이렇게 불에 구우면 구슬이 된다고 하면서 얼마든지 만들어 주겠다는 것입니다. 저는 꿈만 같았습니다. 그런데 막상 구슬을 불에서 꺼내 보니까 이것은 전혀 구슬이 아니었습니다. 그냥 쉽게 깨져 버리는 흙덩어리였습니다. 얼마나 실망했는지 모릅니다. 지금 생각해 보니 진흙 구슬을 숯불에 구워가지고 무슨 사기 구슬이 되겠습니까? 진짜 가마에 구워야 하는 것입니다.

진흙으로 만든 그릇이 엄청난 온도의 가마에서 완전히 구워지면 강한 사기 그릇이나 자기 그릇이 됩니다. 이런 그릇은 웬만큼 부딪쳐도 깨지지 않고 그 안에 무엇을 담을 수도 있습니다. 그러나 아무리 좋은 재질의 흙으로 만들어도 뜨거운 불 속에 들어갔다 나오지 않으면 못 씁니다. 건드리기만 해도 망가져 버립니다. 고난은 우리를 연단하여 쓸 만한 신앙인으로 만들어 주는 불과 같습니다.

그리고 고난은 천국에서 더 큰 상을 받도록 도와줍니다. 예수님이 고난을 통해 영광에 들어가신 것처럼 우리도 고난을 통해 더 큰 상을 받습니다. 예수님은 마태복음 5장 10-12절에서 이렇게 말씀하셨습니다.

> "의를 위하여 박해를 받은 자는 복이 있나니 천국이 그들의 것임이라 나로 말미암아 너희를 욕하고 박해하고 거짓으로 너희를 거슬러 모든 악한 말을 할 때에는 너희에게 복이 있나니 기뻐하고 즐거워하라 하늘에서 너희의 상이 큼이라 너희 전에 있던 선지자들도 이같이 박해하였느니라"(마 5:10-12).

예수님의 말씀처럼 의롭게 살다가 고난을 받는 사람은 천국에서 큰 상을 받습니다. 하나님 뜻대로 살기 위해 고난을 받는 것은 하늘에 상을 쌓아 놓는 일입니다.

우리가 의를 위해 고난을 받는 것은 두 가지 이익이 있습니다. 첫째, 다른 사람을 감동시켜 구원의 길로 인도할 수 있습니다. 둘째, 우리가 더욱 연단 받아 세상에서 훌륭한 신앙생활을 하다가 천국에서 큰 상을 받을 수 있습니다. 이런 산 소망이 있는 사람은 세상에서 고난을 당해도 의로운 삶을 살 수 있습니다. 이것을 확증해 주신 분이 바로 예수님이십니다. 예수님 자신이 고난을 통해 사람들을 구원하시고 영광을 받으셨기 때문입니다.

• **난해한 문제**

예수님의 고난은 우리에게 모범만 보여주는 것이 아닙니다. 더 중요한 것은 우리의 죄를 사하고 우리를 구원하는 것입니다. 예수님은 우리를 구원하시기 위해 어떤 고난을 받으셨습니까? 십자가에서 죽으시고 부활하셨습니다. 또 예수님은 어떤 사람을 구원하십니까? 예수님을 믿는 사람을 구원하십니다.

여기에 두 가지 질문이 생깁니다. 하나는 예수님이 죽음과 부활 사이에 무엇을 하셨느냐는 것입니다. 다른 하나는 예수님이 오시기 전의 사람들은 어떻게 되느냐는 것입니다. 베드로는 이 두 가지 질문에 대한 답을 19-20절에서 주는 것 같습니다.

"그가 또한 영으로 가서 옥에 있는 영들에게 선포하시니라 그들은 전에 노아의 날 방주를 준비할 동안 하나님이 오래 참고 기다리실 때에 복종하지 아니하던 자들이라 방주에서 물로 말미암아 구원을 얻은 자가 몇 명뿐이니 겨우 여덟 명이라"(벧전 3:19-20).

하지만 이 말씀은 참으로 이해하기 어렵습니다. 이 말씀은 '선포하다'라는 단어를 무슨 뜻으로 보느냐에 따라 크게 두 가지로 해석할 수 있습니다. 하나는 '선포하다'를 '복음 전하는 것'으로 보는 것이고, 다른 하나는 '심판을 선포하는 것'으로 보는 것입니다.

첫째, 선포하는 것을 복음 전하는 것으로 보면 예수님이 지옥에 가서 지옥에 있는 영들에게 복음을 전하셨다는 뜻이 됩니다. 예수님이 십자가에서 죽으신 후 부활하시기 전까지 지옥에 있는 영들을 찾아가서 복음을 전하셨다는 것입니다. 그렇다면 예수님을 몰랐던 사람들에게 복음이 전해지고 구원의 기회가 주어진다는 의미가 됩니다.

우리가 하나님의 섭리를 다 모르기 때문에 이 말씀이 꼭 틀렸다고 말하기는 어렵습니다. 그러나 받아들이기 어려운 점이 몇 가지 있습니다. 우선 예수님의 십자가 후에도 예수님을 모르고 죽은 사람들이 많습니다. 그런데 이들에게는 기회를 주지 않고 노아 시대에 죽은 사람들에게만 기회를 준다면 이상하지 않습니까? 노아 시대의 사람들이라고 구원을 받지 못한 데 대해 책임이 없는 것이 아닙니다. 그들은 방주를 본 것 자체가 큰 경고였습니다. 그래서 자기의 파멸에 대해 스스로 책임을 져야 합니다. 더욱이 지옥에 간 후에도 구원의 기회가 있다는 것은 부자와 나사로 비유가 가르쳐 주는 것과 다릅니다. "그뿐 아니라 너희와 우리 사이에 큰 구렁텅이가 놓여 있어 여기서 너희에게 건너가고자 하되 갈 수 없고 거기서 우리에게 건너올 수도 없게 하였느니라"(눅 16:26)라고 말하고 있기 때문입니다.

둘째, 선포하는 것을 정죄의 선포로 보면 예수님이 십자가의 구원 역사를 이루신 후 지옥에 갇힌 영들에게 가서 그들은 구원받지 못한다는 것을 선포하신 것이 됩니다. 이것도 꼭 맞는다고 보기는 어렵습니다. 그러나 본문의 문맥에는 이것이 더 잘 맞습니다. 이것은 노아 시대에 불순종으로 구원받지 못한 사람들이 받는 비참한 운명을 보여줌으로써 베드로전서의 독자에게 바르게 살아야 한다는 경고를 주기 때문입니다.

지금 베드로는 예수님을 믿으면 거룩하게 살아야 한다는 것을 가르쳐 줍니다. 그래서 의를 위하여 고난을 받는 한이 있더라도 바르게 살라고 가르쳐 줍니다. 그렇다면 말씀에 순종하지 않으면 무서운 징계를 받는다고 가르쳐야 문맥에 잘 맞습니다. 만일 바르게 살지 못해서 지옥에 가도 또 예수님이 복음을 전해 주실 것이라고 하면 거룩하게 살라고 가르쳐 준 말씀이 힘을 잃어버립니다. 이런 점에서 볼 때 19-20절은 지옥에 있는 영들에게 구원을 전하는 것이라기보다 심판을 선포하는 것으로 보는 것이 더 좋을 것입니다.

그런데 왜 하필이면 노아 시대의 사람들을 언급했을까요? 여기에는 두 가지 이유가 있습니다. 하나는 노아 시대에 물로 멸망당한 사람들이 불순종하다가 심판받은 사람들의 가장 대표적인 모습을 보여주기 때문입니다. 다른 하나는 노아가 물의 멸망을 통해 구원받은 것이 세례와 잘 연결되기 때문입니다.

베드로는 이 모습을 통해 하나님 말씀에 순종하며 거룩하게 사는 것이 얼마나 중요한지 가르쳐 줍니다. 여기서 눈여겨봐야 할 것은 그 많은 사람들 중에 구원받은 사람이 여덟 명밖에 안 된다는 것입니다. 이 말씀은 우리가 세상에서 거룩하게 살려면 얼마나 남다르게 살아야 하는지를 알려 줍니다. 세상에 우리처럼 사는 사람이 거의 없어도 우리는 당당하게 거룩한 삶을 살아야 합니다. 우리가 남들처럼 살다가는 우리도 그들과 함께 멸망당합니다. 지금도 기독교인은 많지만 거룩하게 사는 사람은 소수 아닙니까? 그렇다면 우리는 남들과 다른 사람이 될 것을 각오하고 신앙생활을 해야 하는 것입니다.

그리고 베드로는 노아가 구원받은 모습을 세례와 연결시킵니다. 노아가 물을 통해 구원받은 것이 바로 세례를 상징한다는 것입니다다. 우리는 신자가 세례를 통해 구원받는다는 것을 잘 압니다. 세례가 신앙고백의 표시이기 때문입니다.

하지만 베드로는 세례를 이렇게 단순하게 가르치지 않습니다. 세례가 단순히 죄 씻음의 표가 아니라는 것입니다. 물론 세례는 죄 씻음의 표입니다. 그런데 왜 베드로는 죄 씻음의 표가 아니라고 가르칠까요? 사람들이 세례를 단순히 죄를 씻어 주는 것으로만 생각하면 거룩하게 살지 않기 때문입니다.

세례가 죄를 씻어만 준다고 생각해 보십시오. 그렇게 되면 세례는 엄청나게 성능이 좋은 죄 세탁기가 되어 버립니다. 그러면 세례를 받은 사람은 마음 놓고 죄를 지을 수 있습니다. 세례로 계속해서 죄를 씻으면 구원을 받을 테니까요. 이것은 잘못된 신앙생활입니다.

분명히 세례는 우리의 죄를 씻어 주신 예수님의 은혜를 의미합니다. 하지만 우리의 신앙생활을 위해서는 세례가 '죄를 씻어 주는 표'라기보다 오히려 '죄에 대해 죽고 의에 대해 사는 표'라고 보는 것이 더 좋습니다. 바울도 이렇게 가르쳐 주었습니다.

"무릇 그리스도 예수와 합하여 세례를 받은 우리는 그의 죽으심과 합하여 세례를 받은 줄을 알지 못하느냐 그러므로 우리가 그의 죽으심과 합하여 세례를 받음으로 그와 함께 장사되었나니 이는 아버지의 영광으로 말미암아 그리스도를 죽은 자 가운데서 살리심과 같이 우리로 또한 새 생명 가운데서 행하게 하려 함이라"(롬 6:3-4).

베드로도 세례가 선한 양심이 하나님을 향하여 찾아가는 것이라고 가르쳐 줍니다. 세례는 악을 벗어 버리고 선한 양심에 따라 바르게 사는 것을 의미하는 것입니다.

예수님은 부활을 통해 우리를 구원하셨습니다. 그래서 우리가 받은 것은 단순한 죄용서가 아니라 하나님의 뜻에 따라 새 삶을 사는 것입니다. 하나님이 우리 속에 새롭게 창조해 주신 선한 양심에 따라 사는 것입니다. 이것이 우리가 예수님을 믿어 구원의 길을 가는 모습입니다. 그래서 세례를 하나님을 향해 찾아가는 것이라고 하는 것입니다.

베드로는 성도들이 의롭게 살다가 고난을 받는 한이 있더라도 바르고 거룩하게 살아야 한다고 가르칩니다. 그 근거로 베드로는 예수님의 사역을 보여줍니다. 예수님의 사역은 십자가에서 죽으시고 부활하시고 승천하신 것입니다.

예수님의 십자가 고난은 무엇을 보여줍니까? 본문에서는 특히 예수님의 모범을 보여줍니다. 예수님이 고난을 통해 우리를 구원하시고 영광에 들어가셨습니다. 우리도 고난을 통해 이웃을 구원하고 또한 우리 자신도 영광의 구원을 얻게 됩니다. 그러므로 우리는 의를 위해 당당하게 고난도 받아야 하는 것입니다.

예수님의 죽으심이 보여주는 또 하나의 모습을 베드로는 옥에 갇힌 영들에 대한 예수님의 사역으로 설명합니다. 이 뜻을 분명히 알기는 어렵지만 아마도 죽으신 예수님은 불순종하다가 멸망 받은 사람들에게 멸망의 정당성과 확실성을 선포하신 것 같습니다. 그래서 불순종이 얼마나 무서운지 알려 줍니다. 물론 우리가 죽으신 예수님의 사역을 확실히 알지는 못합니다. 그렇다고 해도 본문이 노아 시대 사람들의 징계를 통해 우리를 경고하는 것은 틀림없습니다. 우리는 불순종하다가 멸망당하지 말고 순종의 길을 가야 합니다.

베드로는 노아 시대의 구원을 세례와 연결시켜 우리에게 귀한 교훈을 줍니다. 그것은 세례가 죄만 씻어 주는 것이 아니라는 것입니다. 세례는 우리로 하여금 선한 양심에 따라 하나님의 뜻대로 살게 해주는 것입니다. 그래서 예수님의 고난과 부활을 체험한 신자는 하나님이 불어넣어 주신 선한 양심에 따라 거룩한 삶을 살아야 합니다. 고난이 있어도 의롭게 살아야 합니다. 우리는 이런 삶을 통해 하나님 나라를 향해 가는 것입니다. 우리 모두가 참된 신자로서 그리스도를 믿고 또한 본받아 어떤 상황에서도 선하고 거룩한 삶으로 하나님을 영화롭게 하고, 우리 자신도 구원의 길을 가며 이웃에게도 구원을 전할 수 있기를 바랍니다.

3. 죄의 천적은 고난입니다(벧전 4:1-6)

"그리스도께서 이미 육체의 고난을 받으셨으니 너희도 같은 마음으로 갑옷을 삼으라 이는 육체의 고난을 받은 자는 죄를 그쳤음이니 그 후로는 다시 사람의 정욕을 따르지 않고 하나님의 뜻을 따라 육체의 남은 때를 살게 하려 함이라 너희가 음란과 정욕과 술 취함과 방탕과 향락과 무법한 우상숭배를 하여 이방인의 뜻을 따라 행한 것은 지나간 때로 족하도다 이러므로 너희가 그들과 함께 그런 극한 방탕에 달음질하지 아니하는 것을 그들이 이상히 여겨 비방하나 그들이 산 자와 죽은 자를 심판하기로 예비하신 이에게 사실대로 고하리라 이를 위하여 죽은 자들에게도 복음이 전파되었으니 이는 육체로는 사람으로 심판을 받으나 영으로는 하나님을 따라 살게 하려 함이라."

• 죄의 천적

언젠가 신문에 네 단짜리 미국만화가 번역되어 실린 적이 있습니다. 그 내용은 이런 것이었습니다. 어떤 사람이 고양이를 키웠는데 고양이가 새끼를 낳아 여러 마리가 되었습니다. 고양이들은 주인의 식탁에까지 올라와서 음식을 먹고 야단을 떨었습니다. 견디다 못한 주인이 고양이들을 몽땅 다른 곳에 보내 버렸습니다. 그리고 나서 마지막 장면이 뭔지 아십니까? 이번에는 쥐들이 주인의 식탁에 올라와서 음식을 먹으며 주인을 괴롭히는 거였습니다. 만화의 제목은 이랬습니다. "고양이를 없앴더니."

세상에는 언뜻 보기에 불편을 끼치는 것 같지만 실제로는 큰 유익을 주는 것들이 많습니다. 우리가 뱀을 보면 기분이 어떻습니까? 거미를 보면 어떻습니까? 대체로 별로 기분이 좋지 않습니다. 그러나 동남아 어떤 민족은 뱀을 무척 귀하게 여깁니다. 왜 그런지 아시겠습니까? 쌀농사를 하는 그 사람들에게 뱀은 해로운 쥐를 잡아 주는 아주 고마운 동물이기 때문입니다. 거미도 사실은 해충이라기보다 익충에 속합니다. 해충을 많이 잡아 주기 때문입니다.

이렇게 우리가 달가워하지 않는 것들 중에 의외로 더 해로운 것을 막아 주기 때문에 실제로는 우리에게 큰 유익을 주는 것이 있습니다. 말하자면 우리에게 해로운 것의 천적인 것입니다.

• 죄의 천적

그렇다면 우리에게 가장 해로운 것은 무엇일까요? 죄입니다. 죄는 우리를 하나님의 사랑에서 멀어지게 만듭니다. 죄는 우리의 마음에서 평안을 빼앗아갑니다. 죄는 우리가 하나님으로부터 복을 받지 못하게 합니다. 그 정도가 아닙니다. 죄는 우리에게 불행을 가져다주고 우리를 지옥으로 끌고 갑니다. 사실 사탄이 우리에게 해로운 존재지만 사탄도 우리를 죄짓게 만들어서 해를 끼칩니다. 우리가 죄를 짓지 않는다면 우리는 사탄에게도 이긴 것입니다.

그런데 이 고약하고 해로운 죄에게는 천적이 없을까요? 있습니다. 바로 고난입니다. 고난이 죄의 천적이라는 것을 가장 확실하게 보여준 것이 예수님의 십자가입니다. 예수님은 십자가의 고난을 통해 세상의 모든 죄를 이기셨습니다. 그래서 예수님을 믿으면 누구나 죄에서 해방됩니다. 예수님을 믿는 사람들은 이것을 너무나 잘 알고 있습니다. 더욱이 베드로는 본문 바로 앞에 나오는 3장 뒷부분에서 이것을 알려 주었습니다.

우리는 베드로전서 3장에서 예수님의 고난이 우리에게 고난의 모범이라는 것을 주로 살펴보았습니다. 하지만 사실 베드로전서 3장에는 예수님의 고난으로 우리가 죄에서 구원받았다는 내용이 강하게 들어 있습니다. "그리스도께서도 단번에 죄를 위하여 죽으사 의인으로서 불의한 자를 대신하셨으니"(벧전 3:18)라는 말씀이 그런 뜻입니다. 더욱이 베드로전서 2장에서는 "그가 채찍에 맞음으로 너희는 나음을 얻었나니"(벧전 2:24)라고 가르쳐 줍니다. 여기서 나음을 입었다는 말씀은 우리의 악한 모습이 치유되어 우리가 선하게 살 수 있게 되었다는 뜻입니다. 예수님의 고난이 우리를 죄에서 구원하고 악한 성품과 삶을 고쳐 준 것입니다.

이렇게 고난은 죄를 죽여 버립니다. 죄의 세력을 죽여 버리고, 죄로 인해 더러워진 것을 씻어 버립니다. 그런데 이것은 예수님의 고난을 통해 이루어진 것입니다. 그러면 우리가 받는 고난은 어떤 의미가 있을까요?

우리가 받는 고난도 죄를 잡아먹습니다. 본문은 "육체의 고난을 받은 자는 죄를 그쳤음이니"(4:1)라고 말합니다. 이 말씀은 두 가지 뜻이 있습니다. 첫째, 고난을 받으면 죄를 그치게 된다는 뜻입니다. 둘째, 고난을 받는 것이 죄를 그친 증거라는 뜻입니다. 이 두 가지는 다 성경이 가르쳐 주는 진리입니다.

먼저 우리는 고난을 통해 죄에서 멀어집니다. 고난을 통해서 거룩한 사람으로 성숙되는 것입니다. 우리를 거룩하게 만드는 고난도 두 가지가 있습니다. 첫째, 징계의 고난입니다. 우리가 죄를 지을 때 하나님은 우리를 징계하셔서 우리가 죄를 떠나게 해주십니다. 잠언 22장 15절에는 "아이의 마음에는 미련한 것이 얽혔으나 징계하는 채찍이 이를 멀리 쫓아내리라"는 말씀이 있습니다. 어린 아이는 잘못할 때 징계를 받음으로써 악을 떠나고 훌륭한 사람으로 자랍니다. 우리의 영적 성장도 마찬가지입니다. 징계의 고난을 통해 죄에서 멀어지고 훌륭한 신앙인이 되는 것입니다.

둘째, 훈련의 고난입니다. 징계의 고난이 잘못을 저질렀을 때 벌을 내려 다시는 그런 잘못을 저지르지 않게 해주는 것이라면 훈련의 고난은 훈련을 통해 아예 믿음을 굳세게 만들어서 죄를 이겨내게 해주는 것입니다.

어느 집사님으로부터 이런 간증을 들은 적이 있습니다. 자기는 어려움이 생기면 '하나님께서 어떤 복을 주시려고 이런 고난을 주시나?'라고 생각한다는 것입니다. 왜냐하면 그동안 경험을 통해 고난이 오면 반드시 그것이 축복이 된다는 것을 알았기 때문입니다. 집사님은 그동안 작은 고난을 받았을 때 시험에 들지 않고 오히려 기도하며 믿음으로 이겨냈더니 나중에 큰 복을 받았습니다. 이런 경험을 몇 번 하고 나니까 이제는 고난이 닥쳐와도 두려워하지 않고 믿음으로 이겨낼 수 있게 된 것입니다. 세상의 위협이나 유혹을 받아도 죄에 빠지지 않게 되었습니다. 훈련의 고난이 죄를 그치게 해준 것입니다.

본문이 가르쳐 주는 또 하나의 뜻은 우리가 세상에서 고난을 받는다는 사실이 죄를 멀리하고 있는 증거라는 뜻입니다. 전쟁에서 적을 포로로 잡아오면 회유해서 적의 정보를 얻으려고 합니다. 그래서는 안 되지만 적의 정보를 얻기 위해 고문을 하기도 합니다. 그런데 고문을 해도 정보를 얻기가 어렵지 않습니까? 그러면 이런 방법도 사용한다고 합니다. 여러 포로 중에 한 사람을 골라서 다른 사람에게는 심한 고문을 하면서 이 사람만 고문을 하지 않는 것입니다. 그러면 포로들이 이 사람을 의심하게 됩니다. 급기야 이 사람을 죽이려고 합니다. 그러면 이 사람은 오갈 데가 없어집니다. 자기는 나라를 배반하지 않았지만 자기 동료들이 다 자기를 배반자로 여겨 죽이려고 하니 어쩔 수 없이 적군 편으로 가게 되는 것입니다.

"적의 적은 아군이다"라는 말이 있습니다. 나의 적에게 고난을 받는 것은 내 편이라는 증거가 됩니다. 하나님을 대적하는 세상에 살고 있으면 세상에서 고난을 받는 것이 참 신자라는 증거입니다. 죄를 그쳤기 때문에 고난을 받는 것입니다. 물론 이 고난은 의를 위해서 받는 고난입니다. 베드로가 계속해서 말한 것처럼 자기가 잘못을 저지르고 벌을 받는 것은 여기에 해당되지 않습니다. 그러나 의를 위해 고난을 받는 것은 하나님을 믿고 사랑한다는 증거이며, 죄를 떠났다는 증거인 것입니다.

• 방탕한 마을 잔치

"너희가 음란과 정욕과 술 취함과 방탕과 향락과 무법한 우상숭배를 하여 이방인의 뜻을 따라 행한 것은 지나간 때로 족하도다 이러므로 너희가 그들과 함께 그런 극한 방탕에 달음질하지 아니하는 것을 그들이 이상히 여겨 비방하나"(벧전 4:3-4).

우리가 세상에서 의롭게 살면 고난을 받을 수밖에 없습니다. 세상 사람들이 이해할 수 없기 때문입니다. 얼마 전까지 자기들과 같이 잘 지내던 사람이 갑자기 자기들을 따르지 않으니 더욱 괘씸한 것입니다. 그래서 미워하고 비방하는 것입니다.

여기서 베드로가 세상 사람들의 삶을 묘사하는 내용을 보십시오. 이들의 모습은 주로 음란, 우상숭배, 술입니다. 그런데 그 속에 숨어 있는 악한 모습이 하나 더 있습니다. 바로 폭동을 일으키는 것입니다.

3절에서 '술 취함' 다음에 나오는 '방탕' 이란 단어는 헬라어로 '마을' 이라는 단어에서 온 말입니다. 왜 마을이라는 단어에서 방탕이라는 말이 나왔을까요? 마을 잔치가 방탕의 대표적인 모습이었기 때문입니다. 당시에는 마을에서 잔치를 하면 대체로 네 가지 모습이 나타났습니다.

첫째, 마을에서 섬기는 우상에게 제사를 드리고 마을 사람들이 함께 잔치를 벌입니다. 둘째, 이 잔치는 술에 취하는 방탕한 잔치입니다. 셋째, 이런 방탕한 잔치 뒤에는 음란한 행동이 따릅니다. 여기까지가 본문에 명시된 음란, 술 취함, 우상숭배의 방탕입니다. 그런데 이런 마을 잔치 후에는 로마에 대한 적대감 때문에 가끔 폭동이 일어났습니다. 이럴 때 폭동을 일으키는 이유는 세 가지인 것 같습니다. 첫째, 술에 취해 대담해져서 그렇습니다. 둘째, 마을 우상에게 제사를 드리면서 마을에 대한 애착심이 생겨서 그렇습니다. 셋째, 우상숭배를 했으니 우상이 힘이 되어 줄 것으로 생각해서 그렇습니다.

이런 잔치는 마을 사람들이 다 모여서 하는 잔치입니다. 그리고 자기 마을의 우상에게 제사를 드리는 것입니다. 자기 마을의 안위를 위해서 비는 것입니다. 그런데 여기에 참여하지 않는 사람이 좋게 보일 리가 있겠습니까? 이렇게 잔치를 하며 기분 좋게 술을 마시고는 음란한 행동을 합니다. 자기들 나름대로는 즐긴다고 하는 잔치입니다. 그런데 이런 쾌락에 참여하지 않으니 세상 사람들로서는 이해하기가 어렵습니다. 그래서 이상히 여기는 것입니다. 더욱이 로마의 지배를 받다가 모처럼 애국심이 일어나서 로마에 저항을 하는데 여기에도 참여하지 않으니 얼마나 고약하게 보이겠습니까?

당시에 교회를 비난하던 사람들은 참으로 별난 이유로 다 비난했습니다. 비난의 내용이 서로 모순되기도 했습니다. 어떤 사람들은 로마 황제를 숭배하지 않는 반역자라고 비난했고, 어떤 사람들은 로마에 저항하는 폭동에 참여하지 않는다고 비난했습니다. 어떨 때는 교인들이 비밀리에 어두운 곳에 모이는 것을 보고 음행을 한다고 비난했고, 어떨 때는 자기들의 음란한 잔치에 참여하지 않는다고 비난했습니다. 그냥 각자 자기들 생각대로 비난한 것입니다.

• 피해야 할 것들

베드로전서 3장 8-9절에서는 거룩한 삶에 대해 가르치기를, "마음을 같이하여 동정하며 형제를 사랑하며 불쌍히 여기며 겸손하며 악을 악으로, 욕을 욕으로 갚지 말고 도리어 복을 빌라"고 하였습니다. 이 말씀이 가르쳐 주는 거룩한 삶은 주로 사랑의 삶이고, 어떤 것을 하라고 하는 적극적인 모습입니다.

반면에 본문이 가르쳐 주는 거룩한 삶은 주로 어떤 것을 하지 말라고 하는 소극적인 모습입니다. 우상숭배를 하지 말고, 술 취하지 말고, 음란하지 말고, 폭동을 일으키지 말라는 것입니다.

먼저 우상숭배를 하지 말라는 말씀을 살펴보겠습니다. 성경이 말하는 우상숭배는 두 가지 모습을 가지고 있습니다. 첫째, 다른 신을 섬기는 우상숭배입니다. 둘째, 섬기기는 하나님을 섬기지만 우상을 만들어서 섬기는 우상숭배입니다. 본문이 말하는 우상숭배는 다른 신을 섬기는 우상숭배입니다.

우리 사회에도 참으로 여러 가지 우상숭배가 있습니다. 언젠가 수능을 앞두고 서울의 한 여자고등학교에서 수험생들이 돼지머리를 놓고 고사를 지내는 모습이 신문에 났습니다. 수험생들이 돼지 입에 돈을 끼워 넣는 사진까지 나왔습니다. 성도님들 중에는 직장에서 직원들이 단체로 고사를 지내는 데 참여하지 않는다고 비난을 받는 경우가 있습니다. 몇 달 전에는 어느 도지사가 도의 전통적인 산신제에서 제관 역 맡는 것을 거부하여 비난을 받은 적도 있습니다.

가을이 되면 대학입시, 취업 등의 문제로 사주관상가들이나 무당들이 호황을 누립니다. 선거철이 되어도 마찬가지입니다. 이런 모습들이 다 우상숭배입니다. 오직 하나님만 참 신이시며 우리의 모든 것을 주관하신다는 것을 믿지 않고 다른 영물을 찾아다니는 것은 모두 우상숭배입니다. 사실 피조물 중에는 영적 존재도 있습니다. 천사, 사탄, 귀신, 악령 등이 모두 영적 존재입니다. 그러나 아무리 이들이 영적 존재여도 피조물일 뿐입니다. 창조주 하나님과는 전혀 다른 존재입니다. 절대 우리가 믿거나 섬겨서는 안 되는 것입니다.

그러나 우리는 이런 우상숭배가 만연한 사회에서 살고 있습니다. 우리는 이것을 철저히 피해야 합니다. 그것이 거룩한 삶입니다. 유혹되지 마십시오. 하나님은 우리의 모든 운명을 친히 붙잡고 보호해 주십니다. 하나님이 보호하시는 우리의 운명에 영향을 미칠 수 있는 것은 아무것도 없습니다. 다른 것은 의지하지도 말고 알아보지도 마십시오. 하나님께 기도하고 하나님의 사랑과 권능을 믿고 사십시오. 그것이 가장 안전하고 복된 길입니다.

우리 사회는 한동안 과학을 중시하며 무당이나 사주 같은 것을 무시했습니다. 그러나 1980년대부터 나라의 전통을 되찾는다는 미명하에 무당, 사주, 고사 등을 다시 존중하게 되었습니다. 이제는 이런 것들이 다 그럴듯하게 포장되어 우리 주위에 다가오고 있습니다. 어떤 신문에는 굿이 희망을 심어 주는 것이라고 긍정적으로 쓴 글도 나왔습니다. 최근에는 기독교가 다른 종교를 구원의 종교로 인정하지 않는 것 때문에 비난을 받고 있습니다. 하지만 다른 종교에도 구원이 있다고 인정하는 순간 우리는 다른 신을 섬기는 우상숭배에 빠지는 것입니다. 우리는 우상숭배가 난무하는 세상에서 살고 있습니다. 이런 세상에서는 비난을 각오해야 믿음을 지킬 수 있는 것입니다.

그러나 다른 종교를 폭력으로 해치는 것은 옳지 않습니다. 조금 후에 살펴보겠지만 베드로는 폭동을 일으키는 것은 바른 신앙생활이 아니라고 가르쳐 줍니다. 베드로가 계속해서 가르쳐 주는 것은 대항하여 싸우지 말고 오히려 고난을 받으라는 것입니다. 다른 종교나 그들이 섬기는 우상에 대해서까지도 우리가 갖춰야 할 자세는 사랑과 온유로 대하는 것이지, 폭력과 비방으로 대하는 것이 아닙니다.

음란의 문제도 심각합니다. 지금 우리의 현실이 베드로전서가 쓰일 당시보다 더 낫다고 보기 어렵습니다. 당시도 무척 난잡했지만 지금도 정말 심각합니다. 특히 우리나라는 최근 수십 년 동안 성적으로 아주 많이 개방되었습니다. 이제는 소위 전문가들이 TV에 나와서 성적 행복추구권을 강조하며 성관계는 자신의 행복을 위해 얼마든지 혼인관계 외에서도 가질 수 있는 것처럼 주장하고 있습니다. 최근에 간통법이 폐지된 것도 이런 추세와 무관하지 않을 것입니다. 얼마 전 미혼 남녀에게 설문조사 한 것을 보면 이성 친구를 사귈 때 성관계까지 가는 것을 당연하게 생각하는 사람이 75%가 넘습니다.

20년 전에 우리나라 신학대학의 한 교수님으로부터 이런 난센스 퀴즈를 들은 적이 있습니다. 대학생들 간에 퍼진 것이라고 합니다. 결혼할 때까지 숫처녀인 사람을 네 글자로 표현하면 '희귀동물' 이랍니다. 또 결혼할 때까지 숫총각인 사람은 '멸종동물' 이랍니다. 그러면 숫처녀와 숫총각이 결혼해서 낳은 자녀를 다섯 글자로 표현하면 뭘까요? '천연기념물' 이랍니다.

그때만 해도 이런 말이 농담으로 들렸습니다. 그러나 이제는 이런 말이 농담으로 들리지 않습니다. 사회의 성적 부도덕이 너무 심각하기 때문입니다. 우리는 이런 시대에 살고 있습니다. 우리 사회는 음란이 음란으로 생각되지 않고 일상적인 행동으로 생각되는 것 같습니다. 이런 사회에서 음란을 피하며 거룩하게 사는 것이 얼마나 어렵겠습니까? 그러나 그런 어려움을 이겨내고 성적 성결을 지키는 것이 구원받은 사람이 살아가야 할 거룩한 삶인 것입니다.

술 취함도 우리에게 심각한 문제입니다. 우리나라는 1인당 술 소비량이 세계 최고 수준입니다. 2014년 세계보건기구(WHO)가 발표한 것을 보면 술 소비량이 많은 나라가 대부분 동구권의 추운 나라들인데, 우리나라는 그 나라들과 맞먹는 술 소비국가입니다. 아시아에서는 단연 1위입니다. 특히 술을 먹어도 낭만이나 교제는 별로 없고 빨리 취하는 것을 목적으로 마시는 것 같습니다. 그래서 폭탄주를 만들어 순식간에 취해 버리는 것 아닙니까?

특히 술 취함은 우리를 수많은 악으로 인도합니다. 2010년 경찰청 공식 블로그를 보면, 각종 범죄 중에 술에 취해서 저지른 범죄의 비율이 살인죄의 경우 약 40%, 성폭행은 약 35%, 폭력도 약 35%입니다. 공무집행방해죄의 경우 술에 취해서 저지르는 비율이 거의 70%에 달합니다. 우리는 항상 하나님과 동행하는 삶을 살아야 합니다. 그러나 술에 취하면 하나님을 잊게 되어 하나님과 동행할 수 없습니다. 온갖 악한 본능에 따라 행동하며 여러 가지 죄를 짓게 됩니다. 그래서 술 취함은 거룩한 삶에 큰 방해가 되는 것입니다.

본문에서 특별히 강조되는 교훈은 마음에 원망이 있어도 폭동을 일으키지 말라는 것입니다. 신자의 삶은 폭력에 의존하지 않습니다. 신자가 폭력을 행하면 그동안 쌓아 두었던 좋은 인상이 순식간에 무너집니다. 베드로는 성도들에게 폭력은커녕 대항도 하지 말고 오직 사랑으로 대하라고 가르칩니다. 우리를 억압하고 괴롭히는 사람까지도 오직 사랑과 온유로 대하며 감동시키라는 것입니다. 그것이 하나님 나라를 위해서도 좋고, 우리 자신의 신앙생활을 위해서도 좋은 일이기 때문입니다.

특히 본문에는 마을 잔치 후에 자주 나타나는 폭동에 참여하지 말라는 뜻이 들어 있습니다. 그러니까 본문은 개인적인 폭력만이 아니라 단체의 폭력도 피하라고 가르쳐 주는 것입니다. 그런데 사람은 혼자서는 하지 못하던 일도 단체적으로는 쉽게 하는 경향이 있습니다. 혼자서는 폭력을 행하지 못하던 사람이 집단적인 폭력에는 쉽게 가담하지 않습니까? 우리는 이 모든 폭력을 피해야 합니다. 그래야 성도다운 거룩한 삶을 살 수 있는 것입니다.

• 죽은 자들에게 전파되는 복음

마지막으로 4장 6절은 3장 19절과 연결되는 말씀인데, 역시 명확한 뜻을 알기 어렵습니다. 두 가지 해석 중 하나일 것입니다. 첫 번째 해석은 복음을 듣지 못하고 죽은 사람들에게 복음이 전파되어 몸은 심판을 받았지만 영으로는 나중에 구원을 받게 해준다는 뜻입니다. 그러나 이것은 맞을 가능성이 적어 보입니다.

두 번째 해석은 죽기 전에 믿은 사람을 가리키는 것으로 보는 것입니다. 이렇게 보면 이들은 지금 죽어 있지만 이들에게도 전에 복음이 전해졌기 때문에 비록 몸의 심판을 받아 인간으로서는 죽었으나 나중에 부활하여 새 몸으로 살 것이라는 뜻이 됩니다. 그렇다면 이 말씀은 믿음을 지킨 사람들이 가진 산 소망을 보여주는 것입니다. 특히 의롭게 살다가 죽임을 당한 사람들을 생각한다면 이 해석이 문맥에 잘 맞습니다. 성도들은 의롭게 살다가 죽임을 당해도 결국 영생의 축복을 누린다고 가르쳐 줌으로써 어떤 어려움 속에서도 의롭게 살도록 격려해 주는 말씀이 되기 때문입니다.

우리는 다 죄인이지만 예수님이 십자가의 고난으로 우리의 죄를 다 씻어 버리셨습니다. 그 목적은 우리를 죄에서 구원해 주시고 다시는 죄를 짓지 않게 하기 위해서입니다. 우리가 죄를 짓지 않도록 하기 위해 주님은 우리에게도 고난을 주십니다. 고난이 죄의 천적이며 우리를 죄에서 멀어지게 만들어 주기 때문입니다.

더욱이 고난은 우리가 죄에서 멀어졌다는 증거가 되기도 합니다. 세상이 악하기 때문입니다. 세상의 우상숭배, 음란, 술 취함, 폭동 등의 죄에서 우리가 멀어질 때 세상은 우리를 비난하고 박해할 것입니다. 그러나 그것은 우리가 거룩하게 살고 있다는 증거입니다. 그래서 우리는 고난을 기쁘게 참으며 의롭게 살아야 하는 것입니다.

그런데 한 가지 잊지 말아야 할 것이 있습니다. 그것은 우리가 과거에 이런 죄에 빠진 적이 있었다고 해도 그로 인해 괴로워할 필요가 없다는 것입니다. 주님은 다 아시고 다 용서해 주셨습니다. 그래서 이렇게 말씀하시는 것입니다. "너희가 전에는 그렇게 살았지만 그런 삶은 지나간 때로 족하니 이제는 그런 악을 중지하라." 지난 죄는 어떤 죄라도 다 용서받았습니다. 그것 때문에 괴로워할 필요가 없습니다. 앞으로 죄를 멀리하면 됩니다. 다만 앞으로 닥치는 고난은 죄의 천적으로서 우리를 죄에서 멀어지게 해주는 것이니 기쁘게 받아들여야 합니다. 우리 모두가 전혀 고난을 두려워하지 말고 오직 담대한 마음으로 거룩하게 살며 구원의 길을 갈 수 있기를 바랍니다.

4. 내일 종말이 온다면 어떻게 하시겠습니까?
(벧전 4:7-11)

"만물의 마지막이 가까이 왔으니 그러므로 너희는 정신을 차리고 근신하여 기도하라 무엇보다도 뜨겁게 서로 사랑할지니 사랑은 허다한 죄를 덮느니라 서로 대접하기를 원망 없이 하고 각각 은사를 받은 대로 하나님의 여러 가지 은혜를 맡은 선한 청지기같이 서로 봉사하라 만일 누가 말하려면 하나님의 말씀을 하는 것같이 하고 누가 봉사하려면 하나님이 공급하시는 힘으로 하는 것같이 하라 이는 범사에 예수 그리스도로 말미암아 하나님이 영광을 받으시게 하려 함이니 그에게 영광과 권능이 세세에 무궁하도록 있느니라 아멘."

• 한 주일 후에 종말이 온다면

교회에서 가끔 성도들의 신앙생활을 돕기 위해 설문조사를 하는 경우가 있습니다. 그런 설문조사에 거의 항상 빠지지 않고 나오는 질문이 있습니다. 그것은 한 주일 후에 종말이 온다면 어떻게 하겠느냐는 질문입니다. 당신이라면 어떻게 하시겠습니까?

이런 질문에 대해 가장 많이 나오는 답변은 이런 것입니다. 먼저 회개의 기도를 드리고, 다음에는 사이가 나빠진 친구와 화해하고,

그동안 복음을 전하지 못했던 가족이나 친구들에게 복음을 전하고, 마지막 시간에는 교회에 나와서 찬양을 하다가 종말을 맞겠다는 것입니다. 제가 보기에는 참 좋은 답변 같습니다.

그런데 언젠가 불신자들이 이런 질문을 가지고 대화하는 것을 들은 적이 있습니다. 그곳에서는 이런 답변이 많이 나왔습니다. 마지막 한 주일 동안 그동안 못해 본 것들을 실컷 해보겠다는 것입니다. 가보고 싶었던 곳에 가본다든지, 못 먹어 본 것을 먹어 본다든지 하는 것들이었습니다. 그러나 성도들 중에서는 이런 답변이 별로 나오지 않았습니다.

왜 이런 차이가 날까요? 불신자들은 영생의 소망이 없기 때문에 악착같이 이 세상에서 좀 더 누리려고 합니다. 그러나 신자들은 영생의 소망이 있기 때문에 영생을 맞이할 준비를 잘하려고 합니다. 그래서 이런 차이가 나타나는 것입니다.

이런 질문에 답변하다 보면 부끄럽게 느껴지는 것이 있습니다. 뭔지 짐작이 되십니까? 한 주일 후에 종말이 온다면 하겠다고 하는 것을 왜 지금은 하려고 하지 않느냐는 것입니다. 사실 우리는 종말이 언제 올지 모릅니다. 그렇다면 다음 주에 종말이 오든 오지 않든 우리는 항상 종말을 준비하며 살아야 합니다. 그래서 마치 다음 주에 종말이 올 것처럼 오늘 회개하고, 반목했던 이웃과 화해하고, 전도하고, 주님을 찬양하며 살아야 하는 것입니다.

사람은 죽음을 맞이할 때 가장 진실하다고 합니다. 그렇다면 사람은 종말을 맞이할 때 가장 진실할 것입니다. 일반인들이 그렇다면 영생의 소망을 가진 신자들이야 얼마나 더 그렇겠습니까? 그런데 우리가 정말 영생의 소망을 가지고 있습니까? 예수님이 재림하시고 세상에 종말이 온다고 믿습니까? 그것이 언제인지 모르므로 항상 준비하고 있어야 한다고 생각합니까? 그렇다면 종말을 생각할 때마다 얼마나 진실하게 살아야겠습니까?

• 종말의 대비

앞에서 베드로는 심판이 있다는 것을 알려 주었습니다. 악을 행한 자는 심판을 받게 될 것이고 믿는 자들은 영생을 얻을 것이라고 가르쳐 주었습니다. 신자들은 이 말씀만으로도 고난 속에서 의롭게 살아야겠다고 결단할 것입니다. 그런데 베드로는 본문을 통해 종말이 가까웠다고 함으로써 다시 한 번 종말을 잘 대비하며 바르게 살도록 격려해 줍니다.

종말을 대비하려면 어떻게 해야 할까요? 먼저 정신을 차리고 근신하여 기도해야 합니다. 정신을 차리고 근신하는 것은 딴 데 정신을 잃지 않고 제정신을 차리고 있는 것입니다. 무슨 정신이겠습니까? 신앙의 정신입니다. 하나님을 먼저 생각하며 하나님 뜻대로 살려고 하는 정신입니다.

정신을 차리려면 어떻게 해야 할까요? 정신을 잃게 만드는 것을 피해야 합니다. 그것이 무엇일까요? 세상에 빠지는 것입니다. 구체적으로는 여러 가지가 있겠지만 가장 대표적인 것이 바로 앞 본문에 나온 우상숭배, 술 취함, 음란, 폭력 같은 것들입니다.

우상숭배에 빠지면 신앙 정신을 잃습니다. 우상을 믿게 되면 하나님을 생각하지 못합니다. 점을 쳐서 해결된다거나 부적을 붙여서 해결된다고 생각하면 하나님을 생각하지 못합니다. 술 취해도 하나님을 생각하지 못합니다. 음란과 세상의 쾌락에 빠져도 그렇습니다. 폭력으로 해결하려고 해도 그렇습니다. 폭력으로 해결하려고 하는 사람은 자기 힘으로 해결하려고 하는 사람입니다. 하나님을 의지하지 않는 사람입니다. 하나님의 역사를 믿지 못하는 사람이 폭력에 의지하는 것입니다. 이렇게 우상숭배, 술 취함, 음란, 폭력에 빠지면 신앙의 정신을 잃습니다. 본문은 이렇게 되지 말고 정신을 차리라고 가르쳐 주는 것입니다.

이렇게 신앙 정신을 차린 사람은 무엇을 하겠습니까? 하나님께 기도합니다. 하나님을 먼저 생각하는 사람은 언제나 기도합니다. 하나님의 뜻을 찾기 위해 기도하고, 하나님께 감사해서 기도합니다. 그리고 하나님의 은혜와 도움을 얻기 위해 기도합니다. 그뿐이 아닙니다. 하나님께 기도하기 위해서도 정신을 차리게 됩니다.

그러면 무슨 기도를 할까요? 무슨 기도를 해도 좋습니다. 기도는 하나님과 가까이하는 것이므로 기도하는 것 자체가 너무나 좋은 일입니다. 그러나 아무래도 종말이 가까우면 종말을 대비할 수 있도록 기도하게 됩니다. 종말을 대비하는 기도는 크게 두 가지입니다. 과거의 죄를 회개하는 기도와 앞으로 바르게 살게 해달라는 기도입니다. 회개의 기도는 각자 자기가 지은 죄를 회개하면 됩니다. 만일 죄를 잘 깨닫지 못한다면 바르게 살도록 가르쳐 주는 하나님의 말씀을 생각하며 그것을 거울삼아 회개할 수도 있습니다.

바르게 살아야 할 내용은 무엇입니까? 4장 8절부터가 그것을 가르쳐 주는 말씀입니다. 먼저 뜨겁게 서로 사랑해야 합니다. 그러니까 종말을 대비하기 위해서 가장 중요한 것은 하나님을 찾아 기도

하는 것이고, 다음으로는 이웃을 사랑하는 것입니다. 왜 사랑이 이렇게 중요합니까? 그것은 사랑이 하나님의 뜻이기도 하지만 사랑이 우리의 죄를 덮어 주기 때문입니다.

우리가 종말에 심판대 앞에 선다면 무슨 말을 할 수 있겠습니까? "주님, 저는 교회에 잘 다녔으니까 천국에 들어갈 자격이 있지요?" "주님, 저는 이웃을 많이 사랑했으니까 천국에 들어가겠지요?" 이렇게 말할 수 있겠습니까? 할 수 없습니다. 다 부끄러운 것뿐입니다. 우리가 할 수 있는 말은 오직 이 말뿐입니다. "주님, 주님의 은혜로 저를 용서해 주시옵소서."

그런데 주님이 우리를 용서해 주시기 위해 필요한 것이 무엇입니까? 우리의 믿음입니다. 그리고 또 무엇입니까? 우리가 이웃을 용서하고 사랑하는 것입니다. 주님은 우리가 이웃을 용서하지 않으면 주님도 우리를 용서하지 않으시겠다고 하십니다. 용서해야 용서받는 것입니다. 또 야고보서 2장 13절은 이렇게 가르쳐 줍니다. "긍휼을 행하지 아니하는 자에게는 긍휼 없는 심판이 있으리라 긍휼은 심판을 이기고 자랑하느니라." 그래서 본문도 사랑은 허다한 죄를 덮는다고 하는 것입니다. 우리가 예수님을 믿고 이웃을 사랑할 때 우리의 죄를 용서받고 구원의 길을 가는 것입니다.

그래서 다음 주에 종말이 온다면 무엇을 하겠느냐는 질문에 대부분의 성도들은 과거의 원한을 풀겠다고 하는 것입니다. 맞습니다. 원한을 풀어야 합니다. 그리고 그것을 넘어서서 그 사람을 사랑해야 합니다. 그동안 원한이 맺혀 있던 사람에게도 이렇게 해야 한다면 다른 사람에게는 말할 것도 없습니다.

원한을 푸는 것은 내가 남을 원망하던 것만 푸는 것이 아닙니다.

나를 미워하는 사람의 원한도 풀어 줘야 합니다. 예수님은 마태복음 5장 23-24절에서 말씀하시길, "그러므로 예물을 제단에 드리려다가 거기서 네 형제에게 원망 들을 만한 일이 있는 것이 생각나거든 예물을 제단 앞에 두고 먼저 가서 형제와 화목하고 그 후에 와서 예물을 드리라"고 하십니다.

제단에 예물을 바치려고 하다가 누군가 나를 원망하고 있다는 것이 생각나면 예물을 거기 두고 먼저 가서 그 사람과 화해한 다음에 예물을 바치라는 것입니다. 내가 이웃을 용서하지 않은 것만이 문제가 아닙니다. 이웃이 나를 용서하지 않고 있어도 그에게서 용서를 받기 위해 노력해야 합니다. 이렇게 해야 이웃과의 관계가 사랑과 평강의 관계가 됩니다. 이런 사랑의 삶이 구원을 향해 가는 신자의 삶인 것입니다.

"사랑은 허다한 죄를 덮느니라"라는 말씀에는 두 가지 뜻이 더 있습니다. 하나는 어떤 사람을 사랑하면 그 사람의 죄를 덮어 주게 된다는 뜻입니다. 같은 짓을 해도 미운 사람이 하면 싫고 사랑하는 사람이 하면 싫지 않습니다. 어떤 아주머니가 이런 말을 했습니다. "우리 딸은 아침 먹고 한참 있다가 점심 먹고 또 한참 있다가 저녁을 먹는데, 며느리는 어떻게 된 게 아침 먹고 금방 또 점심 먹고 또 금방 저녁을 먹어요." 누가 더 식사를 자주 합니까? 똑같습니다. 그런데도 다르게 느껴지는 것입니다. 이렇게 사랑하면 허물이 가려집니다. 이것은 사랑하는 사람이 저지른 잘못은 이미 용서가 된 것을 의미합니다. 이렇게 사는 것이 구원받은 자의 삶입니다. 종말을 예비하기 위해서는 이런 사랑의 삶이 필요한 것입니다.

다른 하나는 사랑하면 그 공동체의 죄가 덜어진다는 뜻입니다.

교회에서 성도들이 서로 사랑하면 그 교회는 죄가 적은 교회가 되는 것입니다. 이런 교회의 성도들은 구원의 길을 가기가 쉽습니다. 이런 교회는 세상에서 소금과 빛의 사명을 잘 감당하며 사람들이 교회에 나와 구원을 얻도록 도와줍니다. 뜨겁게 서로 사랑하는 것이 우리의 구원과 이웃의 구원에 큰 유익이 되는 것입니다. 그래서 종말을 대비하려면 뜨겁게 서로 사랑해야 하는 것입니다.

• 사랑의 봉사

8절에서 서로 뜨겁게 사랑하라고 한 후에 9절에서는 서로 대접하라고 합니다. 우리는 뜨거운 사랑을 품고 서로 대접해야 하는 것입니다. 여기서 대접하는 것은 나그네에게 숙박이나 식사를 제공하는 것 같은 일입니다. 실제로 대접하고 도와주는 것입니다. 이렇게 서로 대접할 때 주의할 것이 있습니다. 원망이나 불평을 하지 말라는 것입니다.

우리가 신앙생활을 하다 보면 올바른 신앙생활이 무엇인지 배우게 됩니다. 그러면 그것이 옳기 때문에 그렇게 살려고 노력합니다. 그러나 그것이 옳다는 것은 알아도 감정적으로는 충분히 준비가 되지 않을 때가 있습니다. 혹은 몸이 피곤해서 그렇게 행동하기가 힘들 때도 있습니다. 이런 경우에는 옳은 일을 하면서도 원망이나 불평이 생기기 쉽습니다. 사랑하는 마음으로 이웃을 대접해야 하는데 사랑하는 마음은 없이 그냥 옳은 일이기 때문에 사명감으로 하다 보면 짜증이 날 수도 있는 것입니다. 아마 우리는 대부분

이런 경험을 한 적이 있을 것입니다.

그러나 이런 것을 극복해야 참된 봉사가 됩니다. 종말을 예비하는 대접은 원망이나 불평이 아니라 감사와 기쁨으로 하는 것입니다. 찬양대로 봉사하든지, 교사로 봉사하든지, 구역을 섬기든지, 식당에서 봉사하든지, 어려운 성도들을 심방하든지, 전도하러 나가든지 원망이나 불평이 없어야 하는 것입니다.

어떻게 하면 그럴 수 있을까요? 두 가지가 필요합니다. 하나는 사랑으로 섬겨야 합니다. 사랑으로 섬기기 위해서는 내가 누구를 섬기고 있는지 생각해 보시기 바랍니다. 내가 대접하는 사람 중에는 나와 친하지도 않고 내가 준비한 밥만 먹고 쏙 가버리는 사람도 있을 것입니다. 그러나 나는 지금 그 사람을 대접하고 있는 것이 아닙니다. 예수님을 대접하고 있는 것입니다.

예수님은 나에게 아무 유익이 되지 못하는 지극히 작은 자 하나를 대접하는 것이 바로 예수님을 대접하는 것이라고 하셨습니다. 이것이 실감이 나십니까? 음식을 준비할 때마다 혹은 찬양을 준비하거나 어린이를 섬길 때마다 예수님을 섬긴다고 생각하면 더욱 사랑으로 섬길 수 있을 것입니다. 그러면 혹시 피곤해도 원망하는 마음이 생기지 않을 것입니다.

예수님을 대접한다는 것이 실감나지 않으면 목사님을 대접한다고 생각하면 어떨까요? 저는 교회 식당에서 밥을 탈 때 국이 식었다고 저에게는 더 따뜻한 국을 새로 떠다 주시는 분들을 가끔 봅니다. 저로서는 감사한 정도가 아니라 송구스러운 일이지요. 저는 이런 대접을 받으며 이런 생각이 들었습니다. '우리가 모든 성도를 담임목사 대접하는 것처럼 하면 아마 우리는 굉장히 좋은 성도가

될 수 있을 것이다.'

다른 하나는 일부 성도가 피곤해지지 않도록 많은 성도들이 봉사에 참여하는 것입니다. 몇 사람에게 일이 편중되면 그 사람들은 피곤해집니다. 그러면 원망이나 불평이 생기기 쉽습니다. 그러니까 많은 성도들이 봉사에 함께 참여하여 지나치게 무거운 짐을 지는 사람이 없도록 해야 합니다.

목회자의 중요한 사명은 성도들이 마음껏 섬길 수 있는 여건을 마련해 드리는 것입니다. 이를 위해서는 봉사하고 싶은 성도들에게 봉사의 기회도 드려야 하지만 봉사를 많이 하는 성도들이 지나치게 부담을 갖지 않도록 해드려야 합니다. 성도들에게 부담을 드리지 않기 위해서는 목회자가 강요하지 않는 것이 좋습니다. 그렇다면 많은 성도들이 자원해서 봉사해야 합니다. 그럴 때 과중한 짐을 지는 성도가 없어지고, 모든 성도들이 기쁨과 감사 속에 사랑으로 서로 섬기며 종말을 잘 예비하게 되는 것입니다.

이를 위해서는 한 가지 더 주의할 것이 있습니다. 어느 교회에서 물질적으로 가장 많이 섬기는 장로님이 한번은 목사님을 모시고 관광을 다녀왔습니다. 그런데 다녀와서 이런 말을 했습니다. "그동안 여러 번 식사를 같이 했는데 목사님은 어째서 한 번도 자기가 내겠다는 말씀을 안 하시는지 좀 이해가 안 된다." 장로님 말에 공감이 되십니까? 우리의 관습상 주로 대접을 받는 사람이 있습니다. 그런 사람도 항상 대접만 받지 말고 가끔은 대접도 해야 합니다. 그것이 '서로 대접하는 것' 아닙니까? 또 그래야 대접하는 사람도 원망과 불평 없이 대접할 수 있는 것입니다.

• 사명

종말을 예비하기 위해 또 무엇을 해야 할까요? 하나님은 최후의 심판 때 우리에게 무엇을 물어보실까요? 마태복음 25장에 나오는 세 비유가 하나님이 물어보실 세 가지 질문을 알려 줍니다. 첫째, 열 처녀 비유가 알려 주는 것은 끝까지 믿음을 지켰느냐는 질문입니다. 끝까지 자리를 지킨 처녀들만 잔치에 들어가지 않습니까? 둘째, 달란트 비유가 알려 주는 것은 맡겨 주신 사명을 잘 감당했느냐는 질문입니다. 셋째, 양과 염소 비유가 알려 주는 것은 어려운 사람에게 사랑을 베풀었느냐는 것입니다.

이런 세 가지 심판 기준은 본문 말씀과도 잘 통합니다. 본문은 종말을 예비하기 위해 정신을 차리고 기도하라고 하는데, 이것은 믿음을 지키라는 말씀과 통합니다. 그리고 서로 원망 없이 대접하라고 하는데, 이것은 연약한 자를 사랑하라는 말씀과 통합니다. 그러면 하나 남는 게 무엇입니까? 맡은 사명을 성실히 잘 감당하라는 것입니다. 정말 본문에도 맡은 사명을 잘 감당하라는 말씀이 나옵니다.

본문 10-11절은 맡은 사명을 잘 감당하라고 하는데, 여기에는 세 가지 내용이 포함되어 있습니다. 첫째, 은사를 받은 대로 선한 청지기같이 봉사하라고 합니다. 이 말씀은 은사를 받았는데 봉사하지 않으면 안 된다는 뜻입니다. 은사를 받았으니 성실히 사명을 잘 감당하라는 뜻입니다. 특히 선한 청지기같이 봉사하라고 합니다. 선한 청지기가 어떤 사람입니까? 맡은 일을 성실히 수행하는 사람입니다. 게으름을 피우는 사람은 선한 청지기가 아닙니다.

둘째, 자기의 은사에 따라 봉사하라고 합니다. 우리는 다 서로 다른 은사를 받았고 다른 사명을 받았습니다. 각자 자기가 맡은 일에 충성하면 됩니다. 절대 남과 비교하면 안 됩니다. 남이 무엇을 맡았는지 비교하며 남을 무시해도 안 되고 남을 시기해도 안 됩니다.

교회에서 자기가 맡은 일에 감사하며 충성하는 것은 종말을 예비하는 가장 중요한 모습 중 하나입니다. 교회에서 가장 쉽게 일어나지만 실제로는 절대 하지 말아야 할 것이 두 가지 있습니다. 하나는 다른 성도를 비방하는 것입니다. 하나님은 남을 비방하는 사람을 그냥 두지 않으십니다. 함이 아버지를 비방했다가 얼마나 무서운 벌을 받습니까? 우리는 다른 성도를 험담하지 말아야 합니다. 그뿐 아니라 그런 말을 듣는 것조차 견딜 수 없이 싫어해야 합니다.

그리고 다른 하나는 서로 비교하며 시기하는 것입니다. 누가 어떤 일을 얼마나 잘하든, 얼마나 많이 하든 절대 비교하며 시기해서는 안 됩니다. 오히려 우리가 함께 하나님의 교회를 섬긴다는 것을 기억하고 하나님의 영광을 위해 서로 협력해야 합니다.

서로 시기하지 않기 위해서는 각자 자기의 일을 귀하게 여기며 그런 사명을 주신 하나님께 감사해야 합니다. 자신의 일에 자존감이 있을 때 시기하지 않는 것입니다. 또한 남이 나를 시기하지 않도록 조심해야 합니다. 이를 위해서는 겸손히 일해야 합니다. 그러려면 무슨 일을 하든지 하나님이 주신 은혜와 능력으로 한다는 것을 인식해야 합니다. 내 힘으로 한다는 생각은 교만하게 만들고 다른 사람의 시기를 불러일으킵니다. 그러나 겸손하면 다른 사람의 시기를 불러일으키지 않습니다.

그래서 본문도 사명을 감당할 때 하나님의 능력으로 하는 것같이 하라고 가르쳐 주는 것입니다. 말을 하려면 내 지혜가 아니라 하나님의 말씀을 하는 것같이 해야 합니다. 봉사하고 섬길 때는 하나님이 주시는 물질과 재능과 힘으로 하는 것같이 해야 합니다. 그러면 사람들의 시기를 많이 피할 수 있습니다. 사람들은 겸손한 사람에 대해서는 시기를 많이 하지 않습니다.

이렇게 하나님이 주신 것으로 섬기는 것같이 하면 이웃의 시기가 줄어들 뿐 아니라 하나님의 영광이 드러납니다. 이것이 참된 헌신입니다. 성도가 봉사한 후에 자기가 영광을 받으면 천국에서 상이 있습니까? 세상에서 칭찬 받기 위해 일한 사람은 세상에서 영광 받는 것으로 끝납니다. 천국에서는 아무 상도 없습니다. 그러니까 진정으로 종말을 예비하는 사람은 절대 자기가 영광을 받으려고 하지 않습니다. 그렇게 하면 천국의 상이 없어지니 그보다 더 큰 손해가 어디 있습니까?

우리가 일주일 후에 외국으로 이민을 간다면 어떻게 하겠습니까? 일주일 동안 모든 재산을 다 써버리겠습니까, 아니면 이민 가는 나라에 송금하겠습니까? 송금을 합니다. 모든 재산을 여기서 다 써버리고 빈 몸으로 이민을 간다면 얼마나 어리석은 일입니까? 하물며 지상에서 모든 명예를 얻고 천국에 상급을 쌓지 않는다면 얼마나 어리석은 일입니까? 진짜 종말을 예비하는 사람은 이생의 영광에는 관심이 없습니다. 천국에서 하나님이 주시는 영광에 집중합니다. 그래서 이 세상에서 내가 영광을 받으려고 하지 않고 오직 하나님께만 영광을 돌리는 것입니다.

이 세상은 영원한 곳이 아닙니다. 예수님의 재림을 통해 이 세상은 사라지고 천국이 완성될 것입니다. 이것을 우주적 종말이라고 합니다. 그러나 예수님이 재림하시기 전까지는 개인적인 죽음을 통해 이 세상과 이별할 것입니다. 이것을 개인적 종말이라고 합니다. 우주적 종말을 맞이하든 개인적 종말을 맞이하든 남는 것은 천국의 소망입니다. 이런 내세를 어떻게 예비하시겠습니까?

우상숭배, 술 취함, 음란, 폭력 등에 빠지지 말고 정신 차려 기도해야 합니다. 하나님과 교제하며 하나님 품 안에 있어야 합니다. 그리고 참된 신앙생활로 종말을 예비해야 합니다. 이를 위해서는 서로 사랑해야 합니다. 사랑의 마음으로 서로 대접하고 섬겨야 합니다. 하나님이 맡겨 주신 사명을 잘 감당해야 합니다. 하나님께 영광이 되고 이웃에게 유익이 되도록 잘 섬겨야 합니다. 우리 모두가 이런 신앙생활로 아름다운 교회를 이루고 세상을 구원하며, 우리 자신도 꼭 영원한 천국에 들어갈 수 있기를 바랍니다.

5. 부끄러운 일과 자랑스러운 일(벧전 4:12-19)

"사랑하는 자들아 너희를 연단하려고 오는 불 시험을 이상한 일 당하는 것같이 이상히 여기지 말고 오히려 너희가 그리스도의 고난에 참여하는 것으로 즐거워하라 이는 그의 영광을 나타내실 때에 너희로 즐거워하고 기뻐하게 하려 함이라 너희가 그리스도의 이름으로 치욕을 당하면 복 있는 자로다 영광의 영 곧 하나님의 영이 너희 위에 계심이라 너희 중에 누구든지 살인이나 도둑질이나 악행이나 남의 일을 간섭하는 자로 고난을 받지 말려니와 만일 그리스도인으로 고난을 받으면 부끄러워하지 말고 도리어 그 이름으로 하나님께 영광을 돌리라 하나님의 집에서 심판을 시작할 때가 되었나니 만일 우리에게 먼저 하면 하나님의 복음을 순종하지 아니하는 자들의 그 마지막은 어떠하며 또 의인이 겨우 구원을 받으면 경건하지 아니한 자와 죄인은 어디에 서리요 그러므로 하나님의 뜻대로 고난을 받는 자들은 또한 선을 행하는 가운데에 그 영혼을 미쁘신 창조주께 의탁할지어다."

• 세상의 자랑

오래 전 영국에서 한 사람이 거액의 돈을 주웠습니다. 아무도 모르게 쓸 수 있는 돈이었지만 그 사람은 신고하여 주인을 찾아주었습니다. 워낙 거액이어서 신문에 크게 보도되었습니다. 그 후에 많은 사람이 그에게 전화나 편지를 했습니다. 그런데 그 내용의 90% 이상이 "당신은 바보다"라는 내용이었습니다. 도덕 교과서에 나올 만큼 모범적인 사람이 실제 사회에서는 조롱을 받은 것입니다.

반면에 많은 사람이 법을 어기고 자기 잇속 차린 것을 큰 자랑거리처럼 이야기합니다. 학생들 중에는 부정행위로 좋은 성적을 얻었다고 자랑하는 경우가 있습니다. 상인들 중에는 순박한 손님에게 바가지를 씌웠다고 자랑하는 경우가 있습니다. 운전자들 중에는 규정 속도를 어기고 몇 시간 만에 달렸다고 자랑하는 사람도 많습니다.

어떻게 사람들이 그런 행동을 자랑할 수 있을까요? 주위 사람들이 그것을 부러워하기 때문입니다. 많은 사람들이 바른 삶보다 편안하고 부유한 삶을 추구합니다. 그래서 악을 행하더라도 물질적인 유익을 얻으려고 합니다. 그러니까 악한 방법으로라도 자기 잇속을 챙긴 사람이 부러운 것입니다. 반면에 공의를 지키기 위해 손해를 감수한 사람은 조롱거리가 됩니다. 지금 우리 사회에서는 도덕책이 자랑스러운 일이라고 가르치는 것이 부끄러운 일이 되어 버렸고, 부끄러운 일이라고 가르치는 것이 자랑스러운 일이 되어 버렸습니다.

• 악을 버리는 고통

세상의 도덕을 지켜도 욕을 먹는다면 그보다 훨씬 더 높은 윤리인 하나님의 뜻을 지키면 어떻게 되겠습니까? 당연히 고난을 받을 수밖에 없습니다. 예수님은 이런 교훈을 주셨습니다. "만일 네 손이 너를 범죄하게 하거든 찍어 버리라. 장애인으로 영생에 들어가는 것이 두 손을 가지고 지옥 곧 꺼지지 않는 불에 들어가는 것보다 나으니라." 물론 땅에서 손을 찍어 버린다고 천국에서 손 없이 사는 것은 아닙니다. 이 말씀은 상징적인 교훈입니다.

그러나 악을 버리는 것을 손을 찍어 버리는 것으로 표현한 것은 악을 버리는 것이 손을 찍어 버리는 것 같은 고통을 수반하기 때문입니다. 악을 버리면 어떤 고통이 따를까요? 실제로 손을 찍어 버린다고 생각해 보십시오. 최소한 세 가지 고통이 따릅니다.

첫째, 손을 찍을 때 고통이 옵니다. 몸의 한 지체를 잘라내니 얼마나 아프겠습니까? 악한 행동을 중지하는 데도 이런 고통이 따릅니다. 나쁜 습관 하나를 없애 버리는 것이 얼마나 힘듭니까? 흡연은 몸에 해롭기 때문에 하나님이 주신 몸을 바로 관리하려면 끊어야 할 나쁜 습관입니다. 더욱이 담배를 피우면 가족들에게도 해를 끼칩니다.

십여 년 전에 미국에서 담배의 해악을 심의하는 청문회가 열린 적이 있습니다. 세계 굴지의 담배회사 대표들이 나와서 상원의원들의 질문에 답변했습니다. 그런데 그 청문회 첫머리에 불치의 병에 걸린 한 소년의 증언이 있었습니다. 이 소년이 이런 병에 걸린 것은 아버지가 집에서 담배를 피웠기 때문입니다. 정말 끔찍한 일입니다. 이런 증언을 비롯한 여러 가지 답변을 통해 담배의 해악이 아주 크다는 것이 확증되었습니다. 이렇게 담배가 해롭지만 담배를 끊기가 쉽습니까?

좀 쉬운 것을 찾아볼까요? 혹시 운전할 때 습관적으로 과속하는 분이 있습니까? 규정 속도를 어기는 것은 단순히 법을 지켰느냐 안 지켰느냐의 문제가 아닙니다. 속도가 높아지면 사고의 위험성이 아주 높아집니다. 그래서 과속으로 달리는 것은 인명을 경시하는 행동입니다. 담배로 몸을 해치는 사람도 많지만 교통사고로 몸을 해치는 사람도 끔찍하게 많습니다. 그런데 과속하는 습관을 끊어 버리기가 쉽습니까? 이런 습관들은 다 고통을 이겨내야 끊을 수 있는 것입니다.

둘째, 악을 버리면 불편해집니다. 손이 하나 없어지면 얼마나 불편해집니까? 마찬가지입니다. 그동안 편리하게 살던 습관 하나가 없어지면 그만큼 불편해지는 것입니다. 교통법규를 어기는 데 익숙한 사람이 교통법규를 꼬박꼬박 지키려면 여간 불편한 게 아닙니다. 시간이 더 걸리는 것도 참기 어려운 일이고, 남들이 교통법규 어기는 꼴을 보는 것도 분통이 터지는 일입니다.

돈을 좀 집어 주면 간단히 해결될 것을 원칙 지켜가며 사는 것도 불편하게 느껴질 것입니다. 한 여론조사에 의하면, 국민의 88.6%가 공직사회의 부정부패가 심각하다고 생각하고 있습니다. 80.6%는 금품향응 제공이 민원처리에 영향을 준다고 느끼고 있습니다. 특히 이 여론조사의 대상은 일반인 1,000명과 공무원 3,176명이었습니다. 공무원들마저 금품이 민원처리를 특정인에게 유리하게 해준다는 것을 인정하고 있는 것입니다. 이런 사회에서 법을 지키는 것이 얼마나 불편하겠습니까?

셋째, 악을 버리면 무능한 사람으로 치부됩니다. 손이 하나 없어지면 장애인 취급을 당하게 됩니다. 요즈음은 장애인을 존중해 주는 사람이 많아서 덜 심각하지만 그래도 여전히 장애인을 능력이 부족한 사람으로 보는 경향이 있습니다. 그래서 장애인은 무시당하기 쉽습니다. 심지어 철없는 사람들은 장애인을 소외시키고 조롱합니다. 무시당하고 소외당하는 것은 결코 작은 고통이 아닙니다.

어떤 사람이 군대에서 이런 일을 겪었다고 합니다. 자기 부대의 하사 한 사람이 부하들을 늘 못살게 굴었습니다. 그러자 견디다 못한 부하들이 앞으로 하사를 절대 상대하지 말자고 뜻을 모았습니다. 그 후부터는 아무도 하사를 가까이하지 않았습니다. 말도 걸지 않았습니다. 장기를 두자고 해도 두지 않았습니다. 말을 걸어도 최소한의 대답만 했습니다. 하사는 이렇게 소외당하자 결국 견디지 못하고 부하들에게 사과했습니다. 그리고 좋은 상관이 되었습니다. 소외당하는 것은 정말 견디기 어려운 일입니다.

그런데 문제는 이 세상에서 하나님 뜻대로 살면 세상 사람들로부터 비난받고 소외당하기 쉽다는 것입니다. 당시 교회의 심각한 어려움이 바로 이것이었습니다. 그래서 베드로가 이에 대해 많이 경고하며 격려해 주는 것입니다. 우리가 하나님 뜻대로 살기 위해서는 과거의 악한 생활을 끊어 버리고 거룩하게 살아야 합니다. 그런데 그렇게 살려면 세상에서 조롱받고 소외당하는 것을 감수해야 하는 것입니다.

• 불시험

이런 조롱과 비방이 얼마나 무서운 시련인지 베드로는 이것을 불시험이라고 부릅니다. 그런데 이 시험은 '무서운 불시험'일 뿐 아니라 '불로 연단하는 것 같은 시험'이기도 합니다. 그래서 괴롭기만 한 시험이 아니라 우리의 믿음을 더욱 굳건하게 만들어 주어서 큰 은혜와 복을 받게 해주는 시련이기도 한 것입니다.

13절을 보면, 이런 고난을 받는 것은 그리스도의 고난에 참여하는 것입니다. 그래서 우리를 나중에 그리스도의 영광에 참여하게 해주고, 크게 기뻐하게 만들어 주는 것입니다. 또 14절을 보면, 이런 고난은 하나님의 영이 우리 위에 계신다는 증거이고, 또 계속 계시게 해줍니다. 이렇게 고난은 우리가 주님의 참된 제자라는 증거이고, 또한 앞으로 영광을 얻게 해주는 것입니다. 우리가 이것을 기억하면 고난과 조롱을 쉽게 이겨낼 수 있는 것입니다.

당신은 미국의 프로농구 경기를 보신 적이 있습니까? 우리나라에서도 미국의 프로농구 경기를 중계해 주거나 스포츠뉴스 시간에 자주 보여줍니다. 그 경기를 보면 자유투를 할 때 관중이 어떻게 하는지 아십니까? 특히 상대팀의 홈그라운드에서 경기하는 팀이 자유투를 얻으면 관중은 다 골을 넣지 못하기를 바라잖아요? 그러면 골대 뒤에 있는 청중들은 뱀처럼 생긴 풍선을 흔듭니다. 골대의 백보드가 투명하니까 상당히 어른거리고 방해가 될 것입니다. 그리고 모든 관중이 소리를 지르며 야유합니다. 왜 관중이 자유투를 하는 선수에게 이런 방해를 합니까? 지금 그 선수의 활약이 자기들에게 위협이 되기 때문입니다. 다른 선수에 대해서도 마찬가지입니다. 상대방의 관중에게 야유를 더 많이 받는 사람이 경기를 잘하는 사람입니까, 못하는 사람입니까? 잘하는 사람입니다. 그러니까 자기 팀에서 더 많은 칭찬을 받는 사람은 적진에서 더 많은 비난을 받는 것입니다.

신앙생활도 마찬가지입니다. 우리가 악의 세력이 판을 치는 세상에서 비방을 받는 것은 하나님의 자녀로 잘하고 있기 때문입니다. 사탄의 나라에 큰 위협이 되고 있기 때문입니다. 우리가 선을 행하다가 비난을 받으면 그것이 오히려 하나님 나라에서 받을 상이 크다는 뜻입니다. 사탄에게서 비난을 많이 받는 사람일수록 하나님 나라에서 칭찬을 많이 받는 것입니다. 예수님의 말씀이 생각나십니까?

"나로 말미암아 너희를 욕하고 박해하고 거짓으로 너희를 거슬러 모든 악한 말을 할 때에는 너희에게 복이 있나니 기뻐하고 즐거워하라 하늘에서 너희의 상이 큼이라 너희 전에 있던 선지자들도 이같이 박해하였느니라"(마 5:11-12).

그런데 여기서 꼭 잊지 말아야 할 것이 하나 있습니다. 베드로는 이것을 여러 번 강조했습니다. 그것이 무엇입니까? 잘못을 저지르고 비난받는 일은 없어야 한다는 것입니다. 살인, 도둑질, 악행으로 비난을 받아서는 안 됩니다. 특히 본문에서 우리가 눈여겨봐야 할 것은 남의 일에 간섭하는 자로 비난을 받지 말라는 것입니다.

우리가 받아야 할 비난은 그리스도인으로서 받는 비난입니다. 여기에는 두 가지 뜻이 있습니다. 하나는 예수님을 믿는다는 사실 때문에 비난을 받는 것입니다. 그리고 다른 하나는 하나님의 뜻에 따라 살기 때문에 비난을 받는 것입니다.

사실 이제는 교회 다닌다는 사실 때문에 비난받는 경우는 많이 줄어들었습니다. 그래도 여전히 여러 가지 형편 속에 신앙 자체 때문에 어려움을 겪는 분들이 계실 것입니다. 이런 분들은 하나님의 위로와 은혜가 충만히 임할 테니까 꿋꿋하게 믿음을 잘 지켜 나가시기 바랍니다. 그리고 바르게 살기 때문에 비난을 받는 분들도 계실 것입니다. 이런 분들도 하나님의 위로와 상급을 바라보며 굳건히 바른 삶을 지켜 나가시기 바랍니다.

그런데 정말 안타까운 것은 성도들이 악행을 함으로 비난받는 경우가 적지 않다는 것입니다. 교인들이 사회의 온갖 범죄에 연루되어 있습니다. 특히 사회의 대형 부정행위에 장로들이 개입되어 있는 경우가 얼마나 많은지 모릅니다. 왜 그럴까요? 아마도 교회에서 장로를 선출할 때 사회적으로 높은 지위에 있는 사람을 선출하기 때문인 것 같습니다. 생각해 보십시오. 사회의 대형 부정사건에는 사회의 고위층이 개입됩니다. 그런데 고위층에 장로들이 많으니까 그런 사건에 연루되는 장로가 많은 것 아닐까요?

더욱이 고위층에 있는 사람들은 경력이나 지위를 중요하게 생각하는 경향이 있습니다. 이런 사람들이 교회에 다니면 교회의 장로직을 아주 훌륭한 지위로 생각해서 장로가 되기 위해 노력하게 됩니다. 이런 마음으로 장로가 된 사람들은 진정한 장로의 모습을 보이기 어렵습니다. 이렇게 장로답지 못한 장로들이 결국 사회의 대형 부정사건에 연루되는 것 같습니다. 이 말씀을 오해하지 마십시오. 교회에는 사회 고위층이면서도 신앙적으로도 존경받는 훌륭한 장로님들이 정말 많습니다. 다만 일부 그렇지 못한 사람들 때문에 부끄러운 일이 일어나는 것이 너무나 안타까운 것입니다.

• 남의 일에 간섭하는 것

이제 '남의 일에 간섭하는 것'에 대해서 생각해 보겠습니다. 교회에 다니지 않는 사람들을 만나 보면 교회에 한 번도 안 가본 사람은 10-20% 정도이고 대부분은 교회에 가본 사람들입니다. 그리고 전도를 강하게 거부하는 사람들은 대체로 교회에 다니다가 상처를 받은 사람들입니다. 그렇다면 사람들이 교회에서 어떤 일로 가장 상처를 많이 받을까요? 기존 교인들의 쓸데없는 말 때문입니다.

본문에서 남의 일에 간섭한다는 말은 자격도 없으면서 감독하려고 한다는 뜻입니다. 한 성도가 실수를 했다고 합시다. 그것을 감독하고 심판하실 분은 누구입니까? 하나님이십니다. 다른 성도들은 그것을 볼 때 어떻게 해야 할까요? 세 가지를 해야 합니다.

첫째, 그를 위해 기도하는 것입니다. 둘째, 그 사람에게 직접 잘못을 알려 주며 고치도록 권하는 것입니다. 그러나 이때 잘해야 합니다. 그 사람이 이미 잘못을 깨닫고 고치려고 하는 중이라면 말할 필요가 없습니다. 자신이 그것을 전혀 모르고 있을 때 조심스럽게 권해야 하는 것입니다. 사람은 남의 충고를 잘 받아들이지 않습니다. 진정한 사랑으로 조심스럽게 권해야 합니다. 그것이 어려우면 교회 지도자와 의논하여 가장 좋은 방법으로 그 사람에게 유익이 되도록 권해야 합니다. 셋째, 나를 돌아보고 나도 넘어지지 않도록 조심하는 것입니다.

절대로 하지 말아야 할 것은 무엇일까요? 다른 사람에게 그 사람의 잘못을 말하는 것입니다. 이때 비방하면 정말 안 됩니다. 그러나 비방은 하지 않아도 남의 잘못을 드러내는 것 자체가 쓸데없는 간섭입니다. 꼭 피해야 할 일입니다. 심지어 어떤 사람을 위해서 기도하자고 할 때도 그 사람의 비밀을 지켜 줘야 할지 말해야 할지 지혜롭게 판단해야 합니다. 남의 아픈 점을 말하는 것은 쓸데없는 간섭이 될 위험이 큽니다.

우리가 남의 잘못을 말할 때 겉으로는 그 사람을 위해 기도하기 위해서 그런다고 합니다. 혹은 다른 사람을 경계하기 위해서 그런다고 합니다. 그러나 속으로는 내가 그런 비밀을 알고 있다는 것을 자랑하는 마음이 있지 않습니까? 혹은 그 사람의 부족한 모습을 말하면서 우월감을 느끼며 즐기지는 않습니까? 우리는 교회생활에서 이런 실수를 저지르지 않도록 각별히 주의해야 합니다.

이렇게 수군수군 말이 많은 것은 교회의 가장 큰 문제 중 하나입니다. 실제로 이런 수군거림에서 큰 문제가 발생하는 경우도 얼마나 많은지 모릅니다. 이런 수군거림이 본문에서 말하는 남의 일에 간섭하는 것입니다. 그렇다면 누가 이렇게 수군거리며 남의 일에 간섭하기 쉬울까요? 교회에 오래 다닌 사람일까요, 새신자일까요? 중직자일까요, 초신자일까요? 대체로 오래 다닌 사람이나 중직자들이 수군거리기 쉽습니다. 그래서 교회에 오래 다닌 사람일수록 더 조심해야 합니다. 우리는 절대 남을 함부로 판단하거나 비방하는 말을 하지 않기 바랍니다. 남의 일을 말하며 시간 보내는 사람이 없기 바랍니다. 특히 교회의 중직자들은 쓸데없는 간섭이나 비방을 피하고 오직 사랑으로 감싸 주며 교회에 평강을 끼치시기 바랍니다.

여기에 한 가지 덧붙여 교회가 주의해야 할 것이 있습니다. 그것은 교회가 사회에 쓸데없이 간섭하는 것처럼 보여서도 안 된다는 것입니다. 교회는 사회 문제에 간섭을 해야 합니다. 그러나 오직 사랑으로 간섭해야 합니다. 마치 부모가 자녀에게 간섭하는 것처럼 해야 합니다. 부모는 자녀가 악한 일을 하지 못하게 간섭해야 합니다. 예수님을 믿으라고 간섭해야 합니다. 그러나 자녀의 일에 지나치게 간섭하는 것은 바람직하지 않습니다. 자녀가 부모보다 더 잘 알고 있는 것도 얼마든지 있기 때문입니다.

마찬가지로 교회도 사회에 지나치게 간섭하는 것은 바람직하지 않습니다. 특히 구체적인 정책을 제시하며 간섭하는 것은 바람직하지 않습니다. 이 말씀을 오해하지 마십시오. 성도들도 정치에 참여할 수 있습니다. 그러나 교회라는 이름으로 정치에 간섭하는 것은 바람직하지 않다는 것입니다.

교회가 사회 문제에 간섭할 때는 두 가지를 특별히 주의해야 합니다. 첫째, 교회는 사회의 불공평하거나 국민의 평화를 깨뜨리는 악한 모습에 대해서 경고해야 합니다. 그러나 구체적인 정책에 대해서는 교회의 이름으로 간섭하기 어렵습니다. 교인 각자가 개인적으로 자기 의견을 낼 수는 있지만 자기 의견을 교회의 이름으로, 마치 그것이 신앙의 절대가치인 것처럼 주장하는 것은 바람직하지 않습니다.

교회는 예언자의 사명을 잘 감당해야 합니다. 그러나 그것은 하나님이 성경을 통해 가르쳐 주신 대로 악을 멀리하고 선을 따르게 하는 내용이어야 합니다. 단순히 효율성에 대한 것은 교회가 함부로 간섭할 일이 아닙니다. 예수님을 믿는 사람이 불신자가 운전하는 버스를 타면 운전 기술에 대해서 간섭을 해야 합니까? 아닙니다. 어떤 일에 대해 간섭을 해야 합니까? 과속을 한다면 안전운행을 하도록 간섭해야 합니다. 그것도 선한 방법으로 말입니다.

교회가 세상 일에 간섭할 때도 마찬가지입니다. 악을 행할 때 선을 행하도록 간섭해야 합니다. 그러나 세상의 기술이나 지식에 대해서 교회가 함부로 간섭하는 것은 바람직하지 않습니다. 그런데 성도들 중에는 전문지식도 부족한 사람이 글 몇 개 읽고 절대적인 선인 것처럼 간섭하는 경우가 있습니다. 이것은 피해야 할 일입니다. 요즈음 환경이나 생태계의 문제를 놓고 성도들이 자기 개인의 견해를 절대적인 것처럼 주장하는 경우가 없지 않습니다. 우리는 이런 것을 지혜롭게 판단하여 개인의 정책이나 기술적인 의견을 하나님의 이름으로 절대화하는 일이 없어야 합니다.

- **경고와 격려**

끝으로 베드로는 경고와 격려의 말씀을 줍니다.

"하나님의 집에서 심판을 시작할 때가 되었나니 만일 우리에게 먼저 하면 하나님의 복음을 순종하지 아니하는 자들의 그 마지막은 어떠하며 또 의인이 겨우 구원을 받으면 경건하지 아니한 자와 죄인은 어디에 서리요"(벧전 4:17-18).

하나님의 집에서 심판을 시작한다는 말씀은 지금 성도들이 받는 고난을 가리킵니다. 그러면서 이렇게 가르쳐 줍니다. 믿는 자들에게 이런 고난을 통해 구원이 온다면 믿지 않는 자들이 멸망을 당할 때는 얼마나 큰 고통을 받겠느냐는 것입니다. 이 말씀은 두 가지 내용으로 우리의 신앙생활을 격려합니다.

첫째, 믿는 자들이 결코 쉽게 구원을 성취하는 것이 아니라는 것입니다. 우리는 믿음으로 너무나 쉽게 구원을 받았습니다. 그러나 그 구원을 지켜 나가기 위해서는 많은 고난을 받아야 합니다. 그래서 믿는 자도 겨우 구원을 받는다고 하는 것입니다. 이것은 구원받을 가능성이 낮다는 것이 아닙니다. 누구나 예수님을 믿으면 구원을 받습니다. 구원받을 가능성은 굉장히 높습니다. 그러나 구원을 받기 위해서는 많은 고난을 겪어야 합니다. 그래서 우리는 쉽게 구원을 받는 것이 아니라 많은 고난을 통해서 구원을 받는 것입니다.

이런 것과 비슷합니다. 청년이 군대에 가면 다 죽습니까? 거의 모든 청년이 건강하게 제대하여 집으로 돌아옵니다. 그렇다고 군대생활이 쉽습니까? 아닙니다. 많은 훈련과 어려움을 겪습니다. 이렇게 군대에 간 청년이 대부분 건강하게 돌아오듯이 예수님을 믿는 우리도 배교하지 않으면 다 구원을 받습니다. 그렇지만 구원을 쉽게 받는 것은 아닙니다. 구원을 받으려면 고난을 당해야 한다는 것이 억울한 일입니까? 이런 고난을 통해 더 큰 상급을 받는데요?

우리는 구원의 길을 너무 쉽게 생각하면 안 됩니다. 우리는 악한 세상에서 여러 가지 고난을 겪으며 구원의 길을 갑니다. 그런데 그 구원이 너무 좋은 것이기 때문에 세상에서 잠깐 겪는 고난을 기쁨으로 견디는 것입니다. 우리가 정말 산 소망을 가지고 있으면 고난을 피하려고 하지 않습니다. 오히려 기쁨으로 고난을 견딥니다. 왜냐하면 고난 후에 더 큰 상급을 받기 때문입니다.

또 한 가지 꼭 기억해야 할 것은 하나님의 자녀가 이런 고난을 겪으면서 힘들게 구원을 받는다면 불신자들은 어떻겠느냐는 것입니다. 불신자들은 더 큰 고통을 겪다가 결국 멸망에 빠지는 것입니다. 우리는 불신자들의 이런 비참한 모습을 기억해야 합니다. 그래서 지금 믿음의 길에 고난이 있고 불신의 길에 평안이 있다고 해도 절대 불신의 길을 가지 말고 믿음의 길을 가야 하는 것입니다.

이렇게 모든 고난을 이겨내고 구원을 성취하는 것은 우리 힘으로 되는 것이 아닙니다. 오직 하나님의 은혜로 됩니다. 그래서 본문은 자기 영혼을 하나님께 부탁하라고 가르쳐 주는 것입니다. 우리는 하나님께 모든 것을 맡기고 고난을 이겨내며 구원의 길을 가야 합니다. 그러나 하나님께 맡겼으니 최선을 다해 하나님께 순종해야 합니다. 그러면서 산 소망이 이루어지는 구원의 성취를 기다려야 하는 것입니다.

이 세상에서 믿음을 지키고 하나님의 뜻을 따르려고 하면 어려움을 겪습니다. 그러나 그 어려움은 하나님의 자녀이며 하나님 나라의 병사이기 때문에 받는 것입니다. 그런 고난은 더 큰 영광을 받게 될 증거입니다. 정말 자랑스러운 일입니다. 오히려 악한 방법으로 세상에서 성공한 것이야말로 부끄러운 일입니다. 그 결과는 진짜 고통과 비참함입니다.

세상 사람들이 우리와 다른 것을 자랑하더라도 거기에 현혹되지 마십시오. 오히려 우리가 믿음을 지키며 어려움 겪는 것을 자랑스럽게 생각하십시오. 아무쪼록 우리 모두가 산 소망으로 세상의 고통을 이겨낼 수 있기 바랍니다. 그리고 항상 하나님을 의지하며 신앙과 바른 삶으로 영광스러운 구원의 길을 갈 수 있기를 바랍니다.

6. 서로 겸손으로 허리를 동이십시오
(벧전 5:1-6)

"너희 중 장로들에게 권하노니 나는 함께 장로 된 자요 그리스도의 고난의 증인이요 나타날 영광에 참여할 자니라 너희 중에 있는 하나님의 양 무리를 치되 억지로 하지 말고 하나님의 뜻을 따라 자원함으로 하며 더러운 이득을 위하여 하지 말고 기꺼이 하며 맡은 자들에게 주장하는 자세를 하지 말고 양 무리의 본이 되라 그리하면 목자장이 나타나실 때에 시들지 아니하는 영광의 관을 얻으리라 젊은 자들아 이와 같이 장로들에게 순종하고 다 서로 겸손으로 허리를 동이라 하나님은 교만한 자를 대적하시되 겸손한 자들에게는 은혜를 주시느니라 그러므로 하나님의 능하신 손 아래에서 겸손하라 때가 되면 너희를 높이시리라."

• **사랑과 사명**

앞에서 배운 베드로전서 4장 7-19절의 내용을 되새겨 보십시오. 7-11절에서는 종말이 가까웠으니 어떻게 하라고 합니까? 세 가지를 가르쳐 줍니다. 첫째, 깨어 기도하라고 합니다. 믿음을 지키라는 것입니다. 둘째, 뜨겁게 서로 사랑하라고 합니다. 셋째, 맡은 사명을 잘 감당하라고 합니다. 특히 사명을 감당할 때에는 자기 힘으로 하는 것같이 하지 말고 하나님의 은혜를 힘입어서 하는 것같이 하라고 합니다. 말을 해도 자기를 드러내지 말고 하나님의 말씀을 하는 것같이 하라고 합니다. 헌금을 해도 자기를 드러내지 말고 하나님이 주셔서 하는 것같이 하라고 합니다.

이 세 가지 교훈 중에서 믿음을 지키라는 교훈은 주로 사회생활에 대한 교훈입니다. 바로 앞에 나오는 4장 1-6절에서 믿음을 지키기 위해서는 거룩하게 살아야 한다고 가르쳐 주었기 때문입니다. 반면에 서로 사랑하라는 교훈과 사명을 잘 감당하라는 교훈은 주로 교회생활에 대한 교훈입니다. 왜냐하면 "서로 사랑하라" 또는 "서로 봉사하라"고 하기 때문입니다.

그다음 4장 12-19절에서는 사회생활에 대해 다시 가르쳐 줍니다. 특히 바른 신앙생활을 하다가 어려움을 겪을 때 놀라거나 실망하지 말라고 합니다. 그런 고난은 바른 신앙생활을 하는 사람에게 당연히 오는 것이고, 또 훌륭한 신앙인이라는 증거이기 때문입니다. 이런 사람은 천국에서 큰 상을 받습니다. 그래서 바르게 살다가 고난을 받으면 오히려 기뻐하라고 합니다.

그러나 만일 믿음 때문에 받는 시련이 고통스럽다고 믿음을 포기하면 불신자에게 닥치는 무서운 고통을 받게 됩니다. 베드로는 이런 말씀으로 성도들이 어떤 어려움을 만나도 꼭 믿음을 지키고 바르게 살 수 있도록 경고하며 격려해 주는 것입니다.

그다음이 5장 1-6절입니다. 이 본문은 교회생활에 관한 교훈입니다. 그런데 앞에 나온 교회생활에 대한 교훈은 서로 사랑하라는 것과 사명을 잘 감당하라는 것이었습니다. 그렇다면 본문은 사랑에 대한 교훈입니까, 사명에 대한 교훈입니까? 언뜻 보면 사명을 잘 감당하라는 것 같지만 자세히 보면 사명을 잘 감당하기 위한 자세를 가르쳐 줍니다. 그런데 그 자세가 사랑으로 사명을 감당하는 것입니다. 그래서 본문은 사랑과 사명에 대한 교훈입니다.

이런 점에서 본문은 앞에서 가르쳐 준 사명을 잘 감당하라는 교훈을 보다 구체적으로 가르쳐 주는 것입니다. 그런데 앞의 내용과 같은 점도 있고 다른 점도 있습니다. 같은 점이 무엇일까요? 앞에서 가르쳐 준 사명 감당의 자세는 어떤 것입니까? 자기 힘으로 하는 것같이 하지 말고 하나님의 힘으로 하는 것같이 하라는 거지요. 달리 말하면, 겸손한 자세입니다. 그리고 본문도 겸손히 사명을 감당하라고 합니다. 이것이 같은 점입니다.

그러나 다른 점도 있습니다. 4장 10-11절은 누구에게 주는 교훈입니까? 특별한 직분자에게 주는 것입니까, 모든 성도들에게 주는 것입니까? 모든 성도들에게 주는 것입니다. 이에 반해 5장 1-6절은 모든 성도들에게 주는 것입니까, 특별한 직분자에게 주는 것입니까? 직분자에게 주는 것입니다. 이것이 다른 점입니다.

본문은 어떤 직분자에게 주는 말씀입니까? 장로에게 주는 말씀입니다. 여기서 말하는 장로는 어떤 사람일까요? 이것을 잘 보여주는 말씀이 베드로의 이 표현입니다. "나는 함께 장로 된 자다." 그렇다면 여기서 말하는 장로는 베드로 같은 사람입니다. 베드로가 어떤 사람입니까? 명실상부한 교회 지도자입니다. 지금의 목사에 가장 가깝습니다. 그러나 교회 지도자가 꼭 목사만은 아닙니다. 장로를 비롯한 모든 항존직분자들도 교회 지도자에 해당됩니다.

교회를 바로 지도하기 위해서는 크게 세 가지 분야에서 잘 지도해야 합니다. 그것은 말씀을 가르치는 일, 교인들을 보살피고 돌보는 일, 행정적으로 모든 일이 잘 진행되도록 이끄는 일입니다. 교회 지도자는 이 세 가지를 잘 감당해야 합니다. 목사만이 아니라 당회원들과 항존직분자들도 함께 분담하고 협력해서 감당해야 합니다.

교회사 교수 한 분이 초대 예루살렘 교회의 강점은 이 세 분야에서 각각 좋은 지도자를 가진 것이라고 말했습니다. 공감이 되는 내용이었습니다. 한번 생각해 보십시오. 초대 예루살렘 교회에서 말씀을 잘 가르친 사람이 누굽니까? 베드로입니다. 한 번 설교에 3,000명이나 회개하지 않았습니까? 사랑으로 잘 보살핀 사람은 누굽니까? 사랑의 사도로 불린 요한입니다. 행정과 치리를 잘한 사람은 누굽니까? 예수님의 동생 야고보입니다. 정말 이런 지도자들의 역할이 예루살렘 교회에 큰 유익이 되었을 것입니다. 이렇게 지도자들이 자기의 재능과 사명에 따라 서로 다른 분야에서 역할을 잘 감당하며 협력하면 교회에 큰 유익이 될 수 있습니다. 아울러 교회 지도자라면 이 세 분야에서 최소한의 지도력을 갖춰야 합니다.

• **교회 지도자의 자세: 자원해서 섬겨야 합니다**

이렇게 교회에서 지도자의 역할을 감당하고 있는 장로들에게 베드로가 권합니다. 장로들이 베드로의 권고를 들으면 기분이 좋을까요, 불쾌할까요? 좋습니다. 왜 그렇습니까? 베드로가 장로들에게 말하기를 나도 같은 장로로서 말한다고 하기 때문입니다. 편지를 받는 장로의 입장에서 보면 베드로같이 유명한 교회 지도자가 자기를 동역자로 대우해 주고 있습니다. 자기가 상당히 중요한 인물이 된 것 같은 느낌이 들 것입니다.

동시에 이 모습은 베드로의 겸손을 보여줍니다. 세계의 모든 교회를 지도하는 대사도가 한낱 변두리 지방에서 교회를 섬기고 있는 장로들에게 우월감 속에서 훈계하는 것이 아니라 같은 동역자로서 권고하고 있는 것입니다.

그래서 장로들은 기분 좋게 베드로의 권고를 듣게 됩니다. 기분만 좋은 것이 아닙니다. 베드로같이 유명한 사도가 권하는 거니까 이대로만 하면 그도 베드로처럼 훌륭한 지도자가 될 것입니다. 그래서 더욱 경청하게 됩니다. 더욱이 베드로는 장로들에게 우리는 다 같이 하나님의 영광에 참여하게 될 것이라고 말합니다. 그래서 장로들은 천국의 영광을 얻기 위해서라도 꼭 베드로의 권고를 잘 듣고 따라야겠다는 마음이 생기는 것입니다.

이렇게 장로들의 마음을 준비시킨 후에 베드로는 교회 지도자에게 꼭 필요한 자세 세 가지를 가르쳐 줍니다. 첫째, 교회와 성도들을 섬길 때 억지로 하지 말고 자원하는 마음으로 하라는 것입니다. 둘째, 더러운 이익을 위해서 하지 말고 즐거운 마음으로 하라는 것입니다. 셋째, 주장하는 자세를 하지 말고 성도들의 본이 되라는 것입니다.

이 교훈이 무슨 뜻인지는 쉽게 알 수 있습니다. 그러나 이것을 행하기는 어렵습니다. 특히 세 교훈 중 하나를 이행하는 것도 어렵지만 세 교훈 모두를 같이 이행하기는 더 어렵습니다. 한 교훈을 잘 이행하는 사람이 다른 것까지 잘하기는 몹시 어렵기 때문입니다. 예를 들어, 이런 것과 비슷합니다. 교회에서 자기주장을 많이 펴는 사람은 일을 많이 한 사람입니까, 적게 한 사람입니까? 많이 한 사람일 것입니다. 그렇다면 성실히 봉사하는 것도 어렵지만 열심히 봉사하고도 자기주장을 펴지 않기는 더 어렵지 않습니까?

이제 세 가지 교훈을 좀 더 자세히 살펴보겠습니다. 첫 번째 교훈에도 이런 이중적인 어려움이 있습니다. 양은 교회 지도자의 양이 아니라 하나님의 양입니다. 그런데 양을 칠 때 자원해서 쳐야 합니다. 사람이 자기 것이라고 생각할 때 자진해서 열심히 할까요, 남의 것이라고 생각할 때 열심히 할까요? 공산주의와 자본주의 중 어느 쪽이 경제적으로 더 발전했습니까? 자본주의입니다. 왜 그렇습니까? 사람은 자기 것이어야 자진해서 열심히 일하기 때문입니다.

제가 좋아하는 목사님이 한 분 있습니다. 나이가 저보다 열 살이나 많은데 신학교는 같이 졸업했습니다. 1980년 대 중반에 이분은 40대의 나이로 교회에서 전도사 사역을 하고 있었습니다. 그런데 하루는 새로 나온 성도를 심방하게 되었습니다. 전도사님은 그 가정을 위해 간절히 기도했습니다. 이 성도는 전도사님의 기도에 깊은 감명을 받았습니다. 그래서 너무 고맙다고 당시에 새로 나오기 시작한 컴퓨터를 하나 선물했습니다. 그 성도가 세운상가에서 그런 사업을 하던 분이었거든요. 전도사님은 컴퓨터를 전혀 할 줄 모르는데 그런 선물을 받았다고 웃었습니다.

그런데 이 전도사님이 교회를 개척하게 되었습니다. 교회 창립 예배를 드리기 전에 개척을 준비하면서 개척 멤버들과 함께 몇 번 예배를 드렸습니다. 그리고 개척 멤버들을 위해 기도해 드렸습니다. 그 후에 전도사님이 이런 고백을 했습니다. 개척 멤버들이 전부터 알던 성도들인데도 지금은 '이 사람들이 내 양이다' 라고 생각하니까 기도가 달라지더라는 것입니다. 부교역자로 성도들을 위해 기도할 때도 그렇게 간절히 기도했던 전도사님이지만 교회를 개척하며 자기 양이라고 생각하니까 기도가 훨씬 더 간절해진 것입니다. 이것이 인지상정입니다.

그러나 우리가 교회를 섬기는 자세는 그 이상이어야 합니다. 교인은 내 양이 아닙니다. 내 소유가 아니고 내 말을 듣는 양이 아닙니다. 나를 대접하고 섬기는 양이 아닙니다. 오직 하나님의 양입니다. 하나님의 소유 된 백성이며 하나님을 섬기는 양입니다. 하나님의 말씀을 듣고 하나님을 위해 헌신하는 양입니다. 그런데 내 양이 아니라고 생각하면 자원하는 마음보다 책임감 때문에 부득이 양을 돌보는 경우가 생기기 쉽습니다. 성경은 이런 사람을 뭐라고 부르는지 아십니까? 삯꾼 목자라고 부릅니다.

교회 지도자는 이런 자세로 양을 섬기면 안 됩니다. 내 소유는 아니지만 하나님의 양이므로 하나님이 양을 사랑하시는 마음과 같은 마음으로 양을 사랑하고 섬겨야 하는 것입니다. 내 소유가 아닌데도 주인의식으로 섬기는 것입니다. 이것이 이해가 되십니까? 하나님의 양이므로 소유의식은 없습니다. 그러나 하나님의 양이므로 하나님의 자녀인 우리는 주인의식을 가지고 양을 섬기는 것입니다. 교회 지도자가 교우들을 섬기는 것은 교우들이 말을 잘 듣기 때문이 아닙니다. 잘 대접해 주기 때문도 아닙니다. 오직 하나님의 양이기 때문에 하나님을 사랑하는 마음으로 더 잘 섬기는 것입니다.

이런 자세로 섬기는 사람은 억지로 교회를 섬기지 않습니다. 본문은 부득이함으로 하지 말라고 합니다. 부득이함으로 하는 것은 코가 꿰어서 억지로 하는 것을 가리킵니다. 도대체 교회를 섬기면서 억지로 하는 이유가 무엇입니까? 사람들이 보통 무엇 때문에 억지로 할까요? 체면 때문입니다. '내가 명색이 장로인데 이 정도 모임에는 참여해야 하는 것 아닌가?' 물론 이런 모습도 아무 책임감 없이 모임에 빠지는 것보다는 훨씬 낫습니다. 다른 사람에게 본이 되고 교회에 덕이 되기 때문입니다.

그러나 이런 모습으로 만족해서는 안 됩니다. 오히려 뜨거운 사랑으로 자원해서 하지 못하는 것을 안타깝게 생각하며 회개해야 합니다. 더욱 기도하고 사랑과 열심을 회복하여 자원하는 마음으로 섬기는 데까지 나아가야 합니다.

우리가 자원하는 마음으로 교회를 섬기지 않으면 큰 폐단이 나타납니다. 자원해서 하는 사람은 자기가 좋아서 했기 때문에 잘난 척하지 않습니다. 그러나 억지로 한 사람은 자기 명예를 위해서 했기 때문에 잘난 척합니다. 베드로는 나중에 "서로 겸손하라"는 교훈을 주는데 자원해서 하지 않으면 겸손해질 수가 없습니다. 억지로 일하는 것은 그 자체도 문제지만 교만해지는 것이 더 큰 문제입니다.

• 교회 지도자의 자세: 더러운 이를 탐하면 안 됩니다

두 번째로는 더러운 이를 탐하여 하지 말라고 합니다. 이것은 우선적으로 돈을 위하여 교회를 섬기지 말라는 뜻입니다. 그렇다면 이것은 주로 교역자들에게 해당되는 말씀입니다. 물론 교역자들이 교회에서 사례비를 받는 것은 탓할 일이 아닙니다. 성경도 일꾼이 저 먹을 것을 받는 것은 마땅하다고 가르쳐 줍니다. 그러나 교역자들이 교회사역을 할 때 돈을 목적으로 해서는 안 되는 것입니다.

왜 교역자들이 돈을 위해 교회 일을 할까요? 다른 사람들과 같습니다. 두 가지 이유 때문입니다. 하나는 물질에 대한 욕심 때문이고, 다른 하나는 생활에 대한 염려 때문입니다. 욕심 때문이건 염려 때문이건 교역자가 떳떳하게 하나님의 나라와 의를 구하지 않고 돈이 생기는 길목을 찾아다니거나 돈을 요구하는 것은 비극입니다. 교회에 투정을 부려 고급 차를 얻어 타는 목사나 교인들을 찾아가서 우는 소리를 내며 물질적인 도움을 받는 목사가 있다면 안타까운 일입니다. 더욱이 성도들을 하나님의 상급으로 유혹하거나 하나님의 벌로 협박하여 자기 이권을 챙기는 목사가 있다면 그는 이미 목사가 아닙니다.

돈을 위해 일하는 사람은 어떤 모습을 보일까요? 우선 사람을 차별합니다. 부자의 집에는 자주 가고 가난한 사람의 집에는 잘 가지 않습니다. 서울의 큰 교회에서 부교역자들이 모처럼 둘러앉아 이야기를 나누게 되었습니다. 비교적 좋은 분위기에서 대화가 진행되고 있었는데 갑자기 한 전도사님이 이런 질문을 했습니다. "목사님들은 왜 부잣집에 심방 갈 일이 있으면 목사님이 가시고, 가난한 집에 심방 갈 일이 있으면 전도사들을 보냅니까?" 갑자기 분위기가 어색해졌습니다. 이때 아주 위트 있는 고참 부목사님이 이렇게 말했습니다. "그게 성경적이잖아. 부자는 천국에 가기 어려우니까 목사들이 가서 돌보고, 가난한 사람들은 천국이 저희 것이니까 전도사들이 가서 돌봐도 되는 거지." 이래서 웃고 넘어갔지만 사실 이런 모습은 교역자들이 쉽게 빠지는 함정입니다.

물론 부자도 위로가 필요합니다. 다만 차별이 있으면 안 되는 것입니다. 성도들을 공평하게 대하는 것은 정말 어렵습니다. 교회 지도자가 공평하지 못해서 어렵기도 하지만 성도들이 특별대우를 요구하기 때문에도 어렵습니다. 부자는 부자대로 특별대우를 기대하고, 가난한 사람은 가난한 사람대로 특별대우를 기대합니다. 이럴 경우에는 진짜 공평하게 대해도 상처받는 사람이 생깁니다. 특별대우 받지 못한 것을 공평하다고 생각하기보다 자기가 무시당했다고 생각하기 때문입니다. 교회가 공평한 모습을 지키려면 교회 지도자뿐 아니라 평신도들도 올바른 자세를 가져야 합니다. 아마도 가장 좋은 것은 교회 지도자와 평신도가 서로 신뢰하는 것 같습니다. 신뢰하고 있으면 좀 이상하게 보여도 그럴만한 이유가 있을 것으로 믿고 상처를 받지 않기 때문입니다.

평신도가 더러운 이를 탐하는 경우는 언제일까요? 교회의 일을 하면서 자기의 이권을 챙기려고 할 때입니다. 교회의 물품을 사면서 자기 이권을 챙기는 성도들이 적지 않습니다. 교회 사업에 참여할 업자를 선정하면서 뒷돈을 받는 사람도 있습니다. 또한 성도들이 교회에 납품을 하거나 공사를 하면서 부당한 이득을 챙기는 경우도 있습니다. 교회에서 성도라고 믿어 주는 것을 악용하는 것입니다. 거룩하신 하나님, 전지전능하신 하나님, 나를 구원해 주시고 극진히 사랑하시는 하나님의 교회에서 이런 일을 하는 사람은 절대 하나님을 믿는 사람이라고 볼 수 없습니다.

더러운 이를 위해서 일하는 또 다른 예는 명예를 얻기 위해서 일하는 것입니다. 돈도 이권이지만 명예도 이권입니다. 진심으로 하나님과 교회를 사랑해서 봉사하는 것이 아니라 직분을 얻기 위해서 봉사하는 것이라면 더러운 이를 위해서 하는 것입니다.

- **교회 지도자의 자세: 주장하는 자세로 하면 안 됩니다**

그리고 주장하는 자세로 하지 말라고 합니다. 교회에서 지도자가 되면 아무래도 더 많이 알게 됩니다. 자기가 더 많이 알고 더 옳으니까 자기 뜻대로 하고 싶은 마음이 커집니다. 또 교회 지도자가 된 사람은 그동안 교회를 많이 섬겼습니다. 자기의 공로가 크기 때문에 당연히 발언권도 커야 한다고 생각합니다. 그래서 자꾸 자기의 주장을 앞세우게 됩니다. 본문은 그러지 말라고 가르쳐 주는 것입니다. 더 많이 알기 때문에 말할 수밖에 없어도, 자기의 공로가 크기 때문에 발언권이 클 수밖에 없어도 절대 주장하는 자세를 가져서는 안 된다는 것입니다.

앞에서 베드로가 뭐라고 가르쳐 주었습니까? 말을 하려면 하나님의 말씀을 하는 것같이 하고, 일을 했으면 하나님이 공급하시는 힘으로 한 것같이 하라고 했습니다. 우리가 진심으로 이런 마음을 가지게 되면 절대 나에게 권리가 있다고 생각하지 않습니다. 주장하는 자세를 가지지 않습니다. 오직 하나님의 뜻대로 살 뿐입니다. 그러니까 저절로 본이 될 수밖에 없습니다. 더욱이 본이 되어야만 지도자가 될 수 있습니다. 그래서 참된 지도자는 주장하지 않고 본을 보이는 것입니다.

- **초신자의 자세**

본문은 장로들에게만 권고의 말씀을 주는 것이 아닙니다. 젊은 이들에게도 줍니다. 여기서 젊은이는 장로에 대응되는 사람이므로 교회 지도자가 아닌 모든 사람을 가리킵니다. 나이가 젊거나 늙었거나 신앙의 초보자는 다 장로에 대응되는 젊은이입니다.

이들에게 주는 권고가 무엇입니까? 겸손하라는 것입니다. 겸손이 무엇입니까? 남을 나보다 낫게 여기는 것입니다. 빌립보서 2장 3절 하반절을 보십시오. "오직 겸손한 마음으로 각각 자기보다 남을 낫게 여기고"라고 합니다. 그러니까 성도들은 교회 지도자들을 자기보다 낫게 여기고 그 지도를 받아야 하는 것입니다.

교회 지도자가 내 마음에 안 든다고 함부로 판단하고 비난해서는 결코 바른 신앙생활을 할 수 없습니다. 사랑의 삶도 살 수 없고 맡은 사명을 잘 감당할 수도 없습니다. 서리집사나 청년들이 당회의 결정을 무시하고 제직회의 결의를 무시하고 제멋대로 교회활동을 하면 교회에서 제대로 사명을 감당할 수 있겠습니까? 겸손하지 않게 사역해서는 결코 좋은 사역자가 될 수 없습니다. 또한 겸손하지 않으면 상대방을 무시하게 됩니다. 이것은 사랑이 아닙니다. 그러니까 겸손하지 않으면 사랑도 할 수 없고 사명도 제대로 감당할 수 없습니다. 종말을 예비하는 참된 신앙생활을 할 수 없는 것입니다.

베드로전서 5장 1-6절은 교회생활에 대해 가르쳐 줍니다. 교회 지도자들에게는 바른 목양의 자세를 가르쳐 줍니다. 그것은 억지로 하지 않고, 자기 욕심을 위해 하지 않고, 참사랑과 겸손으로 하는 것입니다. 그리고 일반 성도들에게는 겸손히 따를 것을 가르쳐 줍니다. 그러면서 마지막으로 지도자나 초신자나 모든 성도들이 서로 겸손하게 대할 것을 가르쳐 줍니다. 이것이 영광스러운 구원을 받게 될 성도들의 참된 신앙생활입니다.

누가복음 18장 8절 하반절에서 예수님은 이런 말씀을 하셨습니다. "그러나 인자가 올 때에 세상에서 믿음을 보겠느냐"고 말입니다. 예수님은 마지막 때에 믿음을 보기 어려울 것이라고 염려하셨습니다. 존경하는 한 목사님으로부터 이웃 교회가 부당한 방법으로 목회하며 그 목사님의 교회에 해를 끼친 이야기를 들은 적이 있습니다. 그 목사님은 슬픈 음성으로 이렇게 말했습니다. "이제 교회가 싫어지기 시작했어." 그렇게 주님을 사랑하고 주님의 몸 된 교회를 사랑하던 목사님이 이런 말을 하다니 얼마나 슬픈 일입니까?

주님은 이런 교회가 아니라 정말 좋은 교회를 원하십니다. 그래서 베드로전서를 통해 말씀해 주십니다. 사랑과 겸손의 교회생활을 하라는 것입니다. 교회 지도자는 억지로 섬기지 말고, 더러운 이를 탐하여 사역하지 말고, 사랑으로 기쁨 속에 섬겨야 합니다. 자기주장만 내세우지 말고 겸손히 본을 보여야 합니다. 성도들은 겸손히 지도자의 인도를 받으며 아름다운 교회생활을 해야 합니다. 우리 모두가 더욱 겸손해져서 올바른 교회를 이루고 복된 신앙생활을 하며, 주님이 높여 주시는 큰 은혜를 입게 되기를 바랍니다.

7. 잠시 고난 후에 영원한 영광이 있습니다
(벧전 5:7-14)

"너희 염려를 다 주께 맡기라 이는 그가 너희를 돌보심이라 근신하라 깨어라 너희 대적 마귀가 우는 사자같이 두루 다니며 삼킬 자를 찾나니 너희는 믿음을 굳건하게 하여 그를 대적하라 이는 세상에 있는 너희 형제들도 동일한 고난을 당하는 줄을 앎이라 모든 은혜의 하나님 곧 그리스도 안에서 너희를 부르사 자기의 영원한 영광에 들어가게 하신 이가 잠깐 고난을 당한 너희를 친히 온전하게 하시며 굳건하게 하시며 강하게 하시며 터를 견고하게 하시리라 권능이 세세무궁하도록 그에게 있을지어다 아멘 내가 신실한 형제로 아는 실루아노로 말미암아 너희에게 간단히 써서 권하고 이것이 하나님의 참된 은혜임을 증언하노니 너희는 이 은혜에 굳게 서라 택하심을 함께 받은 바벨론에 있는 교회가 너희에게 문안하고 내 아들 마가도 그리하느니라 너희는 사랑의 입맞춤으로 서로 문안하라 그리스도 안에 있는 너희 모든 이에게 평강이 있을지어다."

• **은혜와 평강**

이제 베드로전서 마지막 문단을 살펴보게 되었습니다. 베드로전서 첫 문단에서 베드로가 성도들에게 한 인사말이 무엇이었는지 생각나십니까? 베드로는 성도들에게 무엇이 있기를 바랍니까? "은혜와 평강이 너희에게 더욱 많을지어다." 베드로는 이렇게 말합니다.

은혜와 평강은 정말 좋은 말입니다. 우리 역시 은혜를 받고 싶고 평강의 삶을 살고 싶습니다. 그러면 은혜를 받기 위해서는 우리에게 어떤 자세가 필요할까요? 물론 하나님을 믿는 자세가 필요합니다. 그런데 하나님을 믿는 것은 하나님을 의지하는 것입니다. 하나님께 구원해 달라고 부탁하는 것입니다. 하나님을 의지하기 위해서는 어떤 자세가 필요할까요? 자기 힘으로는 할 수 없다는 것을 인정하는 자세가 필요합니다. 달리 말해서 하나님을 믿으려면 하나님 앞에서 겸손해야 합니다.

구원을 얻는 데만 겸손이 필요한 것이 아닙니다. 우리의 삶에 필요한 여러 가지 도움을 받기 위해서도 겸손이 필요합니다. 우리가 하나님의 도움을 받으려면 하나님께 기도해야 하는데, 기도도 내 힘으로는 할 수 없다는 겸손한 마음이 있어야 할 수 있는 것입니다. 겸손은 하나님의 여러 가지 은혜를 입기 위해 꼭 필요한 자세입니다. 그래서 앞 문단 5절이 이렇게 가르쳐 준 것입니다.

"하나님은 교만한 자를 대적하시되 겸손한 자들에게는 은혜를 주시느니라"(벧전 5:5).

평강을 얻는 비결은 무엇일까요? 하나님과의 관계에서 평강을 누리려면 겸손해야 합니다. 위의 말씀에서 뭐라고 가르쳐 줍니까? 하나님은 교만한 자를 대적하신다고 합니다. 교만하면 하나님의 적이 되니 하나님과의 관계에서 평강을 누릴 수 없습니다. 반면에 겸손하면 하나님의 은혜를 받습니다. 하나님과의 관계에서 평강을 누리게 되는 것입니다.

사람과의 관계에서 평강을 누리기 위해서도 겸손해야 합니다. 사람이 어떨 때 많이 싸웁니까? 서로 자기 고집을 부릴 때 싸웁니다. 어떤 사람이 고집을 부립니까? 교만한 사람입니다. 그러니까 사람은 교만할 때 싸우며 평강을 잃습니다. 반면에 겸손하게 상대방을 존중해 주면 싸움이 사라지고 평강의 관계가 이루어지는 것입니다.

여러 해 전에 교역자들의 모임이 있었습니다. 첫날 저녁에 목회를 한 지 얼마 되지 않은 목회자들이 사석에서 자기의 목회에 대해 여러 가지 이야기를 했습니다. 그러다가 목회의 어려움에 대해 말하게 되었습니다. 그중에는 장로님들에 대한 불만이 많았습니다. '가시장로'라는 말까지 하며 그런 사람들 때문에 목회가 어렵다고 했습니다. 그때 목회 경험이 많은 목사님 한 분이 이렇게 말했습니다. "그게 아니야. 목사가 죽어 봐. 그러면 아무 문제 없어. 목사가 죽지 않으니까 교회에 문제가 생기는 거야." 이 말을 들은 젊은 목회자들은 할 말이 없었습니다.

맞는 말입니다. 교회에서 목사부터 겸손해지면 대부분의 교회에 평강이 옵니다. 그렇다고 너무 목사에게만 책임을 씌우지 말고 좀 더 확장해서 생각해 봅시다. 목사님과 장로님들이 겸손해지면 교회의 많은 문제가 해결되고 평강이 올 것입니다. 권사님들과 안수집사님들까지 겸손해지면 그 이상 더 좋은 교회를 찾기 어려울 정도로 좋은 교회가 될 것입니다.

그런데 겸손이란 하나님과 사람 앞에서 다 겸손한 것을 의미합니다. 앞에서 살펴본 6절 말씀을 보십시오. 하나님의 능하신 손 아래에서 겸손하라고 합니다. 때가 되면 하나님이 높여 주실 것이라고 합니다. 하나님의 능하신 손 아래에서 겸손하라는 말씀은 두 가지 의미를 가지고 있습니다. 하나는 하나님의 권능 앞에서, 즉 하나님 앞에서 겸손하라는 뜻입니다. 그리고 다른 하나는 하나님이 크신 권능으로 높여 주실 테니까 그것을 믿고 사람들 앞에서도 겸손하라는 뜻입니다. 우리는 하나님 앞에서도 겸손하고 사람들 앞에서도 겸손해야 합니다. 이것이 축복의 비결입니다.

• 모든 염려를 주님께 맡겨 버리십시오

이제 본문은 모든 염려를 주님께 맡겨 버리라고 합니다. 염려를 주님께 맡기려면 어떤 자세가 필요할까요? 주님을 믿어야 합니다. 그러나 그보다 더 먼저 필요한 것이 있습니다. 그것은 자기는 할 수 없다는 겸손입니다. 자기 힘으로 할 수 있다고 생각하면 주님께 다 맡겨 버릴 수 없습니다. 자꾸 자기 힘으로 하게 됩니다.

사실 겸손한 사람에게 하나님이 은혜를 주시는 이유는 두 가지입니다. 하나는 겸손한 자세 자체가 하나님이 기뻐하시는 모습이기 때문입니다. 하나님은 하나님 앞과 사람 앞에서 겸손하게 지내는 사람을 좋아하십니다. 그래서 은혜를 베풀어 주시는 것입니다.

다른 하나는 겸손하면 하나님을 의지하기 때문입니다. 병에 걸린 사람과 건강한 사람 중에 누가 더 복음을 잘 받아들입니까? 병든 사람입니다. 왜 그렇습니까? 자기가 연약하니까 겸손해져서 하나님의 도움을 더 간절히 바라기 때문입니다. 사업이 어려울 때 하나님을 많이 찾습니까, 승승장구할 때 많이 찾습니까? 어려울 때 많이 찾습니다. 사람은 큰 어려움 속에서 자기 힘으로는 해결할 수 없다는 것을 깨닫고 겸손해질 때 하나님을 의지하고 은혜를 받게 되는 것입니다.

그러나 겸손해진다고 해서 다 하나님을 믿고 의지할 수 있는 것은 아닙니다. 내가 할 수 없는 일이라고 아무에게나 부탁합니까? 믿을 만한 분에게 부탁합니다. 어떤 분이 믿을 만합니까? 능력이 있고 나를 도와줄 마음이 있는 분입니다.

그러니까 사람이 하나님을 믿고 의지하려면 먼저 내가 부족하다는 것을 알고 하나님 앞에서 겸손해야 합니다. 그리고 하나님은 나의 문제를 해결해 주실 능력이 있다는 것을 인정해야 합니다. 하지만 이것만으로는 부족합니다. 무엇이 더 필요할까요? 하나님이 나를 사랑으로 돌봐 주신다는 것도 믿어야 합니다. 아무리 하나님의 능력을 믿어도 하나님이 나를 사랑으로 도와주실 것이라고 믿지 않으면 하나님께 부탁할 수 없습니다. 하나님의 사랑도 믿어야 하나님께 부탁할 수 있는 것입니다.

그래서 본문은 우리의 모든 염려를 하나님께 맡겨 버리라고 한 후에 하나님께 모든 것을 맡기도록 돕기 위해 하나님의 모습을 한 가지 더 알려 줍니다. 그것이 무엇입니까? 하나님이 우리를 권고하신다는 것입니다. 여기서 '권고한다'는 말은 '돌봐 준다'는 뜻입니다. 하나님은 능력만 있는 분이 아니라 우리를 돌봐 주시는 분입니다. 그래서 우리는 하나님께 우리의 염려를 맡겨 버릴 수 있는 것입니다.

하나님은 이런 사람에게 은혜를 베풀어 주시고 어려움을 해결해 주십니다. 이 말씀은 박해를 받고 있던 당대인들에게 참으로 귀중한 말씀이었습니다. 박해를 이겨낼 수 있는 비결이었기 때문입니다. 박해는 사탄이 성도들을 공격하는 대표적인 방법입니다.

사탄이 당대인들을 어떻게 공격했을까요? 베드로전서를 읽어 보면 사탄의 세 가지 공격 방법을 알 수 있습니다. 첫째, 박해를 통해 배교하게 만드는 것입니다. 둘째, 세상의 여러 가지 유혹으로 죄를 짓게 만드는 것입니다. 셋째, 성도들의 마음을 격동시켜 악한 사람에게 악으로 대항하게 만드는 것입니다.

이 중에 첫째와 셋째는 성도를 박해하는 방법입니다. 이런 박해는 성도들에게 염려를 안겨 줍니다. 이런 염려를 안고 있으면 믿음을 지킬 수 없습니다. 예수님이 씨 뿌리는 자 비유에서 가시떨기에 떨어진 씨가 왜 열매를 맺지 못한다고 하십니까? 세상의 염려와 재리의 유혹 때문입니다. 염려가 있으면 일을 제대로 할 수 없는 것입니다.

한 회사에서 이런 일이 있었습니다. 이 회사의 사장은 사원들의 가정이 안정되어야 사원들이 회사에서 일을 잘할 수 있다고 생각했습니다. 그래서 한번은 간부사원들의 부인들을 초대해서 식사를 대접하며 위로도 하고 또 회사도 소개했습니다. 부인들이 회사를 좋게 생각하도록 돕기 위해서였습니다. 마지막 순서로 부인들에게 혹시 회사에 건의하고 싶은 것이 있으면 말하라고 했습니다. 그랬더니 한 부인이 일어나서 이렇게 말했습니다. "사장님, 왜 제 남편은 승진이 안 됩니까? 입사동기들이 다 부장이나 이사가 되었는데 제 남편만 아직도 과장입니다. 제 남편이 얼마나 회사를 위해 애쓰는

지 아십니까? 제 남편은 집에 와서도 회사 걱정으로 집안일을 못합니다." 사장이 몹시 난감해하더니 부인에게 물었습니다. "남편 이름이 뭡니까?" "이 아무개 과장입니다." 그러자 사장은 알았다는 듯이 고개를 끄덕이며 이렇게 말했습니다. "아, 이 과장요……, 그 사람은 회사에 오면 집안일 걱정으로 회사 일을 못합니다."

혹시 외출을 했다가 가스를 안 끄고 나온 것 같아서 염려해 본 적이 있습니까? 그런 염려가 생기면 일이 제대로 손에 안 잡힙니다. 사람은 염려거리가 생기면 할 일을 제대로 못하는 것입니다.

신앙생활도 마찬가지입니다. 사탄이 주는 어려움 때문에 염려하기 시작하면 하나님의 일을 할 수 없게 됩니다. 하나님의 말씀을 들어도 '그렇게 살다가 밥이나 먹을 수 있을까? 애들 교육이나 시킬 수 있을까?' 등의 염려를 하기 시작하면 하나님 말씀대로 살 수 없습니다. 이때 우리에게 필요한 것이 그 모든 염려를 하나님께 맡겨 버리는 것입니다. 그러면 모든 문제가 해결됩니다. 하나님이 우리를 돌보고 계시기 때문에 모든 염려거리는 하나님이 해결해 주십니다. 그리고 우리는 염려 없이 하나님 뜻대로 살 수 있는 것입니다.

• 근신하십시오

우리가 염려를 주님께 맡겨 버리는 것은 마음 편하게 살기 위해서가 아닙니다. 믿음을 지키기 위해서입니다. 그래서 본문은 모든 염려를 하나님께 맡겨 버리라고 명령한 다음에 믿음을 굳건하게 하여 마귀를 대적하라고 가르쳐 주는 것입니다.

"근신하라 깨어라 너희 대적 마귀가 우는 사자같이 두루 다니며 삼킬 자를 찾나니 너희는 믿음을 굳건하게 하여 그를 대적하라"(벧전 5:8-9 상).

우리는 4장에서 정신을 차리고 근신하여 기도하라는 말씀을 배웠습니다. 이 말씀은 우상숭배, 방탕, 술 취함, 음행 같은 것에 빠지지 말고 하나님께 기도하라는 뜻입니다. 달리 말하면, 세상의 유혹에 빠지지 말고 믿음을 지키라는 뜻입니다.

이에 반해 5장 7절에서는 염려를 다 주님께 맡겨 버리라고 가르칩니다. 이런 문맥에서 볼 때 5장 8절의 깨어 있으라는 말씀은 염려에 빠지지 말고 믿음에 깨어 있으라는 뜻입니다. 사탄은 우리가 믿음을 지키지 못하게 하려고 온갖 수단을 다 동원합니다. 그중 대표적인 방법이 세상 쾌락에 빠지게 하거나 세상 염려에 빠지게 하는 것입니다. 원래 '염려'라는 말의 뜻은 '마음을 나눈다'는 뜻입니다. 정말 그렇습니다. 염려는 마음을 나누어 놓아 정작 해야 할 일에 집중하지 못하게 만듭니다. 그래서 염려가 생기면 해야 할 일을 제대로 못하게 됩니다. 신앙생활에서도 마찬가지입니다. 세상 염려가 생기면 하나님 뜻대로 살 수 없는 것입니다.

그런데 염려와 관련해서 우리가 꼭 기억해야 할 것이 있습니다. 그것은 사탄이 염려로 우리를 공격할 때 사탄이 할 수 있는 것은 염려하게 만드는 것뿐이라는 사실입니다. 사탄은 우리를 염려하게 만들 수 있을 뿐 실제로 해를 끼칠 수는 없습니다.

생각해 보십시오. 우리의 생사화복을 주관하시는 분이 누구입니까? 하나님이십니다. 그래서 사탄은 절대 자기 마음대로 우리를 해칠 수 없습니다. 사탄은 하나님이 허락하신 한도 내에서만 일시적으로 우리에게 고난을 줄 뿐입니다. 그런데 그런 고난은 하나님의 섭리 안에서 우리에게 유익이 되는 것이지 해가 되는 것이 아닙니다. 사탄은 절대 자기 뜻대로 우리에게 해를 끼칠 수 없습니다. 사탄이 우리에게 주는 것은 진짜 해가 아니라 염려일 뿐입니다. 그런데 문제는 우리가 염려 때문에 믿음을 지키지 못하면 진짜 해를 받는다는 것입니다. 염려를 하나님께 맡겨 버려야 믿음을 지키고 해를 받지 않는 것입니다.

존 번연이 쓴 《천로역정》에 이런 장면이 나옵니다. 기독도가 천성을 향해 가다가 한번은 길 양옆에 사자가 있는 곳을 지나가게 됩니다. 너무 위험하고 무서워서 도저히 지나갈 수 없는 길 같습니다. 하지만 자세히 보면 두 사자는 모두 쇠사슬로 묶여 있어서 길 가운데까지는 미치지 못합니다. 그래서 길 한가운데로만 가면 절대 사자들이 해칠 수 없습니다. 그러나 한쪽 사자가 소리치며 덤벼들 때 무섭다고 뒷걸음질을 치면 반대쪽에 있는 사자에게 잡아먹히게 됩니다. 사자들을 무서워하지 않고 당당하게 길 한가운데로 가는 사람만 살 수 있는 것입니다.

이것은 사탄의 역사를 참으로 잘 보여주는 글입니다. 사탄이 할 수 있는 일은 우리를 두렵게 하며 염려하게 만드는 것입니다. 만일 우리가 철저히 하나님을 신뢰하며 아무 염려도 하지 않으면 사탄은 우리에게 아무 해도 끼칠 수 없는 것입니다.

이런 의미에서 사탄은 마치 영화 속에 나오는 구미호와 비슷합니다. 영화 속의 구미호가 실제로 우리에게 해를 끼칩니까? 못 끼칩니다. 그러나 그 영화를 보고 무서워하면 생활에 불편을 겪습니다. 밤에 나가지도 못하고, 심지어 영화를 보다가 무서워서 심장마비로 죽는 사람도 있습니다. 실제로 아무 해도 끼치지 못하는 영화 속의 구미호가 우리를 두렵게 만들어서 우리에게 해를 끼치는 것입니다. 물론 사탄은 허상이 아니라 실체입니다. 그러나 그 영향력은 이렇게 보잘것없는 것입니다. 우리가 무서워하지만 않으면 사탄은 아무것도 아닙니다. 왜냐하면 우리는 하나님의 보호 속에 있기 때문입니다.

심지어 사탄은 우리를 죄짓게 만들지도 못합니다. 사탄은 우리를 유혹하거나 협박만 합니다. 우리가 사탄의 유혹이나 협박에 넘어가지 않으면 죄를 짓지 않습니다. 우리가 욕심 때문에 유혹이나 염려에 빠질 때 죄를 짓는 것입니다. 아담과 하와를 보십시오. 뱀이 선악과를 따서 강제로 먹입니까? 유혹만 합니다. 하와가 욕심 때문에 유혹을 받아서 선악과를 따 먹은 것입니다. 그러므로 사탄이 우는 사자처럼 우리를 위협할 때 우리가 할 일은 그것을 무서워하지 말고 담대히 하나님 뜻대로 사는 것입니다.

• 믿음을 굳건하게 하십시오

베드로는 이것을 9절 상반절에서 "너희는 믿음을 굳건하게 하여 그를 대적하라"고 가르쳐 줍니다. 사탄은 우리가 하나님을 향한 믿음을 굳게 하여 대적하기만 하면 다 물리칠 수 있습니다. 이것을 야고보서 4장 7절 하반절에서는 "마귀를 대적하라 그리하면 너희를 피하리라"고 가르쳐 줍니다. 문제는 우리의 믿음이 자꾸 약해지는 데 있습니다. 어떻게 하면 우리의 믿음이 굳건해질 수 있을까요?

우리의 믿음이 굳건해지려면 하나님의 말씀을 들어야 합니다. 그런데 하나님의 말씀 중에 특별히 어떤 말씀을 들어야 믿음이 굳건해질까요? 본문은 두 가지를 가르쳐 줍니다. 하나는 우리와 같은 고난을 받는 동료 성도들이 많이 있다는 사실을 아는 것입니다.

"너희는 믿음을 굳건하게 하여 그를 대적하라 이는 세상에 있는 너희 형제들도 동일한 고난을 당하는 줄을 앎이라"(벧전 5:9).

제가 전도사 시절에 삼일절 날 교회 청년들과 함께 도봉산에 등반을 간 적이 있습니다. 그런데 그날 눈이 많이 왔습니다. 정말 미끄러웠습니다. 아마 우리 교회 청년들만 갔으면 그냥 돌아왔을 겁니다. 그런데 그날 산에 얼마나 사람들이 많이 왔는지 모릅니다. 특히 교회에서 많이 왔습니다. 누가 "전도사님!" 하고 부르면 앞에서 네댓 명이 뒤돌아볼 정도였습니다. 하지만 산에 오르기는 정말 어려웠습니다. 특히 우리 청년들 중에는 일반 구두를 신고 온 사람들도 있었습니다. 미끄러지고 넘어지고 그런 난리가 없었습니다. 그런데도 다들 포기하지 않고 갔습니다. 왜 그랬을까요? 산을 까맣게 덮은 사람들을 보며 자기도 갈 수 있다고 믿었기 때문입니다. 또 당연히 가야 할 것으로 생각했기 때문입니다.

엘리야가 실의에 빠져 호렙 산에 가서 하나님께 선지자 중에 오직 자기만 남았다고 하소연할 때 하나님이 주신 말씀이 무엇입니까? "그러나 내가 이스라엘 가운데에 칠천 명을 남기리니 다 바알에게 무릎을 꿇지 아니하고 다 바알에게 입 맞추지 아니한 자니라"(왕상 19:18)라는 말씀이었습니다. 하나님이 절망에 빠져 있는 엘리야에게 힘을 주신 말씀은 바알에게 무릎을 꿇지 않은 성도들이 많이 있다는 것이었습니다.

우리가 나 혼자 믿음을 지킨다고 생각하면 정말 힘듭니다. 그러나 나처럼 믿음을 지키고 있는 사람이 많이 있다는 것을 알면 큰 힘을 얻게 됩니다. 그래서 하나님도 엘리야를 그런 말씀으로 격려해 주신 것입니다. 본문에서 베드로도 같은 방법으로 격려해 주고 있습니다. "우리와 같은 고난을 받으면서 하나님의 뜻을 따라 사는 성도들이 많이 있습니다. 힘을 내십시오. 사탄이 위협해도 염려하지 말고 믿음을 지키십시오. 염려는 하나님이 다 해결해 주실 것입니다."

믿음을 굳건하게 해주는 또 다른 말씀은 하나님이 주시는 영광을 바라보게 해주는 말씀입니다. 이 소망이야말로 산 소망입니다. 살아 있는 소망이며 우리를 살려 주는 소망입니다. 그래서 10절은 이렇게 말합니다.

> "모든 은혜의 하나님 곧 그리스도 안에서 너희를 부르사 자기의 영원한 영광에 들어가게 하신 이가 잠깐 고난을 당한 너희를 친히 온전하게 하시며 굳건하게 하시며 강하게 하시며 터를 견고하게 하시리라"(벧전 5:10).

우리가 하나님 뜻대로 살면서 고난을 당한다고 해도 그것은 잠깐 받는 고난입니다. 그런 어려움은 결코 영원히 지속되지 않습니다. 잠깐이면 지나갑니다. 더욱이 이미 우리를 구원해 주신 하나님은 그 어려움 속에서도 우리를 돌봐 주실 것입니다. 그리고 나중에는 영원한 영광을 누리게 해주실 것입니다. 고난 속에서 이런 소망을 가지게 되면 얼마나 큰 힘을 얻겠습니까?

• 마지막 인사말

마지막으로 베드로는 인사말을 합니다. 여기에도 중요한 교훈이 들어 있습니다. 먼저 베드로는 택하심을 함께 받은 바벨론에 있는 교회가 문안한다고 합니다. 여기서 바벨론이라는 말은 로마를 상징적으로 표현한 것입니다. 그래서 이 말씀은 로마 교회의 성도들이 베드로전서의 수신자들에게 안부를 묻는 것입니다. 아마도 베드로전서가 기록될 시기에는 로마 교회가 아주 중요한 교회였을 것입니다. 그런데 베드로는 로마 교회와 베드로전서의 수신자들이 함께 택하심을 받았다고 함으로써 로마 교회와 다른 교회가 동등하다는 것을 보여줍니다.

이것은 오늘 우리에게도 아주 귀한 교훈입니다. 우리는 교회의 크기나 교회의 역사나 교회의 지도자나 교회의 지역에 따라 교회 간에 어떤 우열이 있는 것처럼 생각할 때가 많이 있습니다. 이것은 큰 잘못입니다. 모든 교회는 동등합니다. 모두 하나님의 자녀들이며, 모두 구원의 복음을 듣고 함께 구원을 향해 가는 하나님의 백성입니다. 그리고 모든 교회는 하나입니다. 한 교회만 하나가 되는 것이 아니라 세계 각 곳에 흩어진 모든 교회들이 다 하나가 되어야 합니다. 아니, 이미 성령님의 하나 되게 하심을 따라 하나가 되어 있습니다. 그래서 모든 교회는 서로 사랑하며 힘을 모아 하나님 나라를 위해 일해야 하는 것입니다.

　인사말에서 베드로는 특별한 사랑의 모습을 보여줍니다. 베드로는 마가를 "내 아들"이라고 부릅니다. 이것은 성도의 교제의 모범을 보여줍니다. 성도들은 이 정도로 친밀해야 한다는 것입니다. 우리는 성도들을 형제, 자매라고 부릅니다. 좋은 모습입니다. 그러나 단순히 형식적으로 형제라고 부르는 것이 아니라 정말 가족 이상의 친밀감을 가지고 불러야 합니다. 이것이 참된 성도의 교제입니다.

　베드로는 마지막 문단을 통해 사탄의 무서운 무기인 염려를 이겨내고 승리의 신앙생활을 하라고 격려합니다. 이를 위해 하나님의 돌보심을 알려 줍니다. 또한 수많은 성도들이 우리와 함께 고난을 이겨내며 구원의 길을 가고 있다는 것을 보여줍니다. 그리고 우리가 지금 받는 고난은 잠깐이며, 우리는 앞으로 영원한 영광을 누리게 될 것이라는 산 소망을 보여줍니다. 우리도 베드로전서를 통해 이런 산 소망을 얻게 되기를 바랍니다. 그리고 산 소망 안에서 서로 사랑하며 힘을 모아 이 귀한 구원의 길을 함께 갈 수 있기를 바랍니다.

베드로전서를 읽읍시다

1판 1쇄 인쇄 _ 2015년 9월 25일
1판 1쇄 발행 _ 2015년 9월 30일

지은이 _ 오덕호
펴낸이 _ 이형규
펴낸곳 _ 쿰란출판사

주소 _ 서울특별시 종로구 이화장길 6
편집부 _ 745-1007, 745-1301~2, 747-1212, 743-1300
영업부 _ 747-1004, FAX 745-8490
본사평생전화번호 _ 0502-756-1004
홈페이지 _ http://www.qumran.co.kr
E-mail _ qrbooks@gmail.com / qrbooks@daum.net
한글인터넷주소 _ 쿰란, 쿰란출판사
등록 _ 제1-670호(1988.2.27)
책임교열 _ 오완 · 박신영

ⓒ 오덕호 2015 ISBN 978-89-6562-805-7 93230

책값은 뒤표지에 있습니다.
이 출판물은 저작권법에 의해 보호를 받는 저작물이므로 무단 복제할 수 없습니다.
파본(破本)은 구입처에서 교환해 드립니다.